我国物流产业成长研究

——基于生态视角

刘 岩 著

中国财富出版社

图书在版编目（CIP）数据

我国物流产业成长研究：基于生态视角 / 刘岩著．—北京：中国财富出版社，2015.6

ISBN 978－7－5047－5675－6

Ⅰ.①我… Ⅱ.①刘… Ⅲ.①物流—产业发展—研究—中国 Ⅳ.①F259.2

中国版本图书馆 CIP 数据核字（2015）第 081930 号

策划编辑	孙妍峰	责任印制	方朋远
责任编辑	张冬梅　孙妍峰	责任校对	杨小静

出版发行	中国财富出版社		
社　址	北京市丰台区南四环西路 188 号 5 区 20 楼	邮政编码	100070
电　话	010－52227568（发行部）		010－52227588 转 307（总编室）
	010－68589540（读者服务部）		010－52227588 转 305（质检部）
网　址	http：//www.cfpress.com.cn		
经　销	新华书店		
印　刷	北京京都六环印刷厂		
书　号	ISBN 978－7－5047－5675－6/F·2371		
开　本	710mm×1000mm　1/16	版　次	2015 年 6 月第 1 版
印　张	12	印　次	2015 年 6 月第 1 次印刷
字　数	215 千字	定　价	29.00 元

作者简介

刘岩，博士，讲师。

1979 年出生于吉林省长春市。

2003 年毕业于长春工业大学工商管理专业，获管理学学士学位。

2007 年毕业于长春工业大学管理科学与工程专业，获管理学硕士学位。

2009 年考入吉林大学管理科学与工程专业攻读博士学位，2014 年获管理学博士学位。

现为长春大学管理学院教师。承担国家社会科学基金教育学青年课题 1 项，省部级课题 2 项，参与各类课题 10 余项，参编教材 5 部，发表学术论文 10 余篇。

主要研究方向：物流管理，供应链管理。

作者简介

前　言

物流产业成长是物流产业在其生命周期内变化状态的体现，是物流产业形态、功能、作用进化的过程，在这个过程中各物流要素相互影响、持续变迁、发展壮大。作为第三产业中的关键要素，物流产业的成长状态直接影响物流产业的效率及作用。了解物流产业成长规律及机制，明确物流产业成长所处阶段和成长目标，有助于经济的健康发展、产业结构的优化及物流产业与环境的协调发展。基于生态理论对物流产业成长进行研究是物流产业健康成长及其与环境和谐共生的迫切需要。本书从生态视角梳理国内外物流产业成长的研究现状，阐述产业成长理论、物流理论及相关生态理论，类比物流产业系统与生态系统的相似性，分析物流产业成长的生态特性，剖析物流产业成长的生态机制及模型，在分析我国物流产业成长现状的基础上，对物流产业成长进行测度，并提出我国物流产业成长的战略目标及实现路径。

根据研究内容，本书采用理论研究与实证研究相结合、定性分析与定量分析相结合的方法，在阅读大量中外文文献的基础上，运用文献研究方法，对相关文献进行归纳梳理并评述；将生态理论移植到物流产业研究领域，借鉴生态系统成长过程对物流产业系统的演化过程进行类比研究，为运用生态理论研究物流产业成长提供科学依据；运用产业成长理论、生命周期理论等对生态视角下物流产业成长的阶段进行解析，探寻物流产业成长的生态规律；采用概念模型及生态理论、系统理论等对物流产业成长的动力机制、创新机制、稳定机制、协同进化机制进行分析；通过实证分析等研究方法对我国物流产业及各子产业的成长阶段进行研究，运用生态位理论对我国物流产业及各子产业的生态位变化进行研究，运用生态因子理论对我国物流产业成长的影响因素进行分析，运用协调度理论对我国物流产业与环境的协同发展进行分析，力图为我国物流产业健康成长提供借鉴。

本书的研究工作得到了李全喜教授和刘晓辉教授的指导，得到了长春大学管理学院各位领导及同事们的大力支持，在此对他们的辛勤付出表示最衷心的感谢。

由于作者水平、资历和时间所限，书中难免会有疏漏或不当之处，敬请读者批评指正。

作　者

2015 年 3 月

目录

CONTENTS

1 绪论

1.1 研究背景及意义

从军事后勤到商业领域的第三利润源泉，物流在理论研究及实践中越来越受到人们的重视与青睐。对于我国来说，物流产业是第三产业中的支柱产业，其成长速度及状态直接影响产业结构调整及经济的快速发展。在商品流通区域越来越广阔的今天，物流的高效性已经成为商品流通效率的重要保障，也成为降低成本的重要途径，其对国民经济的促进作用已被人们广泛认可。物流产业的成长规律如何，其成长的机制如何作用，成长中受到哪些因素影响，成长的协调性如何等诸多问题激发了国内外学者从生态学的角度对物流产业成长进行研究，其成长过程涵盖物流产业系统的演化过程。产业系统的演化过程与自然生态系统的进化过程非常类似，本书试图从生态学的角度对物流产业成长进行剖析，运用生态学理论对物流产业成长所表现出来的阶段与特性进行阐释，明确物流产业成长机制，探索物流产业生态化路径，促进物流产业健康成长。

从生态学角度对物流产业成长进行研究有如下重要意义。

（1）我国物流产业的成长现状表明，不论是学术研究还是实践探索，人们往往将焦点放在物流产业的成长状态上，而忽视了物流产业的成长机制，最终导致研究或探索仅仅停留在物流产业成长的表面现象上。仅是对“标”的现状及存在问题进行分析，却忘记了“本”在物流产业成长中的重要作用，措施也都是针对于“标”来提出，而对“本”来说作用甚微，正所谓治“标”不治“本”。而对于物流产业来说，最终是要归于“本”的，即成长的根本原因。因此，明确“本”，熟悉“本”，从“本”的角度出发，对物流产业的成长机制进行分析至关重要。基于物流产业系统与生态系统的相似性，可以借用生态理论对物流产业成长机制进行分析，动力机制、竞争机制、稳定机制及协同进化机制共同作用，最终表现为物流产业的成长。物流产业成长机制的形成与物流产业成长的速度有密切关系，了解物流产业成长的不同作用机制，有助于明确物流产业成长中各要素的作用关系及相互影响程度；解释物流产业成长的根本原因，对我国物流产业有序、健康、快速的成长起到引导作用。

（2）从我国物流产业成长的进程来看，1978 年“物流”这个概念第一次传入国内，经历了改革开放、新世纪变迁，物流业在我国的发展也经历了计划经济的统一调控、物流组织化和物流规模化等一系列的变化。同时在我国物流产业成长过程中也存在物流费用过高、资源浪费、环境污染等一系列问题。从生态理论的视角分析我国物流产业成长的历程，剖析影响因素，明确所处地位及作用，探索有意义的成长路径，能够调节成长中各环节及要素的关系，促进物流产业健康快速成长。因此，借鉴生态学的相关理论研究物流产业成长是有效的科学的研究路径。

（3）任何产业在发展过程中都必须考虑其可持续性及延续性。在产业成长过程中不仅要考虑其自身的经济发展特性，更要考虑生态环境效益及社会效益，物流产业成长亦如此。为了实现物流产业的可持续发展，必须要建立一个长久的追求目标。虽然在物流产业成长中可能会在某一阶段有停滞、有低谷，但只要这个可持续发展的目标不变，产业成长必将沿着可持续方向前行。随着经济的快速发展，环境问题日益凸显，物流业在运输、包装、回收、废弃物处理等诸多方面对环境造成巨大伤害，由物流业带来的环境恶化也越来越受到广泛关注，绿色物流、生态物流、低碳物流等倡导以环境保护为前提的物流新概念应运而生。物流产业成长的最终目标就是在自身成长的同时与环境协同共生，实现物流产业生态化。物流产业的生态化内容丰富，涵盖物流产业可持续发展的理念、生态化的技术与路径、措施与保障等。因此，从生态视角对物流产业的成长进行研究，是物流产业健康发展的前提，也是物流产业与环境和谐共生的迫切需要。

（4）随着生态学的发展以及与其他学科的不断融合，许多学者应用生态学相关理论解释管理领域的很多问题并取得了突破性的进展。共生、生态位等生态学术语逐渐应用于其他领域中，从新的视角用生态学理论很好地解释了其他领域发展的状态及问题，在理论研究方面实现了学科的交叉应用及创新。物流产业与生态理论的融合也是近年来才开始研究的内容，研究的切入点不尽相同，而衍生出来的相关概念（物流生态、物流产业生态位、物流生态链等）尚处于讨论研究阶段。

基于以上原因，本书运用生态学相关理论与方法对物流产业的成长机制和路径进行深入研究，以期为我国物流产业成长提供决策依据，推动我国物流产业健康持续发展，为实现物流产业生态化提供理论支持。

1.2 国内外研究现状

1.2.1 物流产业成长的研究

国内外相关研究大多数都是围绕物流产业发展展开的，但这与物流产业成长并不矛盾。物流产业成长包含了物流产业发展的阶段，也显现出物流产业发展的特征。

1. 物流产业的形成

早在1962年，美国著名的管理学大师彼得·德鲁克（Peter F. Drucker）就将流通（distribution）看作是管理中的最后前沿（last frontier），并将其定义为“黑暗大陆”（dark continent）（Peter，1962）。黑暗大陆学说凸显了流通领域的重要作用。此后的诸多研究也开始强调物流的重要作用，对物流的研究也从最开始的功能导向到与环境相互依赖，再到成为提供竞争优势战略中的一部分。西方国家物流业发展的经验证明，独立的第三方物流（Third Party Logistics，TPL或3PL）要占社会物流的一定比重，物流产业才能得以形成（何娟等，2008）。国外对于物流产业形成的研究主要集中于对第三方物流产业的研究，第三方物流也被称为契约物流（contract logistics），TPL是对物流的三个核心功能：运输管理、库存管理及增值服务进行的管理（Seyed，2003），TPL与物流外包（logistics outsourcing）紧密相关，TPL是物流外包的主要被委托方，外包使得企业能够更加关注与竞争优势相关的核心活动，将非核心的业务交给具有专业技术及计算机系统的专业第三方公司（Qiang *et al.*，2006），这将减少公司物流运作的复杂性（Bradley，1995），减少员工需求，降低运输和配送成本，提高客户服务水平，改善周转时间，减少生产、营销等非核心领域的资金压力。TPL常被称作物流服务提供商（logistics service provider），往往是提供多种服务，而不是单一运输或仓储功能（Leahy *et al.*，1995），这些服务包括运输、仓储、库存管理、包装、物料搬运及物流信息等，其提供的服务范围广泛，能极大改善其运作。第三方物流企业的集聚逐渐形成了第三方物流产业，而第三方物流产业的持续发展又进一步使得市场上出现了能够在全球范围内提供复杂物流服务的大型物流企业，物流服务提供商的市场还在不断扩大。Árni Halldórsson 等人总结了 TPL 的主要研究范围（Árni，2004）：一是开始 TPL 的原因，外包活动的数量、类型及应用 TPL 的结果；二是应用 TPL 的不同阶段；三是从交易成本的角度对 TPL 进行分析。从 Árni Halldórsson 等人的总结可以看出国外对于 TPL 的研究是从多方向、多角度实现的。

国内关于物流产业形成的研究起步于对“我国是否形成物流产业”的探讨，万云虹等从物流服务网络这一特性对物流业进行定义，并认为我国物流业 2005 年时还未形成产业（万云虹等，2005）；而王佐在物流产业及物流企业的相关定义界定的基础上，认为我国物流产业已经是一个客观的存在（王佐，2003）。物流是一种经济形态，是一个大产业，其发展空间很大。在经过了一段时间“物流是否能称为产业”的争论后，学术界对物流属于产业的认识趋于统一，学术界开始对物流产业的相关问题进行研究，对物流产业定义的界定也成为学者们研究的一个重要内容。李学工认为物流产业是专门从事将商品或服务由起始地到消费地发生空间位移，对其进行高效率与高效益流动及储存为经营（活动）内容的营利性事业组织的集群（李学工，2003）。楚岩枫等从行业角度、企业角度及三次产业分类方法三个方面对物流产业进行界定，认为物流产业包括运输、仓储、包装等子产业，也包括不同类别的企业，属于第三次产业（楚岩枫、刘思峰，2007）。黄福华等人认为物流产业是指商品在空间和时间上的位移所涉及的货物运输、包装、仓储、加工配送、信息服务等相关产业或企业的集合（黄福华、谷汉文，2005）。钟俊娟等从产业融合的角度对物流产业进行界定，认为物流产业是在物流信息技术发展、政府规制放松、邮政改革、传统物流企业相互并购或战略联盟等的共同推动下，由运输、仓储等若干传统产业相互融合而形成的新兴产业（钟俊娟、王健，2012）。帅斌认为企业对物流功能、要素的整合和资源的重新配置逐步形成了物流产业（帅斌，2005）。实际上第三方物流占社会物流的比重反映了物流产业成长的成熟度，比例越高，说明社会物流的专业化程度越高，物流产业越发达。早在 2001 年，欧洲使用 TPL 服务的比例就达到 76%，美国约为 58%（沈玉良，2001），而我国远远落后于欧美，可以说目前我国虽然已形成了物流产业，但无论是其规模、效率还是服务等各方面都与发达国家有较大差距。

2. 物流产业的生命周期

国外对物流产业的生命周期研究较少。一方面从产品的角度对物流的生命周期进行探讨，如 Paul 认为营销管理者应重视在不同产品生命周期各阶段及最后阶段的物流要素，物流生命周期系统在制订产品营销计划时是对传统营销生命周期的一种补充（Paul，1990）。另一方面从企业角度进行研究，如 Beier 将企业内物流发展分为五个阶段：前物流期、最初的物流协作、部门化、信息与物流的整合及计划系统阶段（Beier，1973）。

国内学者对我国物流产业成长阶段的研究主要是基于产品生命周期理论实现的。金晨赫等认为我国物流产业的生命周期呈现“阶梯形”状态，分为萌芽期、导入期、快速成长期、缓慢成长期、衰退期、恢复期及稳定期七个阶段（金晨赫、高举红，2011）。赵志坚等基于传统的 A－U 模型，提出新的基于物流产业的 A－U 模型，认为物流管理属于创新活动，可用 A－U 模型进行改进（赵志坚、丰珂，2007）。雷延军基于产业生命周期理论，对我国物流产业的发展特征进行分析，认为我国物流产业从 2004 年步入成长期，并提出我国物流产业的发展战略：制定物流集成战略、培育大型物流企业集团、国际化战略及基于供应链管理的物流战略等（雷延军，2006）。蔡勇等选取了企业数量、企业利润、产业规模、技术成熟度及产业行为五个产业特征对物流产业的初创阶段、成长阶段、成熟阶段及衰亡阶段进行特征描述，并认为物流产业的生命周期较长，尤其在初创期和成长期更为明显（蔡勇等，2008）。刘岩等将物流产业成长的生命周期划分为形成期、竞争期、创新期及进化期（刘岩等，2012）。李全喜等应用 logistic 回归模型对我国物流产业的成长阶段进行分析，并得出我国物流产业成长处于形成期的后期，即将迎来快速发展期（李全喜等，2012）。总体来说，国内学者普遍认为我国物流产业正处于成长期至成熟期的阶段，是物流产业快速成长、升级的重要时期。

3. 物流产业成长的影响因素

物流产业并非孤立存在，其成长和发展受到诸多因素影响，物流产业成长的影响因素也是学术界探讨的主要问题之一。Bowersox 在 1995 年发表的“世界级物流的成功因素”中提出七个影响物流产业成功的因素：客户满意与关怀，对不可预见事情的准备，与外部服务人员的合作，应用外部方法管理团队，与外部服务组织者的联合，利用外部服务公司，应用计算机与网络的信息技术（Ree，2002）。Neeraja 认为影响物流的因素与成本包括：外部因素（全球化、技术、劳动力及环境），内部因素（客户服务与质量、第三方网络、供应链管理变化），绩效（客户更好地服务、先进的生产力、JIT及快速响应的需求），系统结构（与供应商的良好关系、客户与第三方更多的管理供应链、与组织内外部的良好关系），技术整合（可以更好地连接功能与组织的信息系统以提高效率及效益），其他的费用（运输成本、搬运成本、库存成本、订单处理成本及其他）（Neeraja *et al.*，2014）。

国外学者研究较多的是信息技术在物流产业成长中的突出作用，信息技术的应用成为提高物流竞争力的途径这一观点已经被广泛支持。对文献进行梳理，相关研究主要集中在两个方面，一是认为信息是物流的资源；二是信息技术是竞争力的武器（David *et al.*，1997），信息技术与商业物流的整合至关重要（Lucas，1991），信息技术在物流产业中的应用会受到整合性及灵活性、EDI、硬件及通信技术的影响（Jeremy，1995）。信息技术在物流流程中的应用范围越来越广，信息相关活动的发展引起了物流性质的变化（Gil，1997）。David将物流信息技术分为内部（internal）物流信息技术和外部（external）物流信息技术，内部物流信息技术包括促进企业内部门间的沟通技术、信息交换，外部物流信息技术是供应链合作伙伴间的信息交换，并强调了内外信息技术整合的重要性（David，2003）。

我国学者在研究物流产业成长的影响因素时，主要包括基础设施、制度环境、信息技术和人才等几方面。在强调这些因素对我国物流产业成长有重要作用的同时，更多是从这些因素对物流产业成长的制约角度进行研究的。汪鸣从物流基础设施的认识问题、规划与布局问题、资源整合与土地合理利用问题、投资效益与成本问题、交通运输组织问题等方面进行分析，并提出物流基础设施发展应树立物流基础设施规划、建设和发展的系统思想，合理控制土地价格、降低基础设施的投资运营成本等（汪鸣，2004）。代应等用20年的数据对我国交通基础设施与物流产业发展规模之间的关系进行了分析，得出我国交通基础设施建设与物流发展规模呈正相关关系（代应等，2014）。王微认为我国的物流产业处于起步阶段，以信息技术为基础的增值服务发展缓慢（王微，2003）。吴爱东认为制度创新是发展我国现代物流产业的突破口（吴爱东，2009）。曹文飞等在阐述我国物流产业发展与物流人才需求之间关系的基础上指出物流相关人才存在一定程度的需求缺口，应从专业知识、政策及投资等方面加强物流人才的培养，以适应我国物流产业的高速发展（曹文飞等，2012）。谢德华认为要改善我国物流产业成长的宏观环境，应从组织制定指导性政策、改革完善市场准入制度、提高宏观协调能力、加快产业内部结构调整、建设信息网络技术平台、完善行业协会组织等方面入手（谢德华，2003）。还有许多学者从多个角度提出了我国物流产业成长及发展的相应对策。从研究现状来看，国内学者对我国物流产业成长的影响因素及成长方向策略等都有较一致的看法和观点，也说明了只有处理好这些瓶颈及问题，我国物流产业才能更长久、更健康地成长。

4. 物流整合

Stock 认为物流是企业的战略内容，与企业其他功能紧密相联。物流的重要作用不仅仅体现在成本节约及高效，更能实现市场的竞争优势，对物流的研究也不能局限于传统的角度，而应从更广阔的角度对其进行思考（Stock，1990）。物流产业不仅仅是单独存在的一种服务形式，更重要的是其在社会中所起到的作用。物流产业从萌芽、形成、成长、发展各阶段中形成了不同的形式与形态，而物流的整合（integration）被认为是物流产业形成的关键点，供应链管理协会将整合定义为："连接主要业务功能及业务流程"。国外对物流整合的研究主要从两个方面来进行，一是企业内的物流整合，如 Gregory 认为企业范围内的物流整合将在新的竞争环境中成为保持利润沟通战略与结构的桥梁（Gregory *et al.*，1999）；二是企业间或产业间的物流整合，如 Kenderdine 和 Larson 所说，当前的竞争环境需要在全渠道系统内整合物流管理（Kenderdine & Larson，1988）。Mosad Zineldin 更提出全面关系管理（TRM），认为全面关系管理与全面质量管理（TQM）的整合能够实现更好的物流管理和关系（Mosad，2004），成功的整合能够提高物流运作效率（Bowersox & Daugherty，1995），物流整合与物流绩效存在相关关系，物流整合能够很好地实现客户服务质量的提升、生产力提高、成本降低、战略集中、周转时间缩短（Patricia *et al.*，1996）。正是由于物流的整合，实现了物流由单一功能向物流产业的转变，由分散的物流活动向集成的物流系统转变。

国内学者对物流整合也有较多研究。我国物流产业的重要问题是整合物流资源（武云亮、袁平红，2003），物流产业整合是物流产业的整体化和形成合力，通过各种方式进行企业间的资产重新配置，提高物流产业内部组织化程度、外部协调化程度及结构的优化和升级（武云亮、袁平红，2004）。我们可以理解为物流产业整合是对资源进行有效配置，使物流产业在成长中呈现出不断的优化与升级。吴晓波等人认为整合物流包括企业内部物流整合和外部物流整合，整合物流管理就是将与物流有关的各项活动、角色和信息等综合在一起，从一个开放动态系统的角度来进行分析和管理（吴晓波、耿帅，2004）。武云亮等人认为我国物流产业整合有三种模式，即并购式整合、联盟式整合和集群式整合（武云亮、袁平红，2004）。奉小斌等基于SCP（Structure－Conduct－Performance）范式从市场行为、市场结构、物流绩效和物流产业政策四个方面建立了物流产业整合的四维向量模型，并据此模型提出了规范物流主体、鼓励物流行业资源整合、推广物流新技术与作业标准等物流产业政策（奉小斌、郭宏湘，2007）。我国物流产业起步晚，核心竞争力不突出，处于分散化的初级阶段，要加快发展，就要充分发挥我国在物流产业方面的后发优势，实现我国物流产业的跨越式升级（刘成昆、王述英，2004）。这种跨跃升级的实现需要依靠物流产业资源的整合，将分散化的物流资源集成，实现物流的规模化，进而促进物流产业的加速成长。

1.2.2 生态理论与物流产业成长

由于生态学中的诸多理论能够很好地解释物流企业、物流产业的形成、成长特点及规律，将生态理论用于物流领域为物流的相关研究提供了新的研究视野与研究方法。本小节将从以下几方面对生态理论与物流领域的相关研究进行梳理。

1. 生态位理论在物流产业成长中的应用

国外对于生态位理论应用于物流产业的研究主要集中于企业间和供应链间的竞争研究。单独应用生态位理论对物流企业和产业进行研究的相关文献较少，竞争的原理是通用的，不论是应用于生物界的竞争还是企业竞争（Henderson，1983），生物科学中的竞争定义用于描述企业竞争是相当准确的。生态位理论是对供应链间进行竞争分析的重要理论支撑，因为企业间的竞争是由于对有限资源的需求而产生的，同样这种竞争既能发生在单独的企业间，也能发生在企业群间，即供应链上的各类服务提供商（如原始设备制造商，物流公司等）（Imoh，2011）。使用的资源越相似，竞争越容易发生（Hannan & Freeman，1977）。一方面，企业有相似的生态位，一旦这些企业所需要的资源非常相似，则会产生竞争；另一方面，当所需求的资源不相同时，则不存在竞争；潜在的竞争取决于生态位的重叠水平（Murat，2003）。生态位的重叠会产生两种后果，一种是资源的划分，即在共享资源时采用不同的方式、区域及时间；另一种是竞争的排他性，即一方胜利，将对方排挤出去（Heather *et al.*，2010）。Imoh Antai 基于生态位理论，认为物流中心是供应链竞争的平台，供应链在这个平台上相互作用，吸引同样资源进而成为竞争者，生态位理论中的平衡或均衡并不意味着资源完全共享，而是通过新竞争者的进入与原有的竞争者相互作用竞争获得自己的生态位而实现的平衡结构（Imoh，2013）。从以上的研究可以看出，国外学者将生态位看作是企业或供应链所处的位置，在这一位置上与其他企业或供应链共享资源，形成生态位重叠，最终实现竞争共存。

国内学者将生态位理论用于物流产业取得了较丰富的研究成果。彭本红等分析了三种典型的第三方物流企业在物流市场生态位的最佳分布以及它们之间的竞争合作关系，指出第三方物流联盟是物流企业“竞合”的典范，并从生存力、协调发展力和竞争力三个层面建立了第三方物流联盟的生态位结构模型（彭本红、孙绍荣，2006）。谢春讯等通过分析生态位理论的基本理论，分析物流市场中综合物流市场、区域物流市场、专业物流市场的竞争合作关系及第三方物流企业在物流市场的最佳分布，以生态位理论为基础研究第三方物流企业竞争合作演变，提出了第三方物流竞争合作关系管理的生态位结构模型（谢春讯等，2006）。孙文霞等借鉴进化生态学的生态位理论，对物流企业的生态位，以及重叠、分离、压缩、扩充等现象进行了分析。并在此基础上，提出了物流企业“内部横向合作，外部纵向合作”的发展路径（孙文霞、武博，2010）。容和平等认为生态位重叠度与产业间竞争强度成正比，生态位宽度与产业的适应度成正比，应当充分利用物流业生态位选择与区域产业结构调整的关联效应，选择符合当地产业优势、有利于产业结构调整的物流业发展模式（容和平、王跃婷，2010）。学术界的另一个关注点就是将生态位理论应用于物流园区规划与发展的研究中。焦薇等分析比较了物流园区与生物体之间的相似性，通过将物流园区生态位与生态系统生态位、产业生态位、企业生态位类比，以及借用迈尔克·波特的“钻石模型”理论，得出物流园区生态位的四个维度：服务辐射范围、物流服务功能、可供利用的资源条件和在经济环境中的地位（焦薇、刘凯，2013）。梁世翔等认为物流园区企业的生态位差异是物流园区企业协同的基础，也是园区是否能吸引企业入驻，保持园区稳定的重要条件（梁世翔等，2007）。

2. 共生理论与物流产业成长

越来越多的学者认为进化创新的重要源泉是共生（Lewin & Carrool，2003），企业间的共生关系越来越多是因为企业意识到共同的利益来自于和谐的合作而不是独立，这种共生关系也可以表述为“战略物流”“渠道伙伴关系”“战略联盟”等。共生关系也可以来描述物流系统各子系统间的关系。Timothy 认为物流系统由一系列子系统（运输、库存等）构成，这些子系统相互作用实现时间效用和空间效用，如果单独考虑这些子系统，则会忽略他们之间的作用关系，因此我们不应将每个子系统看成是孤立的，而应认为这些子系统为整个物流系统提供了输入资源，他们构成了相互支持的共生关系（Timothy，1982）。Mark 等认为共生物流关系是物流功能的联合，是为了提高公司满足客户的能力，在物流系统中两个或两个以上的企业发展形成的协作关系，是市场驱动的结果（Mark *et al.*，1992）。共生关系可以反映合作者的合作关系，也可以反映竞争者的竞争均衡关系，后者的这种关系并非是完全的和平共处，而是在竞争者之间相互妥协的情况下而实现的一种动态平衡状态。Kei－ichi Tainaka 等应用 Lotka － Volterra 模型解释了竞争与共生的关系转换（Kei－ichi *et al.*，2001）。Aihie Osarenkhoe 以富士通（Fujitsu）为例，说明富士通可以在其他市场上与其竞争者、供应商形成网络，这种合作不仅仅是为了自己获益，更是基于共生目的（Aihie，2010）。共生关系不仅体现了企业间、产业间的合作或竞争关系，也反映了企业与环境、社会的存在关系，在企业与社会间存在着一种共生关系，这种关系从开放的系统角度来说是固有的（Katz & Kahn，1978），开放系统认为环境或社会的变化会影响企业功能（Dianna *et al.*，2013）。物流系统也是一个开放系统，会受到外界环境变化的影响，在物流产业成长过程中，既包含了物流企业间的竞争共生关系，也包含了物流系统内的各子系统及物流产业与其他产业的合作共生关系，更体现了物流产业与外界环境的互动关系。

国内学者对共生理论应用于物流产业的研究主要集中在以下几个方面。一是物流企业与其他企业的共生关系研究。聂娜等认为物流企业与制造企业共生关系的发展过程是一系列共生关系稳定均衡点的组成（聂娜等，2007）。彭本红等应用共生理论分析了现代物流业与先进制造业的共生关系，并指出两者间的合作是一种互惠互利的合作方式（彭本红、冯良清，2010）。田刚等认为制造业与物流业共生关系的演化过程实质是两业共生体组织化程度提高、共生能量分配对称性提高的过程，最终演进为对称性互惠连续共生与一体化共生（田刚等，2013）。二是物流产业集群共生的研究。康卫宁等分析了物流产业集群共生发展的影响因素，包括资源共享能力、分工合作水平及资源集聚能力（唐卫宁、徐福缘，2012）。吴迪分析了物流产业集群中的共生单元、共生模式和共生环境的关系，探讨了物流产业集群形成和发展的共生理论动因机制（吴迪，2013）。南岚对港口物流产业集群共生的模式、结构、机制等方面进行了深入研究（南岚，2009，2010）。三是物流园区及物流服务的研究。焦薇等认为物流园区合作共生系统中的三要素分别是各物流园区（共生单元）、物流园区之间的相互作用方式（共生模式）、物流园区所在的自然、经济、社会条件（共生环境）（焦薇、刘凯，2013）。罗永泰等提出了基于共生关系的物流服务创新与物流需求之间的相互作用机制，认为物流服务创新不断激发客户新的需求，需求也成为物流服务创新的驱动力（罗永泰、刘刚，2011）。刘亚认为物流企业和企业客户存在共生关系，其共生界面主要通过物流服务创新来实现（刘亚，2013）。

3. 进化理论与物流产业成长

生态学中的进化（evolution）与我们常说的“成长”“发展”有诸多相似之处，学者们常用生态学中的进化理论及进化思想来反映物流产业的成长过程。Arthur D. Little/Penn 在 1990 年的一份研究中将物流分为供应链物流及服务响应物流，供应链物流是传统的与货物的获得与流通相关的流程，而服务响应物流是协作而非物质的活动以低成本高效的客户服务方式满足需求。Karl 认为物流是一个广阔而动态的领域，客户需求越多样，环境变化越快，竞争越激烈，物流就越重要，从物流的进化过程来看，历史的变化趋势说明对于服务响应物流的需求越来越大（Karl *et al.*，1993）。Kent 和 Flint 在总结之前的文献后定义了物流进化的六个阶段：农场到市场、分散化功能、整合功能、集中客户、显示物流的不同、跨行为及边界（Kent & Flint，1997）。物流进化是逐渐变化的过程，在这个过程中有些事情会变得更为复杂或者不断解决问题而使其变得更好（Anderson & Farrand，2007）。由于竞争环境越来越激烈，物流战略响应在系统和设备不断提升的基础上实现了进化（John，1989）。物流管理实践的分析说明了企业进化是沿着实现物流利润最大化的路径实现的，先进的物流实践被认为是以战略为导向，从分散到整合的连续统一过程（Donald *et al.*，1991）。Ronald 以过去、现在、未来三个阶段对物流的进化状态进行了形象的描述，在过去阶段，实物配送与物流活动仅限于与产品流相关的各物流功能的合作，跨边界的管理虽然出现但极少实践，已经关注到了总成本的概念，但却极少关注产品流；在现阶段出现了供应链的概念，产品流也在渠道成员间实现了整合管理，物流被看成是供应链的子集；在未来阶段，毫无疑问物流和供应链将继续起到重要作用，通过外包扩展国际业务，在全球化经济环境中开展业务（Ronald，2007）。

国内学者对该领域的研究主要集中在基于进化理论的进化算法及进化博弈。饶绍伦分析了产销商与消费者群体逆向物流选择的复制动态过程，建立逆向物流选择进化博弈模型，认为无论对消费者还是产销商，最终均衡策略都取决于收益与成本的权衡（饶绍伦，2013）。李富昌等分析了有限理性条件下第四方物流企业和第三方物流企业基于业务外包的长期重复博弈，得出他们关于努力水平的进化稳定状态（李富昌、王勇，2010）。郭晓林等应用进化博弈理论分析物流联盟中盟员选择信任和不信任的策略学习过程，并提出完善信任约束机制是维持物流联盟信任关系的关键（郭晓林等，2007）。与国外学者不同，国内学者较少研究物流产业的进化过程，即使分析其成长过程，也都是用“发展”一词来代替，而更多地将进化理论结合其研究方法实现建模分析。

1.2.3 基于可持续发展的物流产业成长

近年来，对物流产业的可持续发展在理论研究及实践中都有所涉及，主要是人们对环境问题愈加关注，如各产业发展所带来的环境污染问题（Sheu *et al.*，2005），研究主题包括绿色供应链、可持续供应链、绿色物流、物流成长的可持续性。Gino Marchet 等人对1994—2011年的72篇关于物流与运输环境可持续性的相关研究进行总结分析，指出当前的研究主要围绕以下主题：物流与运输需要实现可持续性发展的原因、益处，实现可持续性发展的问题及障碍，可持续发展的评价及测度；并说明了当前研究的局限性，即对TPL的可持续性研究比较少，对仓储、绿色建设及内部管理的研究也不够，对环境绩效的评价也缺少从全局角度的研究（Gino *et al.*，2014）。

国内学者对物流产业的可持续发展的研究也是基于绿色物流的研究。在知网（CNKI）中搜索关键词“绿色”并含“物流”，最早出现“绿色物流”的研究是1999年赵艳摘译的 *Europen Logistics*（James Coper，Michael Browne and Melvyn Peter，1994）第二版中的 *Green Logistics* 一章（赵艳，1999），在此之后，引起了国内学者关于绿色物流与可持续发展的广泛研究，汪琳姝认为绿色物流是参与全球物流业竞争的重要基础，是保护环境和物流业可持续发展的重要途径（汪琳姝，2004）。也有诸多学者论证了绿色物流与可持续发展之间有密切关系，强调了绿色物流发展的重要意义，大力发展绿色物流是当今低碳经济理念下物流产业生态化整合的必然选择（丁超勋、秦立公，2011），发展生态化物流是实现社会可持续发展的重要途径（张成考、聂茂林，2009）。从以上观点我们可以得出结论，物流产业生态化能够推进可持续发展，是使绿色物流实现可持续发展的保障和必经之路。

1.2.4 相关研究评述

通过对物流产业的成长过程（物流产业的形成、物流产业生命周期、影响因素及物流整合）、生态理论在物流产业成长中的应用（生态位理论、共生理论及进化理论）及基于可持续发展的物流产业成长三方面国内外研究的梳理，发现目前关于物流产业成长与生态理论在物流产业成长方面的研究很多，涉及范围及角度各有不同，也取得了较丰硕的成果，但单就物流产业成长本身来说，目前的研究还有一些局限性，这也给未来的研究提供了可能，现作如下总结与评价。

1. 物流产业成长的方向应进一步明确

物流产业的成长受到多方面的综合影响，全球化、自由贸易、专业化、环境保护等使物流产业面临着许多不确定性与挑战。物流产业应该朝什么样的方向成长与发展才能更加适应环境，实现可持续性，多数学者从两个角度进行论述，一是较为微观的，即提高物流运作效率的角度，普遍认为物流是向着整合化、一体化的方向发展的；二是较为宏观的，即从环境保护的角度，认为物流是向着环境友好方向发展的。但实际上物流产业的发展既要追求物流效益利润的最大化，最大程度满足客户需求，实现快速响应，也要在进行物流运作及整合过程中考虑与环境之间的关系。鲜有学者以可持续发展为前提对物流效益最大化实现的可能进行论述。这两个目标是既矛盾又统一的集合体，两者存在着损益矛盾，应使两者实现均衡，因此，在未来的研究中，应更进一步明确物流产业的成长方向，不能将微观目标与宏观目标分离进行研究。

2. 物流产业成长机制方面的研究不够深入

了解物流产业成长机制，有助于明确物流产业的成长阶段与特征，发掘物流产业成长的规律与本质，根据物流产业成长机制进行策略的制订与实施十分必要，但目前对物流产业成长机制的研究甚少，多数学者仅是对物流产业成长的某些特征进行描述，而未对其成长机制进行深入研究，在今后的研究中，这也将成为一个重要领域。

3. 物流产业生态化路径缺乏可操作性

生态化是实现可持续发展的重要途径。目前对于物流产业生态化的相关研究并不多，多数学者只针对生态化的重要性及与可持续发展的关系进行了论述，对如何实现物流产业生态化的探讨停留在较宏观的政策建议上，缺少能够落实执行的具体化建议与实现路径，具体可操作、可落实的生态化路径是物流产业可持续发展的保障，因此具体化的路径措施也将成为物流产业成长中较为重要的研究领域。

4. 生态理论在物流产业成长中的应用需更深入更广泛

将生态理论应用于物流产业的成长，解释物流产业成长的特点并不罕见，学者经常用到的理论包括生态位理论、共生理论、进化理论等，这些理论的应用丰富了既有的研究成果，拓宽了生态学的应用领域，也为物流产业成长的研究开辟了新的思路。之所以可以采用生态学的相关理论对物流产业进行研究，主要出于以下几个原因：一是生态理论蕴含着自然界的基本规律与特征，产业的成长与自然界生物的成长类似，都存在着优胜劣汰与自然选择；二是生态系统的运行与物流产业系统运行极为类似；三是生物界的动态平衡也适用于物流产业。简单来说就是生物界与物流产业有诸多相似类比之处，两者的结合既符合客观规律，也是现实实践的需要。虽然许多学者已经认识到这一点，但在应用过程中生态理论应用的广度与深度还不够，两者可以有更多的契合点，如用生态系统的运行规律解释物流产业系统的运行规律，或用进化论的思想研究物流产业成长的过程等，两个领域理论与实践的结合将给更多的研究者提供广阔的研究视野与研究方向。

1.3 主要研究内容与创新点

1.3.1 研究内容

物流产业的成长过程是以生态化需求为驱动的过程，其成长遵循着生态规律，成长阶段与自然界种群的成长阶段极为相似，最终的成长目标是物流产业的生态化，即物流产业的可持续发展。在实践中，人们往往忽视了物流产业成长的生态规律，一味追求物流产业自身的成长，而忽略物流产业与环境的作用关系，出现了一系列环境问题。实现物流产业的可持续发展，必须要重视物流产业的生态化，关注物流产业的成长阶段及特征，把握物流产业成长机制。本书从生态学视角，运用生态学的理论和思想，阐释物流产业系统的生态特性，分析物流产业的成长机制，明确我国物流产业的成长阶段，测度我国物流产业成长的生态位、生态因子及与环境的协同度，提出我国物流产业成长的生态化理论路径与实践路径，力图对我国物流产业的健康成长提供有益借鉴。

本书体系架构分为7章，内容如下

第1章，绪论。本章分析主要选题背景及选题意义，梳理及评述物流产业成长及生态学在物流产业应用的相关研究，对研究内容及体系架构进行阐述，并提出本书主要的创新点、研究方法及技术路线。

第2章，基本概念及理论基础。本章介绍相关理论，包括生态学理论、产业成长理论及物流相关理论，界定物流产业系统及物流产业成长的定义，为本研究打下理论基础。

第3章，物流产业成长的生态学分析。本章提出从生态学视角对物流产业成长进行研究的必要性，从系统结构、信息流动及能量传递等方面对生态系统与物流产业系统进行类比，为应用生态理论对物流产业成长进行分析提供科学性依据，分析物流产业成长的生态特性，包括生态因子，物流产业生态位，物流产业成长的生命周期、特点及生态规律。

第4章，基于生态理论的物流产业成长机制及模型。本章探讨了物流产业成长的生态机制及模型，包括物流产业成长的动力机制（外生动力机制及内生动力机制）、竞合机制、稳定机制及协同进化机制。物流产业成长机制是以自然选择法则为基础，以生态规律为依托形成的机制体系，各机制紧密相联，共同作用，促成物流产业成长。

第5章，我国物流产业成长的实证分析。本章对我国物流产业成长的历程、阶段、现状进行阐述，应用logistic 回归模型计算我国物流产业及各子产业的成长阶段，用生态位理论对我国物流产业生态位变化进行测度，应用主成分回归分析生态因子对我国物流产业的影响程度，并测度了我国物流产业成长与环境发展的协同度。

第6章，我国物流产业成长目标及路径。本章提出我国物流产业成长的战略目标——物流产业生态化，分析生态化的障碍，从理论层、技术层及组织层三个层面对我国物流产业如何实现生态化提出理论路径与实践路径，以期对我国物流产业的健康成长提供理论支持及有益借鉴。

第7章，结论与展望。本章对全书进行总结并得出研究结论，提出该领域可继续研究的问题及方向。

1.3.2 创新点

（1）应用生态理论对物流产业成长进行研究，将物流产业系统与生态系统进行类比，分析两者共同点，为生态理论应用于物流产业成长的科学性及合理性提供依据，对物流产业成长、物流产业生态位、物流生态因子、物流产业系统等相关概念进行界定，扩展了生态学理论在物流产业成长中的研究。

（2）剖析物流产业成长的生态特性，提出物流产业生态位“态”“势”概念及物流生态因子的构成（包括环境、市场和资源等），结合产业生命周期理论从新的视角提出物流产业成长的生命周期（形成期、竞争期、创新期及进化期），根据物流产业的特点，结合生态相关理论提出物流产业成长的生态规律，即延续规律、竞合规律、创新规律及进化规律，并分析了物流产业特点、生态规律及生命周期的关系。

（3）提出物流产业成长机制包括物流产业成长的动力机制、竞合机制、稳定机制及协同进化机制，是以自然选择法则为基础，以生态规律为依托形成的机制体系，各机制紧密相联，共同作用，促成物流产业成长，对各机制的实现进行深入剖析，实现了对物流产业成长的动态研究，对以往仅围绕物流产业的表层静态研究进行了弥补。

（4）将书中提出的物流产业成长的生态特性应用于我国物流产业成长的实践中，用 logistic 回归模型对我国物流产业成长阶段进行实证分析及特点解析，提出我国物流产业目前处于形成期后期，即将进入高速成长期；分析我国物流产业成长中生态位的变化，生态因子的影响程度及与环境发展的协同度，为我国物流产业健康成长提供理论借鉴。

（5）提出我国物流产业成长的战略目标是实现物流产业的生态化，物流产业、社会、环境和谐持续发展，分析生态化过程中理念、技术、制度方面的障碍，从理念层、技术层和组织层三个层面提出我国物流产业生态化的理论路径和实践路径。

1.4 研究的方法和技术路线

技术路线如下图所示。

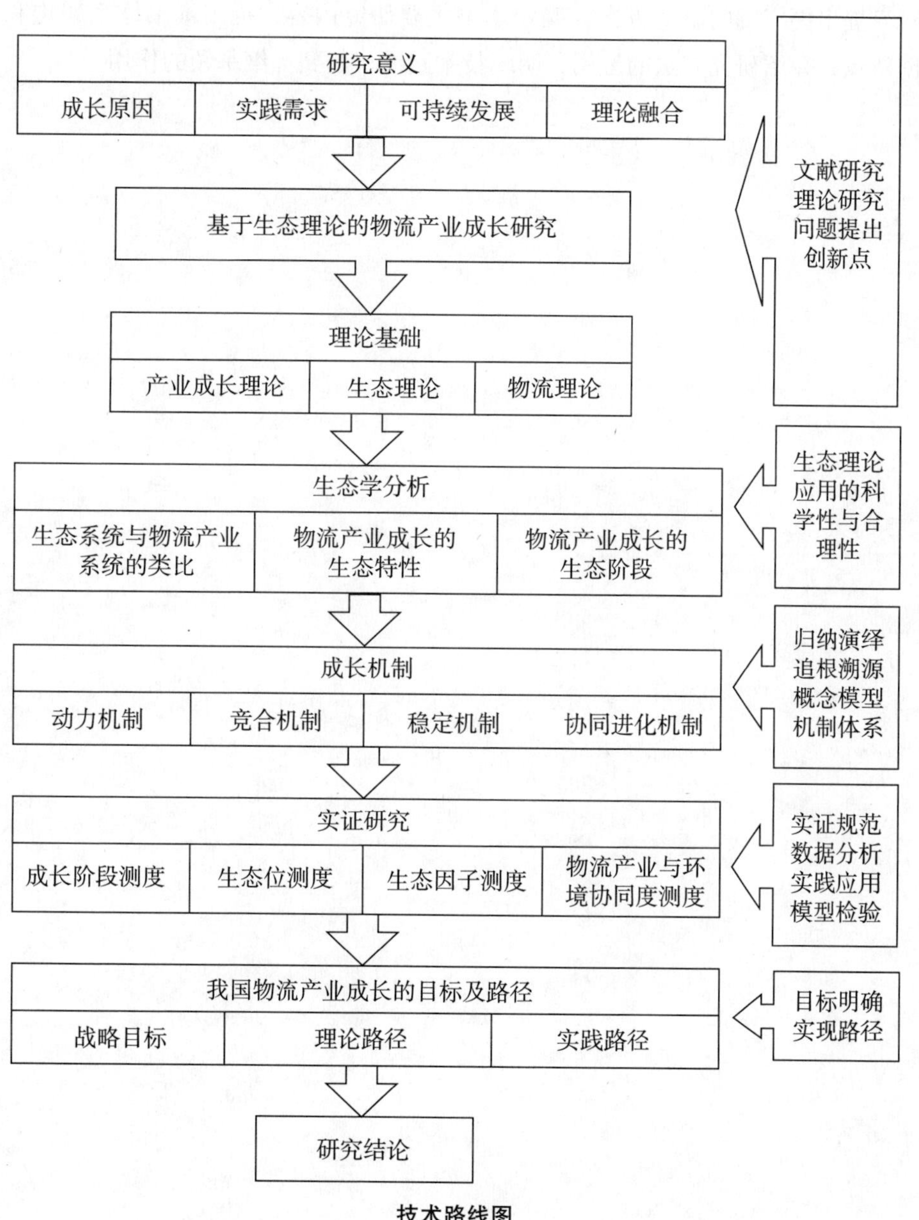

技术路线图

1.5 本章小结

本章对研究的背景及意义进行阐述，明确本研究的理论意义及现实意义，梳理国内外相关研究现状，探讨当前研究的主要关注点及局限性，基于当前研究提出更广阔的研究方向，确定本书主要研究内容，提出本书体系架构和创新点，介绍研究方法的运用，明晰技术路线，起到提纲挈领的作用。

2 基本概念及理论基础

2.1 产业成长理论

2.1.1 产业生命周期

生命周期理论被广泛应用于各个研究领域。从个体生物体来说，生命周期指从生命开始到生命结束的整个时期，可划分为成长、成熟、衰老至死亡几个阶段。将生物个体的生命周期移植到其他领域中就出现了市场营销学中的产品生命周期、管理学中的企业生命周期、组织生命周期及产业经济学中的产业生命周期等。1957 年，美国博思艾伦咨询公司在出版的《新产品管理》中提出产品生命周期理论，认为产品进入市场后分为投入期、成长期、成熟期和衰退期。1966 年，维农（Vernon）以美国为例，提出了国际产品生命周期四阶段模型，成为早期影响最大的产品生命周期理论。除此之外，哈佛大学的阿伯纳西（William J. Abernathv）和麻省理工教授阿特伯克（James M. Utterback）提出 A－U 产品生命周期理论，将生命周期划分为流动、过渡和确立三个阶段。1959 年，马森·海尔瑞（Mason Haire）首先提出企业生命周期的概念。1972 年，拉芮·格雷纳（Larry E. Greiner）对企业规模、成长阶段进行探讨，被视为企业生命周期理论的开端。1980 年，约翰·金伯利和罗伯特·迈尔斯提出了组织生命周期理论（John & Robert，1980）。

产业生命周期理论是在产品生命周期理论的基础上提出来的。1982 年，Gort 和 Klepper 提出 G－K 模型，将新产品的演化过程分为进入、大量增长、平衡、衰退、第二轮平衡五个阶段，并指出当产品过时或技术完全革新时，第五个阶段将产生另一个新产品的生命周期（Michael & Steven，1982），建立了产业经济学意义上第一个产业生命周期模型。此后，Agarwal，Klepper，Gort 等学者在 G－K 模型的基础上对产业生命周期理论进一步扩展，该理论日趋成熟。

我们可以按生物个体的生命周期来定义产业生命周期，即产业存续的生命轨迹。产业是企业的集合体，而企业的存在又是以产品（服务）为基础的，可以认为产业生命周期是企业生命周期和产品生命周期的集合体，产业生命周期表现为行业中整体企业的存在状态，而并非某一企业的存在状态。

传统的产业生命周期理论认为，一个产业的生命周期可以划分为形成期、成长期、成熟期和衰退期（刘婷、平瑛，2009）。在产业形成的初期，企业较少，资源匮乏，整个产业处于被认可、被接受的阶段；在产业的成长期，企业数量逐渐增多，在经济体系中该产业比重不断增加，其产业地位与产业作用日渐明显，对经济的拉动也越来越大，整个产业处于规模不断扩大的状态；产业的成熟期，此时的产业规模比较稳定，产业内企业数量也趋于平衡，新进入的企业与被淘汰的企业基本持平，技术已经成熟，产品品种已无差异化；在产业的衰退期，市场的增长性已逐渐减少，市场规模逐渐萎缩，等待完全的技术革新来实现新一轮的产业生命周期。除了这种较被普遍认可的分类方法外，还可以通过自然垄断阶段、全面竞争阶段、产业重组阶段及蜕变创新阶段这种分类来反映产业本质特征（潘成云，2001），这种分类方法强调了新技术新工艺在产业中所起到的重要作用，以技术成熟度和技术创新能力作为其分类的主要标准。

2.1.2 产业成长

产业成长（industry growth）是指单个产业经历其生命周期的一种过程（高宇列，2010），即在产业生命周期各时间段所表现出来的不同存在状态。外在反映的是从不成熟到成熟，从小到大，从弱到强的变化，而内在包括产业规模、产业技术和产业组织（向吉英，2007）。产业成长的过程既包括时间与空间维度的变化，也包括量变与质变的过程，时间维度变化反映了某个特定产业在不同时间点上所表现出来的存在状态，空间维度的变化反映的是产业在空间区域内的活动范围，即随着产业规模的不断扩大，不同产业间的持续相互渗透，使该特定产业在空间维度上表现为空间区域的扩张；从另一个角度来说，产业成长也反映了量变与质变，量变是产业内企业数量的增加、产业规模的扩大、产值的增加、技术创新数量的增加等，而质变是量变的结果，是量变达到临界点时所发生的突变，主要包括产业技术重大革新所带来的产业结构、产业组织的改变，反映产业地位及产业作用变化的产业升级。总体来说，产业成长过程是产业规模扩大的过程，是技术创新的过程，是产业升级的过程，是产业组织变革的过程。

2.2 物流相关理论

物流一词最早出现在美国（甘卫华等，2011）。早在 1901 年，约翰·F. 格鲁威尔（John F. Crowell）在美国政府报告《工业委员会关于农产品配送报告》中就对物流理论有了初步的认识。在这之后，对于物流的起源出现了两个观点，一是战争起源，1905 年，美国少校琼西·贝克从军事角度对物流进行定义，即军事物流，或被称作军事后勤，由于物流在军事领域的突出贡献，后来被应用于商业领域中；二是经济起源，1915 年，美国市场营销学者阿奇·萧在《市场流通中的若干问题》中对流通领域中的问题进行论述。物流概念经过一百多年时间的演化，已经较为成熟，简单来说，物流即物的实体流动，我国国家标准《物流术语》GB/T 18354—2006 中将物流定义为：物品从供应地向接收地的实体流动过程。根据实际需要，将运输、储存、装卸、搬运、包装、流通加工、配送、信息处理等基本功能实施有机结合。虽然不同机构、不同学者对物流的定义给出了不同版本，但其本质内涵都是一致的，即为实现某种需求而进行的各功能活动。

2.2.1 物流学说

物流产业在成长过程中既包含了实践操作，也包含了理论进步。其中关于物流的相关学说对物流的影响深远，在学术界引起广泛探讨。

1. 黑暗大陆学说

1962 年，彼得·德鲁克（Peter F. Drucker）在其发表的《经济的黑暗大陆》一文中指出流通是经济领域的黑暗大陆，并称其为“一块未开垦的处女地”，强调流通领域中有诸多未被人们发现、等待人们去开发的领域，后来人们将流通领域特指物流领域。

2. 第三利润源学说

1970 年，日本早稻田大学教授西泽修在其出版的《流通费——未被认识的第三利润源》中首次提出第三利润源的概念（韩西林，1989）。国际上普遍把现代物流称为“降低成本的最后边界”，视为降低原材料消耗、提高劳动生产率之后的“第三利润源”（郝梅瑞，2003）。第三利润源的提出迅速引发学术界对于物流的探讨，物流的重要性也越来越受到人们的关注，该学说对后来的物流管理产生重大影响。

3. 物流冰山学说

物流冰山学说是西泽修提出的另外一个对于物流有着重要意义和深远影响的学说，他将全部物流费用看作是浮在水面上的一座冰山，露出水面的一角仅是企业向外支付给外部单位的一小部分物流费用（或称外委费），而水面以下的大部分指的是在企业内部发生、混杂在其他成本之中难以明确划分的物流费用。该学说的提出引起人们对于物流费用的注意，开辟了物流费用核算、控制和管理的新视野。

4. 效益背反学说

效益背反又称二律背反，指的是物流的若干功能要素的优化和利益产生的同时，必然会存在另一个或另几个功能要素的利益损失，是一种此长彼消、此盈彼亏的现象。该学说形象地说明了物流各功能之间的损益关系，即物流系统内的某一功能要素成本下降（收益上升）会引起其他某几个功能要素的成本上升（收益下降）。物流系统内的各功能要素间是负向影响的，存在着损益矛盾，如物流成本与服务或物流各功能间都存在着这样的规律，在进行物流管理过程中不能简单地追求某一个物流功能效益的最大化和成本最小化，应从系统的角度看待物流，追求整体效益的最大化和总成本最小化。

2.2.2 物流产业系统

为了明确物流产业系统的内涵，首先要明确产业及物流系统的概念。所谓产业是指国民经济中以社会分工为基础，在产品和劳务的生产和经营上具有某些相同特征的企业或单位及其活动的集合（简新华、魏珊，2003）。我国物流术语中是这样定义物流系统的：由两个或两个以上的物流功能单元构成的，以完成物流服务为目的的有机集合体。物流产业系统是在这两个概念的基础上提出来的，王述英等人认为物流产业系统是由若干要素有机构成的，依据物流产业系统要素的特点，可对其进行划分（王述英、王青，2006）。楚岩枫认为由物流企业、自营物流企业、消费者和所在自然环境、经济环境和社会环境在一定时间和空间内组成的整体系统是物流产业系统（楚岩枫，2010）。本书认为物流产业系统（logistics industry system）是整合各物流各子产业要素实现物流产业合理化及满足客户需求的有机综合体，即对运输业、仓储业、包装业、配送业、装卸搬运业、流通加工业、信息业等各子产业实现有机融合，各子产业间相互制约、相互影响，各自具有特定功能，符合系统的一般规律。由于存在效益背反，因此物流产业系统的目标是实现整体效益最大及成本最低。物流产业系统与物流系统的区别在于：物流系统是各功能的有机集合体，强调的是各功能的相互作用，而物流产业系统是各子产业的有机集合体，强调的是各子产业的相互作用，是从产业的角度研究物流各功能要素间的关系。物流产业系统是各物流功能产业化后形成的系统，物流产业系统比物流系统的范围更广阔。随着物流产业的成长，其各功能也不断形成规模，逐渐产业化，因此，物流产业系统的提出，扩展了物流系统的研究范畴，为物流各子产业的关系研究及整个产业系统的研究提供了更为广阔的空间。

2.2.3 物流产业成长

1. 成长与发展的内涵区分

成长与发展是两个极易混淆的概念，但实质上这两个概念既有区别又有相同之处，既独立又相互关联。只有明确两者的关系，区分两者的内涵，才能更好地理解本研究的立意及主旨。

成长，中文解释为长大，长成，向成熟的阶段发展，英文用 growth 来表示，英英解释 growth 为 a progression from simpler to more complex forms；a process of becoming larger or longer or more numerous or more important. 发展，中文解释为一种连续不断的变化过程，英文用 development 来表示，英英解释 development 为 a state in which things are improving；the result of developing. 从中英文释义来看，两者有相近之意，都是变化的过程，但仔细区分，两者还是有较多区别的。成长是由无到有，由小到大，由简到繁的过程，反映的是状态的改变（包括数量及质量），包含了规模的扩大和效率的提高（史恩义，2012）。发展虽然也含有变化的意思，但更多强调的是资源配置对事物变化过程的控制，成长包含发展，是基于数量增长和质量发展的变迁过程，是有发展的增长，是真正意义质变的过程（龙江，2004）。可以理解为成长的范围更广，既包括事物的自然变化，也包括外界因素影响时的变化；既有量的积累，也有质的改变，成长反映了事物生命周期内的全部变化状态。

2. 物流产业成长的内涵

物流产业成长是物流产业在其生命周期内变化状态的体现，是物流产业形成、发展、成熟稳定不断进化的过程，是物流产业系统演化的过程。在这个过程中，物流产业形态、功能、作用不断变化，各子产业相互影响、持续变迁、发展壮大。物流产业成长是基于生态化需求的成长，是物流产业动力机制、竞合机制、稳定机制及协同进化机制共同作用的成长，是以产业生态化为最终目标，实现物流产业与社会、环境和谐共存、可持续发展的成长。

物流产业成长的内涵是一个更广的范畴，涵盖了物流产业的发展，是物流活动—独立部门的形成—物流企业的形成—物流企业集群—产业形成—产业发展的全部过程。本研究选题“物流产业成长”有如下考虑：首先，本研究要探讨物流产业的成长规律及机制，就需要明确物流产业从无到有的过程，而“物流产业成长”一词能很好地说明这个变化过程；其次，我国物流产业处于形成期的后期，即将进入高速的成长期，用物流产业成长能反映我国物流产业此时的存在状态；最后，成长既包含数量的变化也包括质量的变化，本研究在实证环节用了大量数据对我国物流产业成长的状态进行分析，充分体现了数量的变化及由数量变化而引发的产业组织结构变化，即质的变化。

2.3 相关的生态理论

生态学是研究包括人在内的生命与其物理和生物环境间相互关系的系统科学，是关于生命、环境和人类社会可持续发展的方法论科学（陈莹等，2004）。生态学涉及的研究对象及内容极为广泛，包括了种群、群落、生态系统、生物圈等。本小节仅对本研究所涉及的生态理论进行梳理，主要包括生态位理论、生态因子理论、共生理论和协同进化理论。

2.3.1 生态位理论

生态位（ecological niche）理论是生物学中研究生物体之间的竞争性、生物对环境的适应性、生态系统的多样性和稳定性等问题的重要范畴（安树青，1994），其反映出物种种群在成长过程中所处的功能、地位及环境位置。1917年，Grinnell 最早给出生态位的定义：“被不同物种所占据的最后分配单元”。Elton 认为生态位是物种与生态环境和与食物及天敌的关系所表现出来的状态（Elton，1927），并定义生态位为“物种在生物群落中的地位和角色”。Hutchinson 把生态位看作物种在特定环境中生存条件的选择范围，包括温度、湿度、营养等，将其拓展为既包括生物的空间位置及其在生物群落中的功能地位，又包括生物在环境空间的位置，即所谓的“n 维超体积生态位”（n－dimension hyper volume niche）（Hutchinson，1957）。Penguin Dictionary of Biology 给出生态位的概念是：不同物种在不同地域所占据生态系统中的特定位置或相互关系（Grambie *et al.*，1978）。王刚等人定义生态位为：种的生态位是表征环境属性特征的向量集到表征种的属性特征的数集上的映射关系（王刚等，1984）。

在生态位的概念被提出来之后，引发了学者们对生态位相关理论的深入研究，并形成了生态位相关的不同测度方法，如生态位宽度（niche breadth）及生态位重叠度（niche overlap）（Janne *et al.*，2011），生态位宽度又称生态位大小或生态位广度，Slobodkin，Levins 和 Macarthur 定义生态位宽度为在生态位空间中，沿着某一特定路线通过生态位的一段距离，可以理解生态位宽度为物种对资源及环境的利用程度（杨秀芳，2010）。Hurlbert 在研究物种竞争时，将两个物种在同一资源位上的相遇频率定义为生态位重叠（Hurlbert，1978）。生态位与物种的竞争有密切关系，当资源充足时，物种间有各自的生态位，占据自己的生态位宽度，重叠度较小，物种间的竞争性较小或不发生竞争。相反，如果资源有限，生态位重叠较严重，则在同一生态位上会出现资源共享的情况，而在该生态位上的资源无法完全满足两个物种时，两个物种间则会发生竞争，竞争会出现两种结果，一种是一个物种完全被挤出该生态位，从此被淘汰；另一种是两个物种通过生态位的分化形成共存的局面，两个物种对资源进行共享，实现双赢。现实中绝大部分物种竞争的结果是共生共存的，当资源不足时，物种为了生存往往形成宽的生态位，摄取更多以往可能并不摄取的食物，产生泛化，消耗更多的能量和时间，此时易发生竞争；当资源丰富时，物种可按自己的习惯进行取食，不必消耗更多的能量和时间就可以满足生理需求，此时产生特化，生态位变窄，不易发生竞争。

除了生态位宽度、重叠度之外，还有一个生态位测度的重要方法，即生态位的“态”和“势”，生态位态势理论。从个体到生物圈，无论是自然还是社会中的生物单元都具有“态”和“势”两个方面的属性，“态”是指生物单元的状态，是过去生长发育、学习、社会经济发展以及与环境相互作用积累的结果；“势”是指生物单元对环境的现实影响力或支配力，如能量和物质变换的速率、生产力、生物增长率、经济增长率、占据新生境的能力。“态”和“势”两个方面综合体现了特定生物单元在生态系统中的相对地位与作用（朱春全，1997）。

2.3.2 生态因子理论

构成生物体周围环境的要素被称为环境因子（environment factor）。环境因子中一切对生物的生长、发育、生殖、行为和分布有直接影响或间接影响的因子称为生态因子（ecological factor）（刘洪德、史竹青，2008）。根据不同的分类依据，可对生态因子进行不同的分类，按属性分为非生物因子（温度、阳光、水等）和生物因子（同种或异种生物）；按稳定性分为稳定因子（太阳辐射、地心引力等）和非稳定因子（如四季变化等）。生态因子对于生物体的作用有直接作用和间接作用，主导作用（决定性作用）和非主导作用（非决定性作用）。各生态因子相互作用、相互影响，对生物体的作用是各生态因子共同作用而实现的，我们把它称之为生态因子的综合作用。

2.3.3 共生理论

1879 年，德国真菌学家德贝里（Anton de Bery）最早提出共生（symbiosis）的概念，即不同种属共同生活在一起，共生关系是生物体之间高度相关关系的一种描述。在空间范围内，各物种间共享同一区域，在生存范围内，各物种相互提供便利，共同生存，根据物种间所获利益的异同，可把共生关系分为偏利共生（commensalism）和互利共生（mutualism），偏利共生是一方对另一方有利，互利共生是双方得利，即互惠双赢的关系。生物体的共生关系实现了物种的多样性，也为生物体增强环境的适应性提供了可能。共生的三要素包括共生单元、共生模式和共生环境。共生单元是共生体的基本单元，是最小组成单位。共生模式也叫作共生关系，是共生单位相互依存、相互影响的方式。共生关系共有三个维度，第一个维度反映的是共生单元的共生程度，也就是共生单元相互依赖的强度；第二个维度反映的是共生单元之间的能量流动与信息传递；第三个维度反映的是共生状态，共生环境是共生单元所处的外在条件，即自然环境。

2.3.4 协同进化理论

1964 年，Ehrlich 和 Raven 提出了生态学中的协同进化（coevolution）概念，Jazen 认为协同进化是指某一种群的生物个体特征会随着另一种群的生物个体特征而发生改变，相应的另一种群的生物个体特征也会反过来受前一种群的影响而发生改变（Daniel，1980）。在生物学中，协同是生物之间相互选择、相互协调的现象或过程。协同进化是指两个相互作用的物种在进化过程中相互适应、共同进化。生物间通过生存竞争获取资源，求得发展，又通过协同作用共同生存，求得在一定时空条件下相互之间的生存平衡和持续发展（王德利、高莹，2005）。根据 Jazen 的定义，协同进化说明了不同物种间的相互影响关系，进化的过程是物种间相互适应的过程，也是物种共存的结果。

2.4 本章小结

本章梳理了与本研究相关的理论，包括产业成长理论、物流相关理论及生态理论，明确了产业生命周期的定义及阶段、产业成长的过程、物流概念的演变及重要学说，从更广阔的角度定义了物流产业系统，明晰了区别于物流产业发展的物流产业成长内涵，对生态位理论、生态因子理论、共生理论及协同进化理论进行了总结回顾，为更好地展开下面的研究打下良好的理论基础。

3 物流产业成长的生态学分析

物流产业系统与生态系统有诸多相似之处，物流产业成长过程也是物流产业系统的演化过程，这也是用生态学相关理论对物流产业成长进行研究的根本原因，生态系统的构成、组织、结构、功能、特点等有助于我们分析物流产业成长的机制及规律。本章重点用生态学相关理论分析物流产业成长过程中的生态特性。

3.1 生态系统与物流产业系统的类比

3.1.1 生态系统与物流产业系统组成结构类比

1. 生态系统组成及结构

生态系统（ecosystem）是非生物部分和生物部分的复合体，在该系统中，各部分相互制约、相互影响，并最终实现平衡。生态系统包括非生物部分（自然环境）及生物部分（生产者，消费者及分解者），如图 3 -1 所示。

（1）生态系统构成。

①非生物环境。非生物环境是生态系统的保障与支撑，生物物种完全依靠于非生物环境实现生产、消费及分解，是驱动整个生态系统运转的动力源泉，主要包括以太阳能为主的各类能源，各类基质和介质，如土壤、水、岩石等以及物质代谢的各种原料。

②生物物种。通常来说，生物物种分为生产者、消费者及分解者。生产者是自养型生物，可进行光合作用，供给其他生物的主要食物及能量，包括绿色植物及光能、化能生物；消费者属异养型生物，需要依靠生产者的供给获取营养，维持基本的生命活动，包括草食性动物、肉食性动物及杂食性动物；分解者又称还原者，是将各类有机物分解为简单的无机物，主要包括各种微生物，也可以看作是生态系统的“清道夫”。

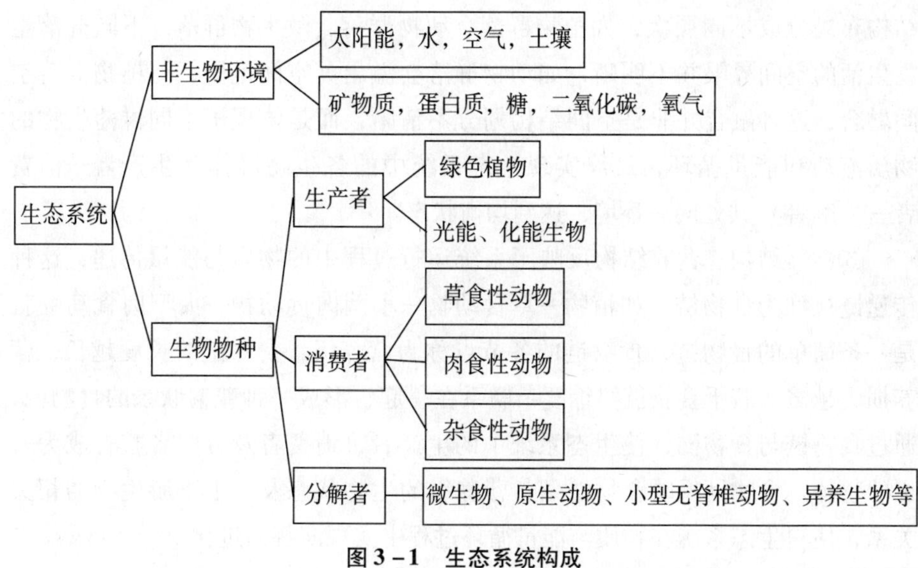

图 3-1 生态系统构成

(2) 生态系统结构。生态系统中各部分各司其职，在“生产者—消费者—分解者”的往复循环中实现物质流动及能量转化，可从时间、空间、营养三个维度对生态系统结构进行分析。

①时间结构。时间结构反映的是生态系统随时间变化的存在状态，不同时间段、时间点的生态系统结构都有不同表现。一方面是演替和进化过程，这个过程往往经历时间较长，反映的是整体生态系统的运行过程及变化趋势；另一方面是周期性变化，这个过程往往时间较短，以日夜、季节、年份为变化周期，如图 3-2 所示。

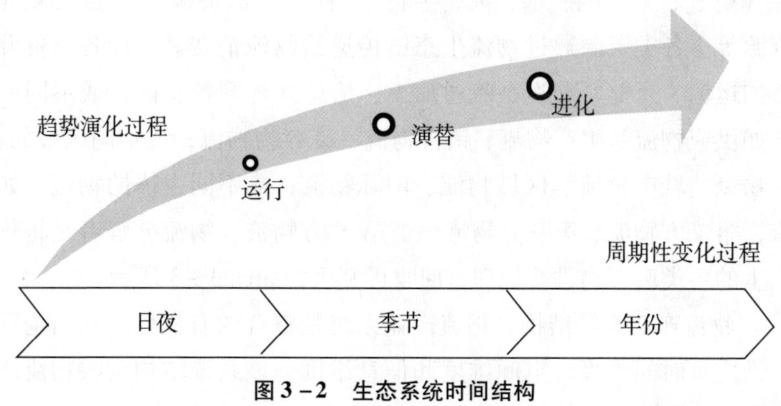

图 3-2 生态系统时间结构

②空间结构。空间结构反映的是各不同群落、群种的空间占用格局，其

结构布局分成不同层次，如植物群落、动物群落、微生物群落，不同群落生物生活的空间界限并不明晰，如动物群落会溢出其空间范围，与植物群落空间融合，这种融合并非是空间结构划分不清晰，而是体现了不同群落生物的物质流动和能量循环，最终实现生态系统中的各生物群体（生产者—消费者—分解者）共处同一环境，达到均衡状态。

③营养结构。营养结构反映了系统运行过程中的物质与能量传递，这种传递链被称为食物链，如植物—草食动物—小型肉食动物—大型肉食动物就是一条简单的食物链，食物链的各节点称为营养级，食物链的长度越长，营养损失越多。若干食物链错综复杂联系在一起，形成一种普遍联系的食物网，通过食物链与食物网，使生态系统中的生产者、消费者及分解者整合成为有机的整体。食物网反映食物链条各营养级的生物状态及与上下游生物的相关关系，使得生态系统在物质与能量循环过程中实现演替与进化。

2. 物流产业系统组成及结构

（1）物流产业系统组成。物流产业系统包括非生物环境及物流部分。非生物部分即物流产业所处的环境，这种环境包括自然环境、政策环境、经济环境、社会环境等，它影响着物流产业成长的速度与节奏，是物流产业成长、物流产业系统运行的重要保障和支撑。物流部分即按照不同主体在物流群落中分为物流生产者、物流消费者及物流分解者。各主体间不断进行物质流动、资金流动及信息流动，实现能量的转移和传递，形成物流生态链及价值生态链。

物流生产者是各类物流资源的提供者，是物流生态链产生的源头，如自然资源（空气、太阳能、水、风、生物）、社会经济资源（社会人文资源）、技术资源等。各类资源通过物流生态链传递给物流消费者，即各类资源的消耗者，如运输、仓储、配送、流通加工、信息处理等各功能；或不同的物流范围，如供应物流、生产物流、销售物流、废弃物物流；或不同区域的物流，如农村物流、城市物流、区域物流、国际物流；或不同主体的物流，如第一方物流、第二方物流、第三方物流……第 X 方物流。物流分解者是将物流消费者产生的各类废弃物进行处理，回收再利用，如图 3 -3 所示。

（2）物流产业系统结构。物流产业系统是整合的有机体，其结构可以分为三个维度：时间维度、空间维度和信息维度，该系统结构反映物流产业系统的运作方式与实现的效用。如图 3 -4 所示。

①时间维度。时间维度有两层含义，一是物流产业系统的演化过程，从

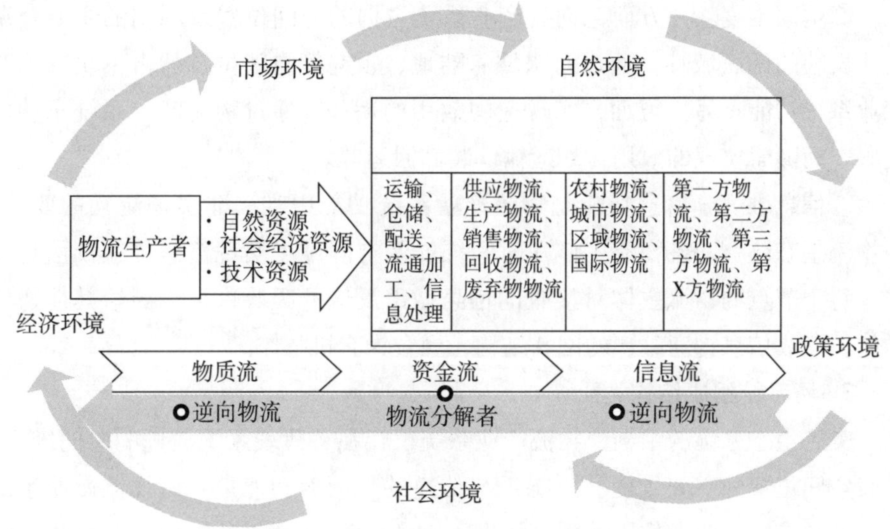

图 3－3 类比生态系统的物流产业系统组成

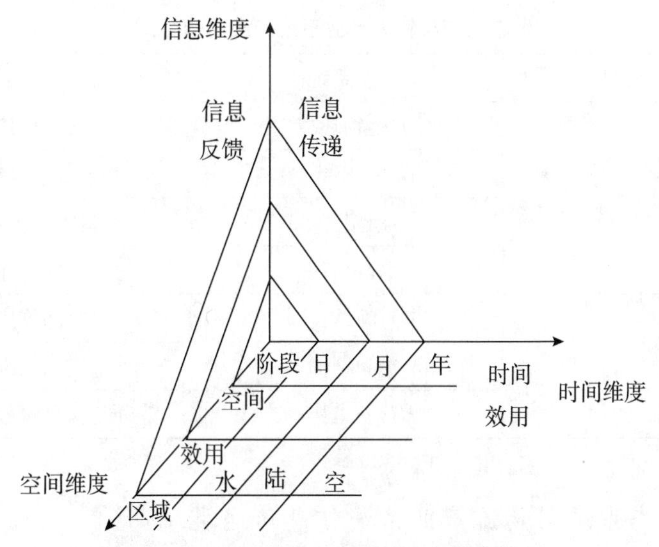

图 3－4 类比生态系统的物流产业系统结构

物流单一职能到独立部门再到物流整合，最终构成物流产业系统，演化过程时间较长，变化比较缓慢，边界并不明显；二是物流产业系统的时间效用，可以通过缩短时间（如提高物流效率，减少运输时间）或延长时间（如将非连续性的供给进行储存以实现连续性供给）实现时间效用，实现的时间效用往往时间较短，速度较快，边界清晰。

②空间维度。一方面，物流产业系统占据的空间位置及利用的主要资源往往反映的是区域性，通过对水域、陆地、领空等空间位置的占据实现物流产业系统功能；另一方面，实现空间效用的途径，通过物流产业系统子功能克服空间障碍实现的效用，如运输、装卸搬运等。

③信息维度。信息功能是物流产业系统功能中唯一非实物流动的要素。在物流生态链上，各物流主体在时间维度及空间维度实现信息传递及信息反馈，每个节点的物流主体对接收的信息做出反应并吸收，再传导给其他物流主体，形成信息沟通共享的网状结构，融合为有机整体。

3. 两系统组成结构类比

类比生态系统的结构，物流产业系统也存在着代表系统演进的时间维度，代表空间位置的空间维度。生态系统传递的是营养和能量，而物流产业系统传递的是信息，两者作用等同。如表 3－1 所示，生态系统的组成及结构与物流产业系统的组成与结构有较大的相似度。

表 3－1　　生态系统与物流产业系统组成结构类比

类比维度	生态系统	物流产业系统
组成	非生物环境	产业环境
	生产者	物流资源供给者
	消费者	物流资源消耗者
	分解者	逆向物流
结构	时间结构	时间维度
	空间结构	空间维度
	营养结构	信息维度

3.1.2 生态系统与物流产业系统信息传递类比

1. 生态系统中的信息传递

信息传递是生态系统的基本功能之一，生态系统中的信息包括物理信息、化学信息、行为信息和营养信息（林文雄，2013）。物理信息来源于无机环境或者生物，如声音、光源、磁场等；化学信息是各类化学物质传递的信息，如各类化学代谢物等；行为信息是自然界生物的行为表现，如植物和动物的各种反映及动作进行信息的传递；营养信息指的是食物及营养状况，如食物链中各环节的生物数量会根据营养信息进行调整。生态系统中的信息传递种类多种多样，数目繁多，信息量也较大，包括个体间的信息传递、群落间的信息传递、生物与环境间的信息传递，形成了信息发出—信息接收—调整—信息反馈的往复循环。生态系统中的信息传递复制各生态链生物主体的存在状态并映射给其他主体，生物主体可根据接收的信息对自己的存在状态进行调整，以适应生存环境，最终得以在生态系统中不断繁衍生息，促使生态系统不断地演进和进化。

2. 物流产业系统中的信息传递

信息传递反映各种需求及物流要素的状态，物流信息广泛存在于生产流通领域的各个阶段，通过信息收集—信息传递—信息处理—信息反馈，全面反映物流过程。物流产业系统的功能是通过信息在物流产业系统内及与外界环境间的传递、自我调节、与环境有机融合而实现的。因此，物流产业系统信息传递是演化发展的助推器和动力源泉，其信息传递机制如图 3－5 所示。

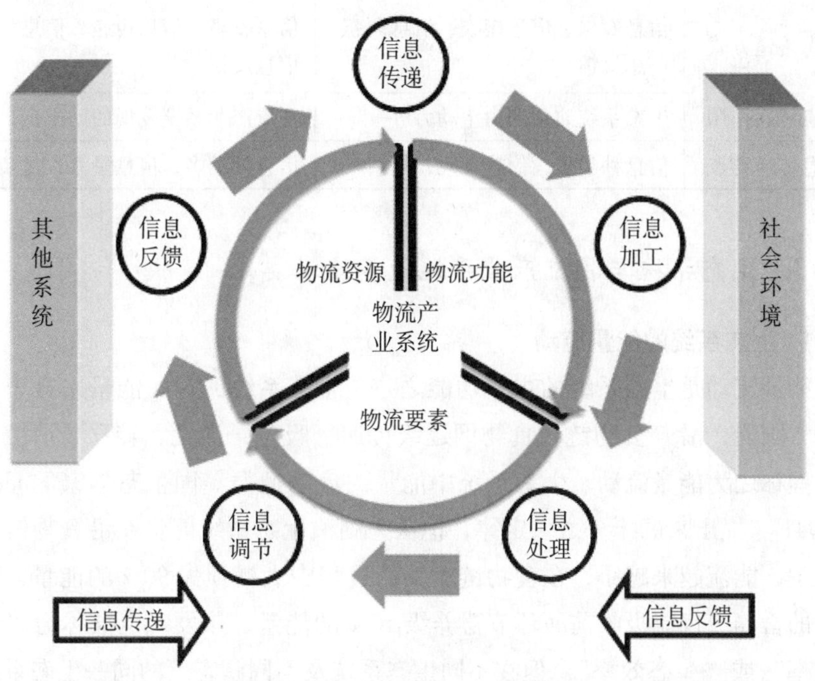

图 3－5 物流产业系统信息传递机制

3. 两系统信息传递类比

类比生态系统的信息传递，物流产业系统的信息传递也体现了信息的多样性与复杂性。一是系统内物流主体间的信息传递、信息加工、信息处理、信息调节与信息反馈，实现系统内的整合与协同；二是物流产业系统与其他系统和社会环境的信息传递与信息反馈，实现系统间与系统环境间的融合与协作。信息传递过程实质是对物流产业系统运行的映射，是物流产业系统与其他系统和社会环境交互过程的纽带。随着物流产业系统的演化，物流各要素、功能也在不断发生改变，相对应的信息也呈现动态变化，信息动态化对信息传递及反馈提出更高的要求，成为系统内、系统间及系统环境间协同的内生机理。综上，生态系统与物流产业系统信息传递的类比如表3-2所示。

表3-2 生态系统与物流产业系统信息传递类比

类比维度	生态系统	物流产业系统
信息传递范围	物种内，物种间，生物与环境间	系统内，系统间，系统与环境间
信息传递类型	物流信息、化学信息、行为信息、营养信息	物流要素信息、物流需求信息
信息传递方式	信息发出、信息接收、信息调整、信息反馈	信息收集、信息传递、信息处理、信息反馈
信息传递作用	生态系统演化的内生动力	物流产业系统发展的助推器
信息传递特点	信息种类多，信息量大，复杂	信息种类多，信息量大，复杂

3.1.3 生态系统与物流产业系统能量流动类比

1. 生态系统的能量流动

能量流动是生态系统的主要功能之一，生态系统的初始能量来自于大自然的太阳能，沿着食物链与食物网逐级传递、吸收、消耗、转移、消散，这个过程称之为能量流动。生态系统中能量的流动遵循美国生态学家Lindeman在1941年提出来的十分之一定律，他认为湖泊生态系统能量在沿食物链流动过程中，能流越来越小，在食物链流动的过程中大概损失90%的能量，后一环节的营养级仅能吸收前一环节营养级10%的能量，该发现也被称为“林德曼效率”或“生态效率”。但在不同生态系统及不同状态下的同一生态系统的能量流动的损耗也有较大差异，这种能量的消耗的主要原因之一在于前一营养级的能量不可能完全被下一级营养级的生物完全利用，很多能量以热能的形式消散；另一个原因在于营养级的同化量（吸收的能量）也是有所不同的，有些能量是不能被吸收的，因此食物链或食物网中能量耗费比例较大。学者们往往用一些参数指标对生态系统中的能流效率进行评价，如同化效率、生产效率、消费效率等。

根据林德曼效率，食物链越长，其能量损耗越大，处于末端营养级的生物所摄取的能量就越少，当获得的能量不足以维持该营养级中生物生存时，该营养级的生物数量就会越来越少。因此，对于营养级的个数来说是有限制的，一般来说不会超过5个。从能量源泉——太阳能开始，随着营养级由低到高，食物链上生物数量及能量就会呈金字塔型，即人们所熟知的“生态金字塔”，生态金字塔有三个维度：数量金字塔、生物量金字塔和能量金字塔。生态金字塔形象地描绘不同营养级生物量的数量变化及能量变化，其中数量金字塔和生物量金字塔既可呈现下宽上窄的正锥型，也可呈现上宽下窄的倒锥型；而能量金字塔较其他两种金字塔更为重要，往往呈现下宽上窄的正锥型，而不会出现倒置，因为下一营养级的全部能量都来自上一营养级，符合能量衰减的一般规律。

生态系统中能量流动具有不可逆性，能量被营养级生物吸收后，转化成为固有能量形式进行流动，而不能以吸收能量的形式返还到上一级，因此为了确保生态系统的可持续性，需要不断补充能量。生态系统中能量供给与能量消耗是能量流动的主要动力，能量供给过多或消耗过多都会引起生态系统的紊乱，只有能量供给与能量消耗均衡时，才能实现生态系统的稳定与平衡。

2. 物流产业系统的能量流动

物流产业系统代谢过程是能量传递转移流动的过程，物流环节越多，消耗能量越多，成本越高，效率越低，市场的满意度越低，因此，在物流链运作过程中尽量要减少中间环节，减少物流链长度，保证物流产业系统能量流动的高效性。能量在物流链传递过程中并不单纯以热作为消耗，而体现为各种形态的废弃物，如运输中的尾气、噪声、包装材料等，并最终将能量转化为价值，物流产业系统的能量流动是沿着物流链与价值链实现的，如图3-6所示。

可以用耗散结构理论对物流产业系统能量流动规律作进一步解释。首先，物流产业系统是一个非平衡开放系统，能实现与外界环境的物质、能量和信息交换；其次，物流产业系统依赖于资源的输入，服务的产出保持其处于平衡状态；最后，物流产业系统中各功能要素间的作用都是非线性的，存在着无规律的波动涨落。熵用来说明系统无序化的程度，当熵值增加，证明系统内的无序度增加，反之则减少，只有不断地与外界进行能量物质交换，增加系统内的负熵（有序化程度），才能使物流产业系统处于开放的、远离平衡态的、有序的稳定状态。

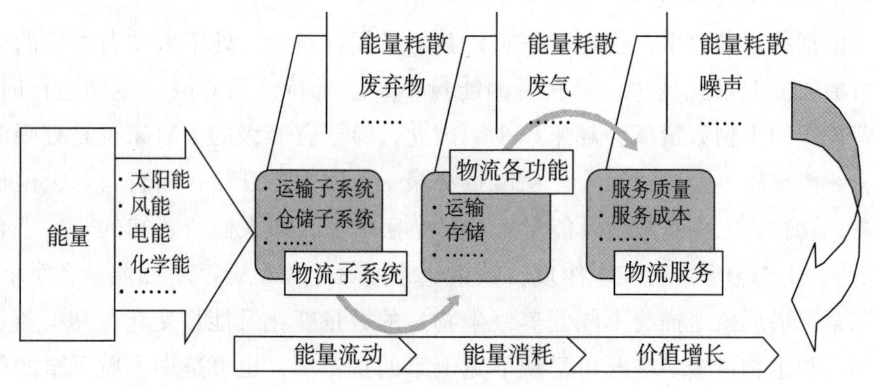

图 3-6　物流产业系统能量流动机理

3. 两系统能量流动类比

类比生态系统，能量流动的途径、特点、形式、作用及来源虽在表现上有所差异，但其基本的原理是较为相似的，如表 3-3 所示。

表 3-3　生态系统与物流产业系统能量流动类比

	生态系统	物流产业系统
能量流动途径	食物链	物流链
能量流动特点	逐级衰减，单向不可逆	耗散，转化，价值增长
能量消耗形式	热	各类废弃物、噪声、废水等
能量流动作用	系统运行动力	使系统处于远离平衡的、有序的、稳定状态
能量来源	太阳能	多种能量

不论对于生态系统还是物流产业系统，物质循环、信息传递和能量流动是其基本功能，缺一不可。物质循环和能量流动是系统运行的基础和保证，信息传递是系统演化的动力，不断调节物质循环和能量流动的状态和方向。

3.2 物流产业成长的生态特性

物流产业是专业化、独立化、社会化的物流活动集合，其成长符合生态圈的成长规律，也体现出其生态特征，本小节通过对物流生态因子、物流产业生态位、生命周期及生态规律的分析具体说明其生态特征。

3.2.1 物流生态因子

借鉴生态学中生态因子的定义，物流生态因子可以定义为物流产业在成长过程当中对其施加各类直接或间接影响的因素集合，这些影响因素既包括外界环境，也包括与其竞争、共生协同的其他产业。

1. 物流生态因子架构

（1）环境生态因子。环境生态因子包括自然环境（如气候、地势地形等）和社会环境（如政策环境、经济环境、人文环境、法律环境、其他产业竞争等）。由于环境的承载性有限，对接纳分解的废物、物质循环能力都有一定的限制，这也对物流产业与环境协同成长提出更高要求。

（2）市场生态因子。市场生态因子是连接物流产业与市场的主要途径，反映物流产业与经济发展的关系，主要包括经济指标与物流指标（如社会物流总额、产业结构、固定资产投入、进出口总额等），这些因子从不同的层面和角度反映出社会对物流产业的需求。

（3）资源生态因子。各类资源形成了物流产业的供给要素，主要包括自然资源、技术资源、人力资源、基础设施、信息资源等。供给资源的质量、数量直接决定物流效率和质量。

物流产业生态因子是以资源生态因子为核心，以市场生态因子为推动力，以环境生态因子为保障的有机体，如图 3－7 所示。

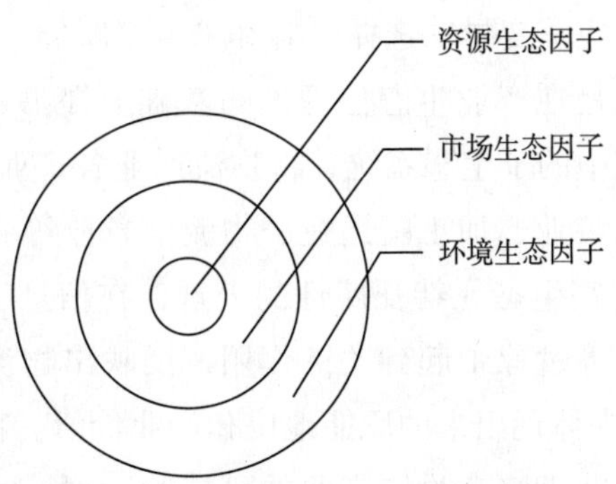

图 3－7 物流产业生态因子架构

2. 物流生态因子的特点

（1）系统性。系统性体现在物流生态因子的相互影响和相互制约，其中一个因子的变化会引起其他因子不同程度的变化，如经济环境会影响市场需求变化，各类资源的投入又使物流产业满足市场需求成为可能。物流产业成长是多个因子互相影响综合作用的结果，在分析对物流产业成长的影响因素时，一方面要考虑到因子的单独作用，另一方面也要从系统角度考虑到因子的相互作用。

（2）互补性。不同的物流生态因子对于物流产业成长有不同的影响程度，它们之间是无可替代的，而由于其系统性，各因子间在某种特定条件下也具备了互补性，如某一区域物流产业市场需求不足，阻碍其成长，可通过环境因子的政策调节与政策倾斜拉动市场需求，加大物流产业的扶持力度。

（3）限制性。1913 年，美国生态学家 Shelford 提出耐受性定律，任何一种生物体对于生态因子都有最大限度和最小限度的耐受性范围，超过这个范围，生物体会被抑制，只有在耐受范围之内，生物体的机能才能发挥作用，而最佳的作用点就处于耐受范围的适用点或接近适用点，当远离适用点时，生物体的机能逐渐减弱。耐受性同样适用于物流产业，因此在分析物流产业的生态因子时，应充分考虑其限制性。

3.2.2 物流产业生态位

1. 物流产业生态位的内涵

产业生态位是指特定产业在整体产业经济循环中，与其他相关产业在互动过程中所形成或具备的相对地位、产业功能与产业价值。产业生态位是一个动态的概念，是产业适应环境的结果而不是原因，其进化符合生物进化的一般模型：学习—适应—变异—选择（容和平、王跃婷，2010）。

物流产业生态位是在产业生态位理论的基础上提出来的，把物流产业系统看作经济生态系统中的子生态系统，将物流产业各产业化资源——运输业、仓储业、装卸业、包装业、加工配送业、物流信息业等看作生态元，而物流产业生态位指的是这些生态元特征属性的表现，在信息交换、物质循环、能量转移、价值链增值等过程中起到关键作用，反映出物流业与其他相关产业（工业农业等）互动中体现出来的职能地位和产业价值。物流产业生态位的合理配置及科学定位有助于整个物流产业的可持续发展，并能在与其他产业交互过程中发挥出最大效能，有助于产业结构的调整与融合。物流产业生态位还能够反映出物流产业在社会环境中的存在状态和所处的地位，除了与其他产业进行互动、竞争、协作等，还要与自然、人文、政策、经济等环境实现物质交换、能量转移和信息交换，以对所处环境进行适时的调整。

2. 物流产业生态位态势

根据生态位的态势理论，物流产业生态位态势是从“态”和“势”两个维度来进行界定，物流产业的“态”反映物流产业发展的状态，具体指的是物流业产值、货物运输量、物流技术、物流资源拥有量、物流产业环境等；物流产业的“势”反映的是物流产业在发展中的变化趋势及影响程度，具体指的是物流业产值增长率、对经济的推动力、对周围环境及其他产业的影响力等。

衡量物流产业生态位的适宜度，不仅要对物流业发展的状态（物流产业生态位的态）进行分析，也要对物流业发展的变化及影响（物流产业生态位的势）进行测度，综合剖析物流产业生态位的位置及其适宜度，以分析物流产业的发展规模与速度的适应性。

借鉴生态学中生物生态位态势理论模型（朱春全，1997），构建物流产业生态位态势模型：

$$N_i = \frac{S_i + A_i P_i}{\sum_{j=1}^{n} (S_j + A_j P_j)} \qquad (3-1)$$

其中，$j=1, 2, 3, \cdots, n$，N_i 为物流产业（企业）的生态位（相对生态位），S_i 为物流产业（企业）生态位的态，P_i 为物流产业（企业）生态位的势，$S_i + A_i P_i$ 为物流产业（企业）的绝对生态位，S_j 为 j 产业（企业）生态位的态，P_j 为 j 产业（企业）生态位的势，A_i 为量纲转化系数，N_i 取值范围为 0 ~ 1，越接近 1，说明物流产业（企业）在诸多产业（企业）中的影响越大，反之则越小。

3. 物流产业生态位宽度

Van Valen 认为生态位宽度就是在多维空间中有限资源被某一物种或群落的某一部分所利用的比例（Van，1965）。借鉴此定义，物流产业生态位宽度是指物流产业在社会环境中适应环境和获取有限资源的程度，或者理解为物流产业可利用资源的多样性。能够利用的资源越多，生态位越宽，环境适应能力越强，反之，利用资源能力越弱，生态位越窄，环境适应能力越差。根据 Levins 在 1968 年提出的生态位宽度模型（Levins，1968），构建物流产业生态位宽度模型：

$$B_i = \frac{Y_i^2}{N_{ij}^2} = \frac{1}{\sum_{j=1}^{R} P_{ij}^2} = \left(\sum_{j=1}^{R} N_{ij}\right)^2 / \sum_{j=1}^{R} N_{ij}^{\ 2} \qquad (3-2)$$

其中，B_i 为第 i 个物流产业生态位宽度，$P_{ij} = N_{ij}/Y_i$ 为第 i 个物流产业利用第 j 个资源占全部资源利用的比例，其中，$Y_i = \sum_{j=1}^{R} N_{ij}$，$N_{ij}$ 为第 i 个物流产业在第 j 个资源的特征值（如资源消耗量、市场占有率等），R 为不同资源状态。

3.2.3 物流产业成长的生命周期

物流产业成长包括时间维度成长（随时间变化物流产业的演化与发展，从产业的形成、稳定、成熟到衰退）和空间维度成长（物流产业在空间维度的演化与发展，表现为物流产业向其他产业渗透、区域扩大、分散、产业集群等）。根据生命周期理论，物流产业成长生命周期描述的是物流产业的成长轨迹，从产业形成到衰退的全部过程。具体来说分为产业形成期、产业成长期、产业成熟期及产业衰退期，不同阶段，物流产业均呈现不同的特点。本书从新的视角来定义物流产业生命周期，成长期是物流产业逐步被市场认可的过程，产业内的企业通过各种竞争方式进行竞争，获取市场份额，可把这个时期称为竞争期；在成熟期，物流服务产品已经非常普及，市场需求的增长不断放缓，整个物流产业处于平衡稳定的状态，产业集中度也越来越高，企业通过各类创新进一步获取市场，可把这个时期称为创新期；衰退期的到来是某一阶段市场饱和的结果，很多产业内的企业出现亏损，开始转向其他产业，但该时期并非真正的衰退，而是下一轮产业兴起的前奏，通过对衰退产业的政策及技术和市场进行调整，能够实现再一次的产业复兴，可以将该阶段理解为产业进化期。因此，本书认为物流产业的生命周期是循环、呈上升趋势的。物流产业成长经历形成期、竞争期、创新期、进化期从而形成新一轮的成长周期，而每一次进化又是以上一次进化为基础的（见图 3－8）。

1. 物流产业形成期

第一个阶段为形成期。又可称为物流产业的萌芽期，是产业竞争、创新、进化的基础，物流产业从无到有、从小到大、从形成到发展都是由此阶段开始的。在这个阶段，有些小型的专门从事物流活动的企业出现，但并没有形成规模，具有小、散、乱的特点，仅提供单一的产品物流服务，如运输、储存、装卸搬运等。多数物流活动仅是因为企业整体运作的需要而存在的，是企业的伴生性活动与补充性活动，而此时企业对物流活动的重要性尚未有足

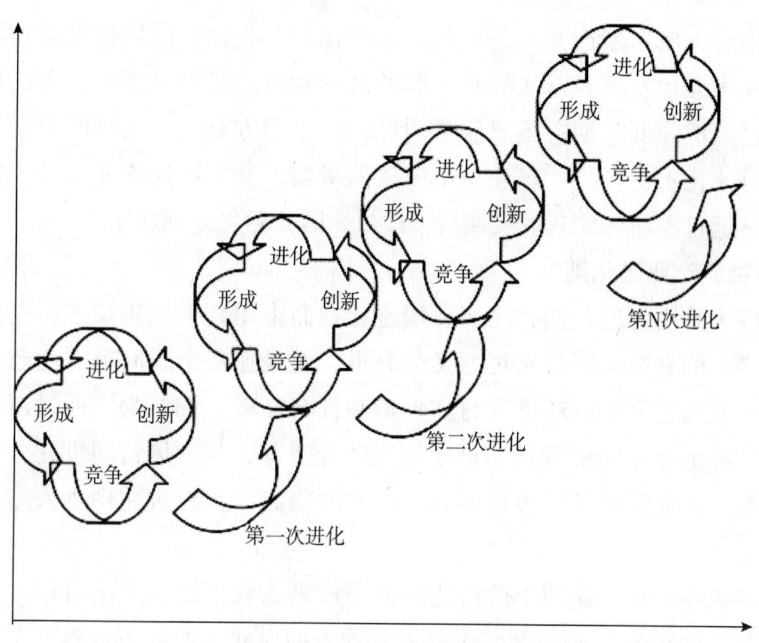

图 3－8 物流产业成长周期

够的认识，对其投入不够，物流的专业化程度也较低，仅是物流产业的一个雏形。

2. 物流产业竞争期

第二个阶段为竞争期，即传统生命周期的成长期。随着物流的不断发展，较大型提供物流服务的专业化企业出现了，即我们熟知的第三方物流（除第一方、第二方之外的从事物流服务的行业），此时的第三方物流比形成期的规模更大、服务种类更多、专业化程度更高。随着第三方物流的出现，物流产业逐步形成，物流技术不断进步，物流服务的形式越发多样化，从以往的基本服务向增值服务过渡，市场也基本接受该种形式的服务内容，市场需求猛增，更多的企业开始进入该产业，出现了产业内部竞争，这种竞争形成的主要原因就是产业集中度低，服务内容、服务形式、组织方式、管理模式等各方面都出现了同质化，激烈的竞争随之而来。由于此时的利润率较高，依然处于物流产业的扩大上升期，这个阶段较为明显的特征就是物流服务专业化和市场化的逐步形成。

3. 物流产业创新期

第三个阶段为创新期，即传统生命周期的成熟期。由于竞争的日益加剧，各物流企业为了获取更多利润，从服务到技术、组织到管理，都体现了不同的创新内容，使物流产业日趋成熟，标准化、专业化、市场化程度较高，服务内容向多元化发展。以往的基本服务已不能再满足市场需求，个性化的增值服务已经成为创新期的重要服务内容，如第四方物流。此时的第三方物流占社会物流比重也较高，产业集中度逐渐增加，整个物流产业都处于较稳定的阶段，通过不断创新获取长期持续增长，因此称之为创新期。

4. 物流产业进化期

第四个阶段为进化期，之所以用进化期而未用衰退期来描述，主要是因为物流产业的衰退并不是真正意义的衰退，而是在某个时间节点上产业的低迷，这种低迷是不适应环境（自然环境和社会环境）的结果。通过对产业政策环境、经济等方面的调整，可使物流产业复苏，与环境协同进化，这种进化是物流产业成长的又一表现形式。成熟的物流产业在进化中进入第二次产业成长。

需要说明的是，这四个阶段边界并不清晰，只不过在某个阶段某个特征更为明显，如在形成期，也存在第三方物流的形式，但并不成熟，竞争是通过创新实现的，竞争与创新又推进物流产业的进化。

3.2.4 物流产业特点及成长的生态规律

物流产业成长规律既体现了物流产业特点，也体现出生态规律。

1. 物流产业特点

（1）伴生性。物流是以满足客户需求为目的，通过各类服务实现各类效用的服务性活动。物流产业的产出是以服务形式来体现的，即服务是其本质及核心功能。由于物流服务是以其他产业为依托，不能作为某个实体物独立存在，是伴随其他活动而实现的伴生性活动，因此物流服务是以快速响应需求为出发点和落脚点的。物流是流通领域的重要组成部分，是商流转移的主要途径，物流产业的价值也体现于服务其他产业而带来的价值，任何以产品为产出的产业都需要物流支撑实现产品的流动和市场的供给。这种伴生性特点决定了物流产业的延续性，只要由物流业支持的产业处于存续状态，物流产业就会一直延续。

（2）动态性。物流产业成长过程是动态的变化过程，在每个成长阶段表现出不同特点，其产业组织、产业结构、企业状态随时发生变化，各主体间的竞争与合作反映系统内的作用关系，使产业系统始终处于“时变”状态。

（3）增值性。物流产业链是价值链，在该链条上实现物流活动的增值，增值过程体现为各物流活动及信息的集成，即物流创造价值，是提供定制化服务、创新性活动的一体化过程。物流的增值性与创新活动密切相关，各类创新活动使物流增值服务的实现成为可能。

（4）适应性。物流产业的形成与成长并不是自我发展的结果，而是适应的结果。适应性包括物流产业与其他产业的联动效应，也体现了物流产业对环境的影响和环境对物流产业的制约作用。适应性不仅反映了物流产业的关联性，更说明了物流产业的成长不仅要考虑自身的成长条件，更要适应外界环境。

2. 生态规律

（1）延续规律。生态圈中，物种的繁衍生息是个体生命与某个物种的延续，这种延续性体现为生死存亡的交替存在，体现为种群内生物个体的增多，体现为基因的延续，这是生物体与环境互相选择互相作用的结果。与生物界一样，物流产业成长过程中，延续性是指一种可以长久维持的过程或状态，体现为物流活动在从单职能到最后的产业发展过程中物流与经济、社会和环境之间相互融合的关系。生物生命的延续是基因的延续，对于物流产业来说，企业与企业间虽无亲缘关系，但却有着较稳定的“基因”——满足需求，基于这种相似的基因，物流企业不断发展壮大，物流产业不断延续。

（2）竞合规律。在生态圈中，物种的生存依赖于不断的竞争共生，生物体为了实现生命延续，必须占据生态位——能够利用的资源。对于物流产业来说，它的竞争性体现在对于竞争优势的不断获取上，只有保留具有竞争优势的要素，摒弃没有竞争优势的要素，物流产业才能向更稳定、更具竞争力的方向成长，这种竞争既表现为产业内企业与企业间的良性竞争，也表现为与其他产业对有限资源获取的竞争。除了竞争，也体现为对同种资源进行共享，使各方利益均衡。竞争与合作是物流产业成长的外在动力，从某种程度来说，竞争是合作的表现形式，合作是竞争的最终结果。

（3）创新规律。生态圈中，物种的繁衍生息是依靠不断的创新来实现的，这种创新体现为生物体的非遗传变异和遗传变异。受到环境影响而改变，称之为非遗传变异；生物体在成长过程中由于遗传基因发生改变而引起代谢改变，从而使下一代的外貌特征或特点发生改变，称之为遗传变异。物流产业成长的过程是不断创新的过程，体现在重视物流市场的变化与发展，这种创新包括思维创新、技术创新、管理创新、服务创新等，在各种创新形式当中，以技术创新为核心。

(4) 进化规律。生态学中的进化有两层含义，一是外表特征的改变；二是内在基因的改变，这种改变是种群共同努力的结果，也是种群能生存下去的前提条件，进化是种群适应环境的结果。在物流产业成长过程中，进化性主要体现物流在形态、组织、制度等方面的变化，物流产业实质上也是通过不断的淘汰、不断的进化而逐渐成长的。

物流产业成长表现出来的生态规律是物流产业特点的映射，是物流产业生命周期各阶段特征的具体表现，如图 3-9 所示。

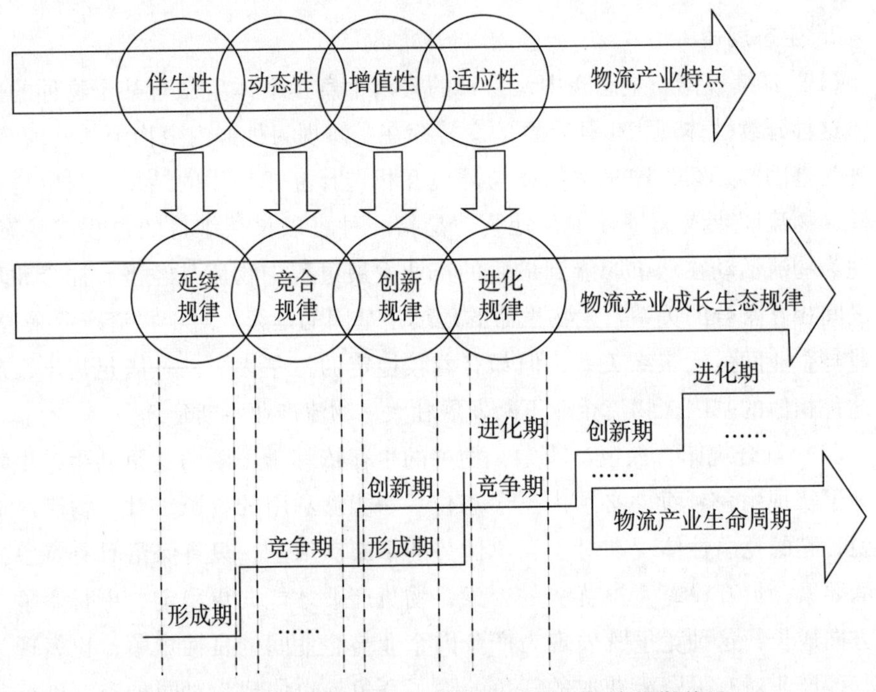

图 3-9 物流产业特点、成长生态规律及生命周期关系

3.3 本章小结

本章首先对生态系统与物流产业系统进行类比，两者在组成、信息传递与能量流动等方面有诸多相似性，说明用生态理论对物流产业成长进行分析的可行性及科学性，并为下面的研究奠定良好的理论基础。其次分析了物流产业成长中的生态特性，包括物流生态因子、物流生态位、生命周期和生态规律，物流生态因子包括环境生态因子、市场生态因子和资源生态因子，它

们是影响物流产业成长的重要因素。物流生态位是物流生态元特征属性的表现，在信息交换、物质循环、能量转移、价值链增值等过程中起到关键作用，反映出物流业与其他相关产业（工业、农业等）互动中体现出来的职能地位和产业价值，物流产业的“态”反映物流产业发展的状态，物流产业的“势”反映其在成长中的变化趋势及影响程度。最后界定了物流产业生态阶段，对物流产业的生命周期进行重新定义，物流产业的成长经历了形成期—竞争期—创新期—进化期；物流产业具有伴生性、动态性、增值性及适应性等特点。物流产业成长表现出来的生态规律是物流产业特点的映射，是物流产业生命周期各阶段特征的具体表现，具有生态规律，包括延续规律、竞合规律、创新规律及进化规律。

4 基于生态理论的物流产业成长机制及模型

物流产业成长是一个复杂连续的过程，在这个过程中包含了企业成长和产业成长。第3章探讨了物流产业成长的生态特性，明确生态系统与物流产业系统的相似性，分析了物流产业成长的生态阶段，为了更进一步深入理解物流产业成长的本质，本章对物流产业的成长机制进行深入探讨。

4.1 物流产业成长机制的逻辑关系

物流产业成长机制是指在物流产业成长过程中各要素之间的相互作用关系及影响，主要包括动力机制、竞合机制、稳定机制及协同进化机制。这四种成长机制是依据生态理论，遵循生物成长规律，结合物流产业成长特点而提出的，它们贯穿于物流产业成长各生命周期阶段，发挥各自作用，产业的存在状态是机制共同作用的结果。

达尔文提出的自然选择是生物进化的基础，适者生存不仅是生物界的真理，也是物流产业成长机制的理论根基。物流产业的伴生性决定了动力机制，一方面要满足需求，另一方面进行创新调节；种群间的作用关系主要包括竞争、协作等，这些关系很好地描述了种群间的相互作用，也能较好地描述企业间与产业间的相互作用，竞争、合作的目的是适应生存环境；生态系统的稳定性是其保持存续状态的能力，这种能力反映出生态系统存在的可能性，也是生态系统演化的基本条件，物流产业系统的稳定性反映物流产业成长的稳定性，稳定性是在受到外界环境干扰时通过自身调整实现的；协同进化更是基于环境适应的物流产业成长机制。综上，物流产业成长机制是以自然选择法则为基础，以生态规律为依托形成的机制体系，各机制紧密相联，共同作用，促成物流产业成长，其逻辑关系如图4-1所示。

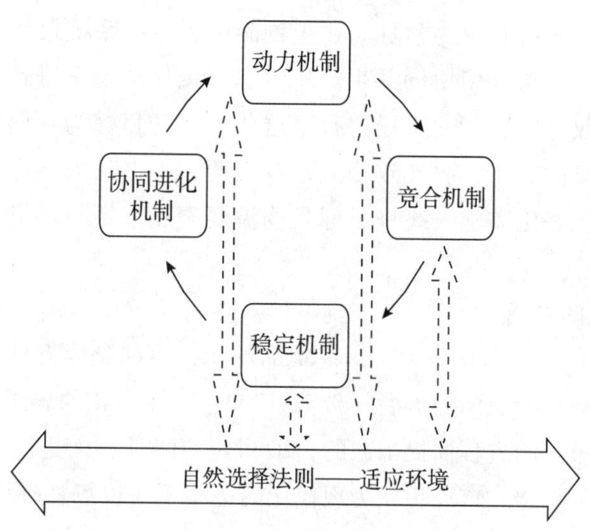

图 4－1 物流产业成长机制基础及逻辑关系

4.2 物流产业成长的动力机制及模型

物流产业系统是一个耗散结构，具有开放性的特点，在与外界环境不断进行能量流动和信息交换过程中，进行自我调整以实现与环境的有机融合。物流产业系统在资源输入与服务产出间保持着系统的平衡性，各主体间的非线性作用使物流产业系统内部呈现较为稳定的状态，也是因为外部环境变化并未达到某种能够破坏系统平衡的程度，这种平衡称之为临界点，在临界点之下的外部变化不会对物流产业系统产生影响。物流主体间非线性的运动存在着无序的涨落，程度可大可小，如果涨落的幅度过大，打破相对稳定的平衡，系统将重新调整结构构建新的平衡，如果幅度不足以达到临界值，系统依然保持相对稳定的平衡。外部环境的变化称为外生动力，内部无规律涨落称为内生动力。两种动力共同作用形成了物流产业成长的动力机制，本小节将分别对这两种机制进行阐释。

4.2.1 物流产业成长的外生动力

根据第 3 章提出的物流产业成长的生态阶段，在物流产业形成初期，物流活动仅是以附属性、伴生性的活动状态存在，这时其成长仅是以满足企业需求为目标。在竞争期，独立的第三方物流出现，这时的物流企业是以追求利润最大化和市场占有率为目标。在生物圈中，生态系统最终实现的是与环境的协调统一，即与环境协同共生。从生态理论这个视角进行分析，如果物流产业的成长仅是以利润、市场占有率这些表面的目标为导向，而不考虑本身与其生存环境的关系，会导致物流产业失调。本书认为促进物流产业成长的外生动力是生态化需求，终极目标是物流要素、市场与环境和谐统一并均衡发展。

1. 生态化的内涵

（1）生态化。生态化是生态学范式的泛化，也就是生态学方法及其价值观念向社会生活各个层面的扩展（戴锦，2004）。生态化的思想是随着人类活动对全球生态破坏的进程而提出来的，20 世纪 80 年代由德国学者胡伯等人提出生态现代化的思想，该思想认为现代化的进程不应以牺牲环境利益为代价，环境保护与经济增长是两个同等重要的关键点，保护环境生产者与消费者责任等同，实现环境与经济共赢。生态化是一个过程，显示的是可持续发展是如何在生态学范式的影响下实现的。生态化的价值不仅仅体现在工业上，它的思想也在逐步渗透到其他领域，各行业都开始运用生态化的思想进行创新，产生了许多交叉学科，如产业生态学、生态经济学、仿生学等。

（2）产业生态化。基于生态化的概念，产业生态化是生态学方法及价值观念在产业经济层面的扩展，是产业在组织、框架、运行等诸多方面对生态学思想的诠释，运用生态学理论与价值指导产业发展，从而实现资源充分利用，减少环境污染，实现物质循环利用，使产业向着更有序的方向发展。产业生态化是一个复杂的产业调整过程，在调整过程中必定会损害某些主体利益，因此，产业生态化并非个人行为和企业行为，而是全行业、全社会的行为。

（3）物流产业生态化。物流产业生态化是生态学的原理与价值在物流产业的实践与应用，其最终目标是实现物流产业与环境的有机融合，其过程是物流产业成长与环境协调发展的过程。物流作为社会的服务主体，其功能要素在实际运作过程中都涉及与环境的交互，造成环境污染。物流产业生态化就是在功能要素发挥其最大效用的同时，处理好物流产业各主体与环境间的关系，解决物流产业可持续发展的问题。

2. 生态化需求的演化过程

（1）生态化需求的现实性。物流产业生态化是市场、环境对于绿色物流产业的需求。随着物流产业的成长，其促进社会经济飞速发展的同时，也造成了非常严重的环境问题，于是象征着环境保护的新名词出现了：绿色物流、低碳物流、生态物流、环境友好型物流等，物流产业中涉及生态化的需求主要有以下几个方面。

①绿色包装。在物流活动中，包装是浪费最严重，产生废弃物最多的活动之一，白色垃圾、一次性包装、不可降解的塑料包装都成为环境污染的罪魁祸首。为了顺应社会环境保护发展趋势的需要，绿色包装应运而生。绿色包装又称为环境友好型包装，是指那些无公害、对人体健康无影响、对环境不会造成污染的包装材料与包装技术。国际公认的发展绿色包装的3R1D原则说明了绿色包装的主要含义：Reduce（包装减量化），Reuse（重复利用），Recycle（回收再生），Degradable（可降解）。

②绿色运输。运输是物流生态系统中最重要的活动之一，运输中排放的尾气、产生的噪声都是污染源。绿色运输指符合循环经济和可持续发展理念的运输（刘溢，2006）。在运输过程中采用先进的技术和清洁燃料，提高能源效率，实现运输合理化，实现节能减排，最大限度地减少对环境的污染。

③逆向物流（Reverse Logistics）。1992年，美国学者Stock在给美国物流管理协会的一份研究报告中最早提出逆向物流的概念，随后受到学术界的追捧。到目前为止，国内外学者对逆向物流的概念都有不同的理解和表述，本书采用中国国家标准《物流术语》中逆向物流的定义：物品从供应链下游向上游的运动所引发的物流活动，包括回收物流和废弃物物流。逆向物流是资源节约、提高资源利用率的有效途径。

（2）物流产业生态化需求的演化。需求是一种缺乏状态，缺乏状态是需求产生的原因，但并非所有的缺乏状态都能成为需求（仇学琴，2001）。这种缺乏状态转化为需求是有条件的，需求主体将缺乏状态转化为需求前需要对该需求进行认知、辨析、选择和获取，满足之前的缺失状态。如前所述，物流产业生态化的需求随着物流产业的成长不断演变，社会市场对物流活动的需求经历了以下几个阶段。

①隐性需求阶段。在该时期物流产业的形态还未形成，此时市场的缺乏状态仅是物流活动实现产品的运输、仓储、包装等最基本的功能。使物流产业得以形成的驱动力是对物流基本功能的需求，这个阶段物流活动的宗旨是为企业服务，所有功能是围绕其他活动开展的，资源较丰富时，这种需求既简单又容易满足，此时期对生态化的需求还未显现，称之为隐性需求。

②半隐性需求阶段。该时期是物流产业的成长期，出现了专业化的第三

方物流形态，市场对于物流的需求已远远不止基本功能，随着物流技术和信息技术的发展，市场的需求要求越来越高，客户希望得到更专业更高效的物流服务，此时的需求由基本服务向增值服务转化。由于物流的专业化程度和市场化程度在不断加深，物流的运作效率也在不断提高，使物流活动产生的废弃物、废气、噪声等污染开始突显，但此时正处于物流产业成长阶段，企业竞争加剧，在利益与环境保护之间无法进行权衡，为了在行业内占据一席之地，企业常以牺牲环境利益为代价获取更多利润，更主要的原因是市场对于物流对环境的影响并没有太多的响应。这时期虽然对于生态化的需求开始逐渐显现，但这种缺乏并未完全转化成需求，此时的生态化需求称之为半隐性需求。

③半显性需求阶段。该时期是物流产业的成熟期，在各类物流技术研发过程中开始关注到环境问题，降低环境污染，提高资源利用率成为技术开发的新宠，新资源的开发利用、新材料的选择应用、逆向物流的实践都已开始实现，此时的生态化需求已成为驱动物流产业成长的主导力量，称之为半显性需求。

④显性需求阶段。该时期物流产业不适应环境而需要对其进行重新调整，以实现新一轮的进化，此时需要政策的调整以及产业组织结构的调整，调整的结果将打破以往的平衡，重新建立需求体系，正确引导物流产业发展方向，物流主体、市场、环境的和谐统一是物流产业发展的终极目标，此时的生态化需求完全显现，称之为显性需求。

物流产业生态化需求的演化经历了隐性需求、半隐性需求、半显性需求和显性需求四个阶段，显性需求的出现位置并非特指某一个阶段，当环境问题成为物流产业成长的阻碍时，生态化需求完全显现，之前的每个时期也都是以生态化需求为拉动的，只不过之前的需求是处于平衡状态，没有外力打破这种平衡状态，生态化需求无法显现，但无论如何物流产业成长的外生动力都是以生态化需求为基础的，如图 4 - 2 所示。

3. 物流产业成长的外生动力机制

物流产业成长的外生动力是生态化需求。在物流产业成长过程中，会出现多次平衡与打破平衡的往复循环，打破平衡的外生动力可能是政策的引导，可能是其他产业的变化，也可能是生态环境的变迁，无论哪种都可以理解为需求的变化。物流产业系统是一个自我调整的自组织系统，对外界需求变化的及时响应、反馈、调整尤为重要，这一方面体现了物流产业系统本身的整合性，另一方面也体现了系统内物流主体的柔性。因此，物流产业成长的外

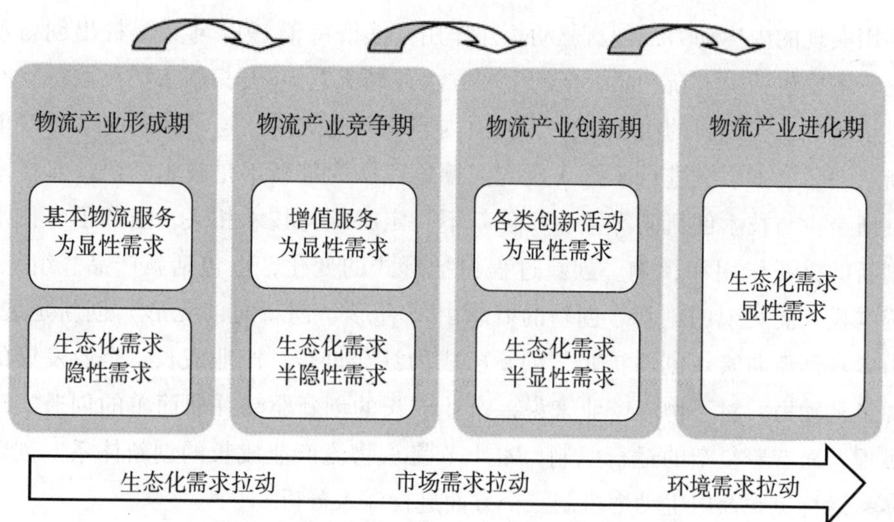

图 4-2 物流产业生态化需求的演化过程

在动力机制实质就是外部环境变化（主要是需求变化），内部系统接收信息进行调整，实现平衡的往复过程，如图 4-3 所示。

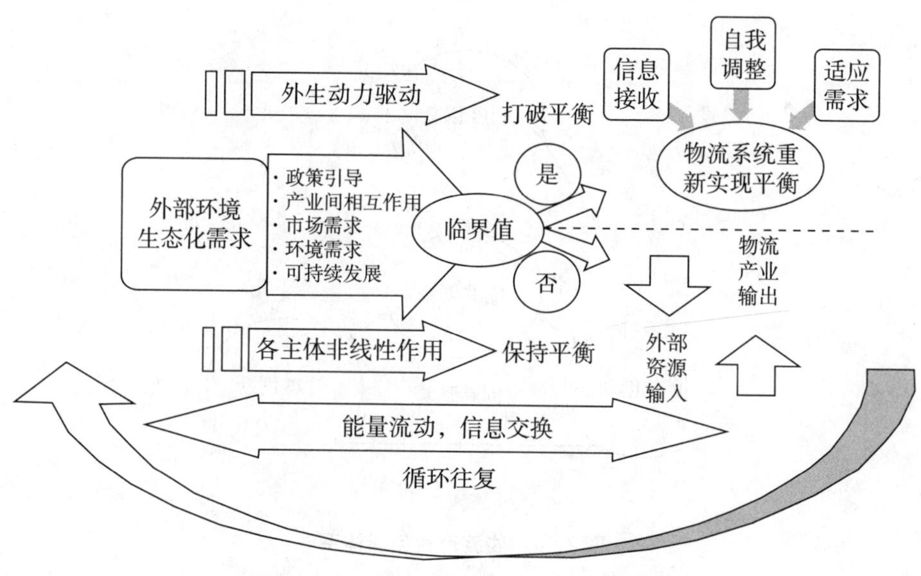

图 4-3 物流产业成长的外生动力机制

4.2.2 物流产业成长的内生动力

物流产业成长除了外生动力的驱动之外，还包括物流主体非线性的相互作用实现的内生动力，创新驱动相互作用。熊彼特于1912年最早提出创新理论，主要包括引入新产品、新的生产方法（新工艺）、开拓新市场、取得新的供给来源、实现新的组织方式等五项内容，从此之后，越来越多的学者对创新从多角度多层次进行了深入研究。德鲁克认为创新不是技术术语，非技术创新至少与技术创新同等重要，创新不一定必须与技术相关，强调了非技术创新的重要作用和影响。创新过程包括形式的变化，也包括新产品、组织、资本投入而实现的创新。创新的概念由"有形"创新向"无形"创新延展，由微观创新向宏观创新扩张，创新已成为社会进步、产业成长、企业发展的源泉和动力。对于物流产业来说，产业成长的创新驱动并非简单的创造实现过程，而有着复杂的运行机制，本小节将从物流产业成长的创新体系、创新体系运行机制及内生动力机制三个方面进行深入分析。

1. 创新体系

对于物流产业来说，创新作为其内生动力推动其成长，这种推动是依靠整体的创新体系实现的，创新体系以技术创新为核心，服务创新为途径，制度创新和管理创新为保障，如图4-4所示。

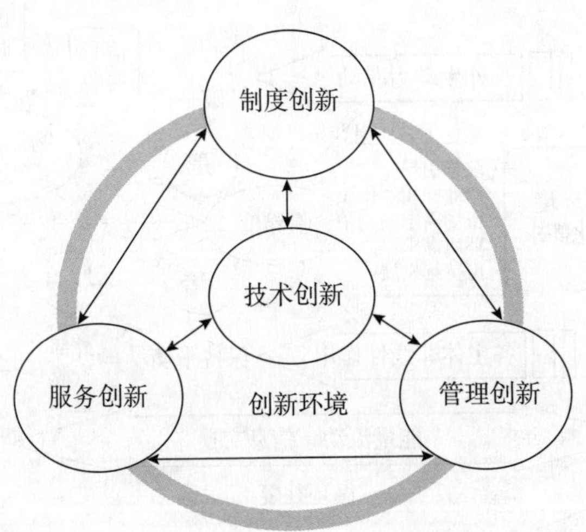

图4-4 物流产业创新体系

（1）技术创新。技术创新是创新体系的核心内容，也是物流产业成长的根本动力，对物流产业而言，物流技术包含两个层次，一是物流功能技术；二是信息技术，功能技术主要包括运输、仓储、包装、装卸搬运技术等；信息技术指的是处理物流信息所采用的各类技术，信息技术在物流活动中的广泛应用极大提高了物流运作效率，目前物流信息技术的应用也极为普遍，如条码技术（Bar code）、全球定位系统技术（GPS），射频识别技术（RFID），物联网技术等。物流技术是朝着高效、低耗、集约、可持续的方向发展的。

（2）服务创新。物流产业作为第三产业，本身的内涵即是提供服务，因此，服务创新的核心特征就是无形性（舒伯阳，2005）。物流产业的服务创新包含服务理念创新、服务内容创新及服务模式创新。物流服务的理念创新源于市场需求的变化和企业管理理念的变化，服务内容的创新体现在提供服务的多样性与丰富性，服务模式的创新体现在物流服务已经从传统的单一型物流服务向整合物流（一体化物流）进行转变。

（3）制度创新。物流制度创新是对制度的变革，能够协调产业组织内部关系，支配人的行为，激发创造性，促进各类创新及时转化，实现资源的有效配置，推动物流产业的可持续发展，决定着物流产业发展的方向与路径。制度创新机制是物流产业发展的推动力（吴爱东，2010）。物流产业制度创新包含制度本身的创新和制度环境的创新，制度本身包括规范物流市场，提供技术扩散的制度保障，实现政府引导作用等，制度环境创新为制度创新的实现提供了可能。

（4）管理创新。管理是对稀缺资源的有效配置，利用最少资源实现可能的最大效益。物流管理是对物流资源进行的配置，目前物流管理运用先进的管理理念、方法和技术对物流资源进行有效的组织、协调、控制的过程，称之为管理创新，如信息化管理、柔性化管理等都是管理创新的表现方式。

（5）创新环境。物流产业从形成之初到产业集群，这一过程中的隐性知识在与企业家精神和制度环境相融合的过程中形成一种创新文化（王燕，2009），这种创新文化逐渐被产业内的个体企业所接受、认同。创新环境是创新实现的支撑，马歇尔曾有一段精辟的论述，他指出如果一个人有一种思想，被别人采纳并与别人的意见相结合，便成为更新的思想源泉。这里强调创新“空气”的重要性，即创新环境。良好的创新环境能够促进更多的新思想、新技术、新工艺的产生，这种开放的创新环境是其他创新要素发挥效用的基础、创新实现的保证。创新环境作为连接各创新要素的“黏合剂”，有其他要素无法代替的作用，创新思想的传播、创新意识形态的形成、创新氛围的营造都与创新环境息息相关。

（6）创新体系各要素关系。虽然德鲁克强调了非技术创新的重要作用，但本书认为对于物流产业成长来说，创新体系是以技术创新为核心的，是内生动力最重要的驱动力；服务创新是物流活动本身与市场交互的直接表现，是以技术为依托实现创新活动；制度创新使技术创新转化为驱动力成为可能，同时技术创新又为制度创新搭建了平台；管理创新依托于制度创新和技术创新，在良好的制度创新环境下使管理创新成为可能，通过对各类资源的合理配置，使服务创新成为可能；创新环境将创新体系各要素融合形成有机的整体。

2. 创新体系运行机制

上述内容探讨了物流产业成长中创新体系及各创新要素之间的关系，这些创新是如何实现的，什么原因促使创新体系各要素之间的联动发展，这部分内容将对创新机制进行剖析，以明确创新实现的过程。

随着经济发展与社会进步，人们开始意识到知识的重要作用，目前已进入到知识经济快速发展的时期，彼得·德鲁克认为企业的核心生产要素正在向知识转变，知识已经成为企业获取竞争力的手段和途径，是企业竞争优势的根源。创新是累进过程，是知识聚集的结果，知识是企业创新活动的基础和源泉。研究表明，知识积累、知识共享对创新能力都具有积极影响（张军等，2014），对知识的传播、溢出、吸收和共享使得创新体系各要素发挥最大能效，提高创新能力，如图4－5所示。

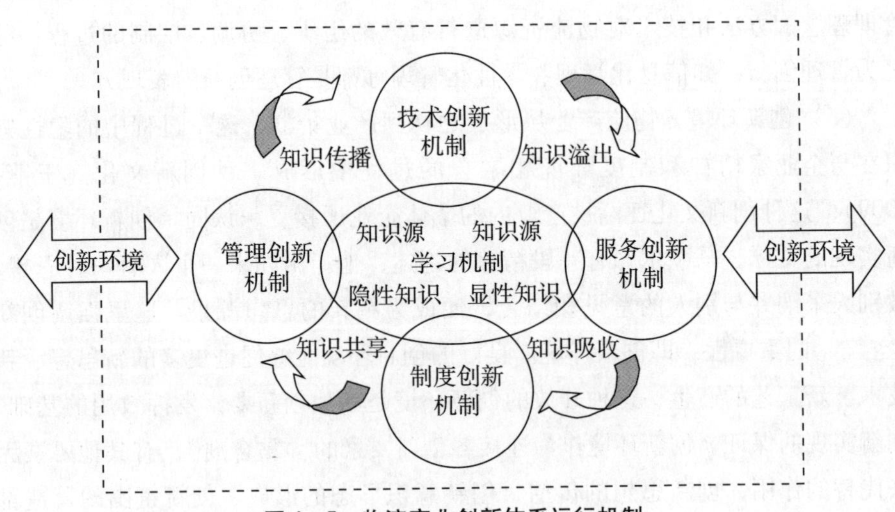

图4－5　物流产业创新体系运行机制

（1）学习机制。知识是创新的动力源，学习是获取知识的途径，在创新体系的运行过程中知识扩散和共享都是依靠学习实现的。在知识获取过程中有两种主要类型，显性知识和隐性知识。显性知识是依靠外界手段通过学习可以获得的；隐性知识又称经验知识，是人们多年积累的各类显性知识和实践经验的综合。对于创新来说，隐性知识的“含金量”远高于显性知识。由于隐性知识常形成于人们的思维之中，不易被模仿和学习，因此隐性知识的传播和溢出主要依靠人才流动。在物流产业成长过程中，市场需求促进企业创新活动，物流服务提供者对市场需求进行确认，根据接收的需求信息进行识别，与企业现有服务内容比较，若能满足即提供服务，若不能满足，则在原有知识存量的基础上对缺失知识实现获取，通过专业人才的知识转化，将知识在企业内进行扩散，实现知识共享和知识累积，再将知识转化为满足需求的服务。知识转化、扩散和共享的过程即是学习过程，对于物流服务提供商来说，学习能力的强弱直接影响知识扩散的程度及累积的速度。形成良好的学习机制，是知识源形成并传播的基础，通过对显性知识的直接学习和隐性知识的经验学习实现知识溢出和知识共享，对知识吸收的程度决定知识累积的程度。物流产业创新体系的学习机制是循环的知识获取、扩散、累积过程，在知识累积到一定水平时，创新能力就会有极大提升。

（2）技术创新机制。如前所述，技术创新是物流产业创新体系的核心要素，是将知识转化为生产力的有效途径。从某种意义上说，技术也是一种知识，这种知识不同于我们所定义的显性知识和隐性知识，而是经过加工处理的直接推动创新的知识群，它是知识累积的结果，更是知识扩散和溢出的效应。物流已由传统的劳动密集型产业向现代的技术密集型产业过渡，物流技术已成为物流产业快速成长的必需手段。技术创新机制是物流技术研发与实践应用的保障，技术创新有两个关键阶段，一是技术研发；二是技术的转化应用。在技术研发阶段，市场需求是技术研发的动力，由于有巨大利益或效益的驱动，会有更多的人参与技术创新的研发，技术创新机制使得更多的技术人员参与到知识共享与知识传播的过程中来，使知识累积到形成创新的临界点，并配以资源支持确保技术研发的可靠性与成功性；在技术转化应用阶段，市场响应是检验该技术研发是否成功的唯一标准，技术创新机制又能根据实际弥补技术研发与市场需求的缺口，保证技术顺利转化并被市场接受。因此，技术创新机制是技术创新实现的前提，是知识累积转化的保障，更是技术与市场连接的渠道，在物流技术不断发展的今天，建立良好的技术创新机制，保证物流技术的实践性与科学性至关重要。

（3）服务创新机制。物流产业成长过程中所体现出来的重要价值就是所提供物流服务的专业性，这种专业性体现为物流运作效率高、成本低、服务水平高、客户满意度高，带动其他产业的快速成长。技术创新有助于加强业务流程并使其合理化，客户作为市场需求又带动用户驱动型创新，在技术驱动型创新和用户驱动型创新过程中，服务成为价值链参与者沟通的载体（赵益维等，2010）。作为以服务为最终产品的物流产业，其服务的含义与制造业的服务含义有较大区别，物流业的服务不单纯是基本服务，更高级的表现形式是整体解决方案（total solution）。服务创新是物流战略的重要内容，是不同种类服务创新应用的保障。企业通过对知识的传播共享，将技术转化为服务形式，再传递给市场，经过市场信息反馈，企业再对服务创新效果进行评价，改进服务创新内容，形成一个知识—技术—服务—市场—知识的循环，在这样的循环下服务创新不断实现。

（4）制度创新机制。制度是一种规范，宏观有政治制度、经济制度；微观有企业管理制度、知识管理制度，物流产业的创新体系是以制度创新为保障的，而其运行机制又是以学习机制为基础的。制度在知识的传播共享管理中起到重要作用，首先，制度可规范知识传播方式，通过科学的学习方法、正确的知识扩散途径、完善的知识共享机制使知识最大限度地在某一范围内传播，保证知识的有效性和正确性；其次，制度可引导知识方向，通过建立奖惩和激励制度，引导人去学习企业或产业倡导的知识，最终达成企业文化或产业文化；最后，制度可促进知识共享，通过建立知识管理制度，防止知识垄断，在企业内或产业内形成良好的学习习惯和知识共享制度，保证企业或产业学习的先进性。对知识管理过程的规范化、制度化就是制度创新机制，在物流产业创新体系运行机制中，制度创新机制通过知识管理实现知识的规范化和科学化。

（5）管理创新机制。物流产业的管理创新主要指的是将新的管理方法模式等元素应用于产业内的物流企业，使物流企业资源配置更合理、效率更高。知识在物流产业创新体系内的传播为管理创新提供了可能，管理是最具能动性的活动，是人的主观意识的显现。因此，管理技术、管理方法等的创新是在显性知识累积的基础之上，通过人的隐性知识融合而成的；反之，管理创新机制的形成，有助于企业文化的形成、组织结构的优化、人员素质的提高，因此也使知识的传播更为容易，为知识传播搭建良好的扩散平台。

通过上述分析，物流产业创新体系是以学习机制为基础，以知识扩散为手段，结合技术创新机制、服务创新机制、制度创新机制和管理创新机制，与创新环境相融合形成相互影响、上下联动、推动创新的有机整体。

3. 物流产业成长的内生动力机制

Holland 教授在 1994 年提出了复杂适应系统理论（Complexity Adaptive System，CAS），其基本观点是适应性产生复杂性。适应性指的是系统内的主体具有与外界环境和其他主体的交互能力，并通过这种交互不断调整自身行为以适应环境和其他主体，因此系统内的主体被称为适应性主体。该理论强调系统内各适应性主体的相互作用，认为相互作用的结果是系统发展的根本动力，其作用远超过适应性主体本身的行为（王欣、靖继鹏，2009）。

前面的论述中已经明确物流产业创新体系的运行机制，也明确创新是物流产业成长的内生动力。创新是如何驱动物流产业成长的以及创新机制在物流产业成长中又是如何发挥作用的，这些是要继续探讨的问题。物流产业的成长过程是物流产业系统的演化过程，物流产业系统符合复杂适应系统的特点。首先，物流产业系统各主体间存在着频繁的交互，且效益背反，在不断调整适应的过程中共同成长；其次，物流产业系统与外界环境存在能量流动与信息交换，在交互过程中调整以适应环境；再次，物流产业系统是动态系统，处于平衡—打破平衡—平衡的循环状态；最后，物流产业系统存在涌现现象，新技术、新知识、新结构等不断产生。综上，物流产业系统是一个复杂适应系统，因此可以借用复杂适应系统理论阐释物流产业成长的内生动力机制。

物流产业系统内的各适应主体之间以及适应主体与环境间相互作用，相互影响，这种交互的结果促进系统的演化。在分析物流产业成长内生动力时，应更关注各适应主体及其与环境之间的关系，这种非线性的作用关系产生了涌现现象，涌现是从无到有、从小到大的过程，主体的适应性行为具有选择性（王欣，2008）。对新涌现的要素进行识别，适应于主体行为及环境的涌现要素被主体应用，并不断扩展延伸，形成整体涌现，在现有的系统结构基础上形成新的模式，而这种新模式的产生过程即是系统发展的过程。在物流产业系统内涌现最突出的表现形式就是各类创新，通过学习机制，使新知识在系统范围内传播，新知识的累积使新技术涌现，新技术的应用带动新的服务，在不断满足生态化需求的过程中推动物流产业的整体成长，可以理解为在物流产业发展过程中创新涌现是其成长最根本的内生动力，如图 4－6 所示。

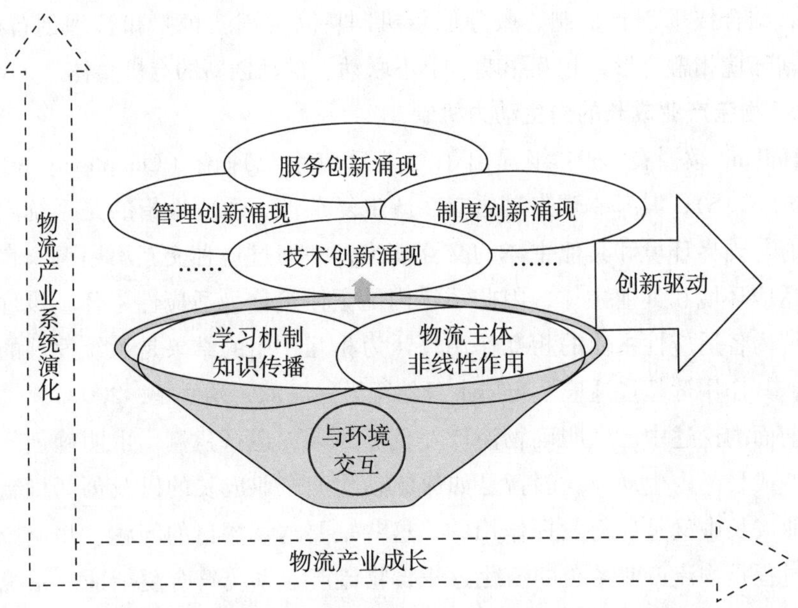

图 4-6 物流产业成长内生动力机制

4.2.3 物流产业成长的动力机制模型

在达尔文式的自然选择中，中心概念是有机体、群体、适应性、基因和变异（雷小毓，2007）。通过群体的相互竞争与协作，寻找适宜生态位，将最适应环境生存的基因遗传给下一代，实现物种生命的延续和进化。在物流产业成长过程中，有机体是物流产业系统，群体是系统内的各主体（要素），适应性是系统内各主体根据接收环境的生态需求信息实现的自我调节，基因是产业成长的优质特性，变异是物流产业的创新机制，物流产业成长过程就是这些因素共同作用的结果。

在前面已经分析了物流产业成长的外生动力机制和内生动力机制，以创新为主导的内生动力与以生态化需求为主导的外生动力联合在一起产生聚合作用。在物流产业成长的不同阶段，内生动力与外生动力起到的作用是不一样的。在物流产业形成初期，以外生动力为主导，满足市场对物流基本功能的需求，物流产业的成长主要靠外部需求的拉动。物流产业的竞争期与创新期，以内生动力为主导，随着物流规模逐步扩大，物流基本服务已不能满足市场需求，服务多样化、专业化、高效化成为物流服务的热点，物流竞争更多强调服务质量，创新活动频繁，服务水平的提高依靠创新，产业进步主要表现为物流技术的发展。在物流产业进化期，以外生动力为主导，此时物流产业处于短暂的低迷状态，主要原因是其提供的服务与需求之间有缺口，未能及时对交换的信息进行识别调整，使物流产业偏离成长轨迹，此时需要依靠外生动力对其成长方向进行引导，产业系统内会对接收的信息进行重新评估，并自我调整，重新进化到下一个循环阶段，如图4－7所示。

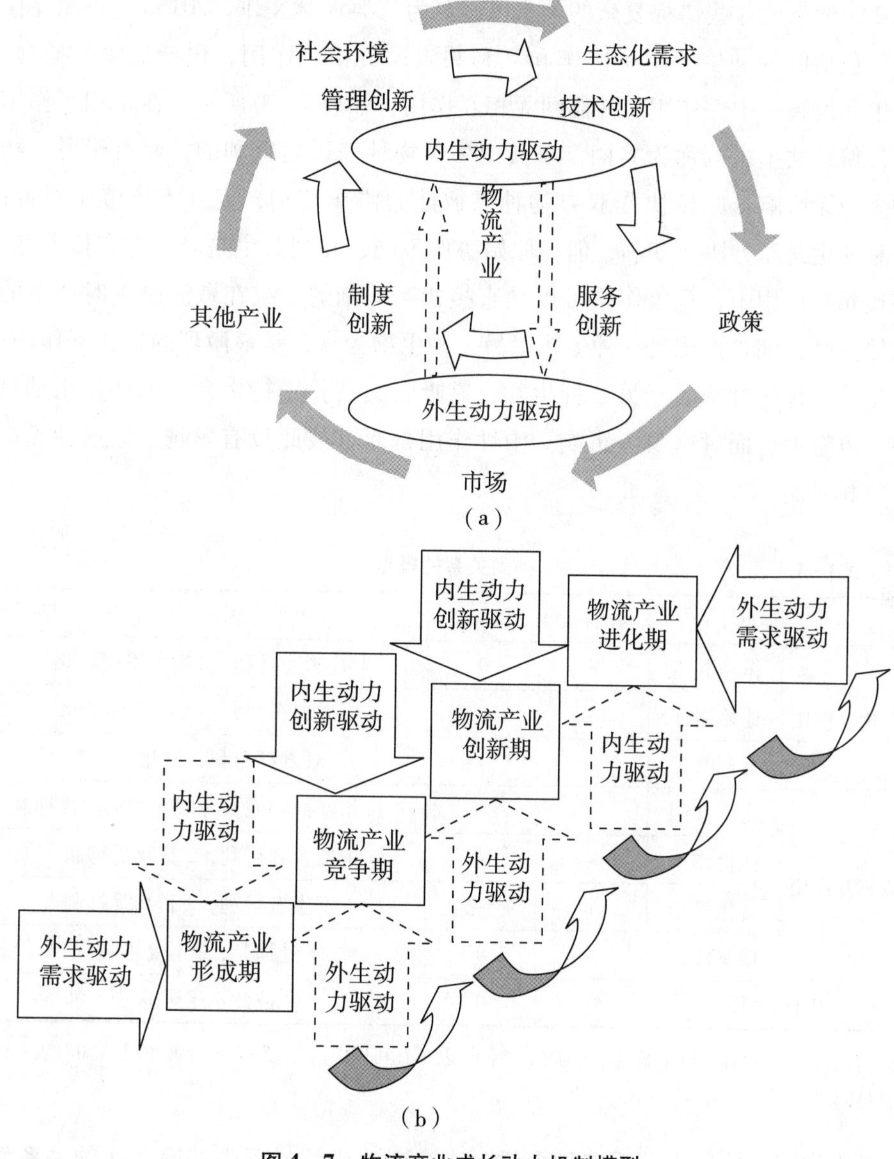

图4－7　物流产业成长动力机制模型

4.3 物流产业成长的竞合机制及模型

生态学中的种间关系是某一时期在同一环境下共同生存的不同物种间的关系，这种关系非常复杂，通过能量流动、信息交换、物质循环构建不同类型的种间关系，不同类型的种间关系形成生物界的优胜劣汰、适者生存规律。

一般来说这些错综复杂的关系可以分为三类（林文雄，2013）：正相互作用，包括偏利共生、原始协作和互利共生；负相互作用，包括竞争、捕食、寄生和偏害；中性作用，种群间无相互作用，如表4－1所示。在正相互作用中，偏利共生也被称为共栖，对其中一个物种来说是得利的，而对于另一物种来说无影响，原始协作双方物种靠彼此的协作获利，但并不依赖于对方；互利共生是双方协作获利，但与原始协作不同，互利共生是对对方有依赖性。在负相互作用中，竞争作用可以是直接相互抑制的，或在资源匮乏时产生的间接抑制；捕食作用是一种生物以另一种生物为食，是最激烈的负相互作用；寄生是一种生物寄居于另一种生物，靠吸收其营养维持生命；偏害作用是对另一方有害，而对本身无影响。中性作用是双方彼此没有影响，但这种无影响是相对的。

表4－1　种间关系的类型

作用类型		物种1	物种2	相互作用的一般特征
正相互作用	偏利共生	+	0	1共栖者得利，2宿主不受影响
	原始协作	+	+	双方都有利，不发生依赖关系
	互利共生	+	+	双方都有利，彼此依赖
负相互作用	竞争作用	－	－	直接相互抑制或资源缺乏时的间接抑制
	捕食作用	+	－	1捕食者得利，2猎物受抑制
	寄生作用	+	－	1寄生者得利，2猎物受抑制
	偏害作用	－	0	1受抑制，2不受影响
中性作用		0	0	彼此不受影响

注：该表出自林文雄主编《生态学》，“+”表示有利作用，“－”表示有害作用，“0”表示既无利又无害。

生物圈中的种间关系多种多样，物流产业成长过程中普遍存在的关系就是竞争关系与共生关系。竞争关系既存在于产业内的各企业间，也存在于产业之间。通过企业间的良性竞争，促进企业形成竞争优势，具备竞争力的企业快速发展，无法从竞争中获利的企业则被淘汰。物流产业与其他产业在资源上的竞争形成产业竞争，如制造型企业选择自营物流，物流业就会受到限制，制造业与物流产业就形成了竞争（王珍珍、陈功玉，2009）。共生关系也称共生模式，是指共生单元相互作用的方式或相互结合的形式（袁纯清，1998）。在物流产业成长过程中这种共生更多体现为合作，既包括合作的方式，也包括合作的紧密程度。产业或企业间只要存在直接或间接的关系就会构成竞争与合作。竞争与合作是辩证统一的，竞争可以存在于合作中，合作也产生于竞争，如随着物流外包的发展，物流产业与制造业的关系就由开始的竞争转向合作。本节运用生态学中的 logistic 模型及 Lotka – Volterra 模型对物流产业成长的竞合机制进行分析。

4.3.1 竞争机制

虽然在物流产业成长中存在产业间的竞争，但这种竞争对物流产业成长的推动并不明显，而且这种竞争往往会转化为相互依赖与合作，产业内的企业竞争才是推动物流产业成长的关键因素。因此，本节以物流产业内的企业竞争为研究对象。物流企业的竞争关系同时反映在两个维度，一是提供的物流服务类型；二是提供物流服务的地点（后锐等，2010）。竞争形式为对物流资源的争夺，这里所指的物流资源范围较广泛，包括物流物质资源、人力资源、技术资源、客户资源、信息资源等。有序的良性竞争可以促进企业的创新活动，推动产业发展；无序的恶性竞争会导致两败俱伤，阻碍产业发展。竞争机制的建立及运行关系物流产业成长的持续性，在不同的物流产业成长阶段，竞争机制也反映出不同特点。

1. 物流产业成长竞争机制的演变

（1）形成期。物流产业的形成期，由于多数物流活动是为其他类型企业服务的，竞争主要存在于部门间，竞争内容即为对同一企业资源的取得，少数的第三方物流企业由于其规模较小，竞争程度并不激烈，表现并不明显。

（2）竞争期。此时大规模专业化的第三方物流已经出现，随着同质企业数量越来越多，产业内的企业生存压力随之加大，这种生存压力很快转换为企业间的竞争，这一时期的竞争主要有两个方面原因，一是生存压力；二是利润驱动。在资源有限的市场空间内，为了获取更多利润，占据更有利的市场位置，企业采用各种方法争取更多市场资源——客户。最为常见的是价格竞争，即以价格作为竞争的核心内容，低廉的价格是获得客户最直接最有效的方法，但这种低价竞争方式给企业带来另一种压力——利润，客户资源的增多并未使物流企业有更高的利润率，反而由低价吸引客户的策略使企业在客户增加与利润率减少之间很难实现平衡。成本控制成为该阶段保持竞争优势的主要措施，当企业的利润越来越低，无法弥补物流服务带来的成本时，企业将无法生存。这个阶段的竞争程度最为激烈，表现明显。

（3）创新期。价格竞争方式是粗放的、暂时的，随着物流产业的成长，一方面，越来越多的物流企业开始意识到价格竞争不但不能获取更多利润，还可能会使企业走向倒闭；另一方面，市场需求的多样化也使物流企业开始思考应该如何提供服务，如何与对手竞争。该时期你死我活的竞争已开始弱化，企业开始寻求更高一层次的竞争——合作竞争。所谓合作竞争是指由原有的竞争模式改为合作模式为主、竞争模式为辅的一种新型竞争方式，在资源共享的同时保证本企业的利润最大化，实现共赢，这种合作竞争是实现资源整合的有效途径。该时期另一个较为突出的竞争机制就是以创新为主导的竞争模式，使企业由关注价格转移到关注创新活动上来，技术创新、服务创新等各类创新活动不断涌现，传统的“价格之争”转化为“创新之战”。

（4）进化期。此时期的物流进入到暂时的低迷状态，行业利润降低，需要有新的外生动力和内生动力重新驱动进化，进入到下一阶段。无法持续经营的企业纷纷退出该行业，竞争性已渐渐弱化，此时的竞争机制已逐步转化为合作机制，依靠于系统流程再造、资源信息共享等方法进行自我调整，以尽快调整至下一阶段。

物流产业成长过程的竞争机制是不断变化的，应在不同的阶段引入不同方式的竞争机制。

2. 物流产业成长竞争机制的数学模型

1938 年，P. F. Verhulst 提出了著名的 logistic 方程，其主要思想是：在一确定的环境内考察某一单种群，假定种群的个体不区分大小，在环境内的分布是均匀的，且没有迁出和迁入的发生，环境内资源的供给始终保持一常数，且对每一个体的分配是均等的。在上述假定下，当种群规模增大，即此种群的密度增大时，每个个体食物的平均分配量必然减少，从而将使种群规模的增长率减少。Verhulst 假设种群规模的相对增长率$\frac{1}{x}\cdot\frac{dx}{dt}$是种群规模 x 的线性减少函数。从而得$\frac{1}{x} \cdot \frac{\mathrm{d}x}{\mathrm{d}t} = r(1 - \frac{x}{k})$，称为 logistic 方程，其中常数 $r>0$ 称为种群的内禀增长率，它就是此种群个体的平均出生率与平均死亡率之差，反映了物种内在的特性；$k(k>0)$ 反映了资源丰富的程度。当 $x=k$ 时，种群的规模不再增大，因而 k 表示环境能容纳此种群个体的最大数量，称为环境的容纳量（马知恩，1996）。logistic 方程表明种群规模的相对增长率与当时所剩余的资源量成正比。若某一区域内仅有一家物流企业，为该区域提供所有服务，则该企业的成长模型遵循 logistic 模型：

$$\frac{\mathrm{d}x}{\mathrm{d}t} = xr(1 - \frac{x}{k}) \tag{4-1}$$

该物流企业产值增长率为 r，时间 t 的物流产值为 x，受到资源禀赋的制约，物流产值极限值为 k，$\frac{\mathrm{d}x}{\mathrm{d}t}$表示物流产值的增长速度。当该企业物流产值逐年增加时，其产值增长率不断减少，当达到产值极限值，该物流企业产值增长率为 0。

但在实际生活中，这种情况是不可能出现的，物流产业中的企业必然会出现竞争，体现为对生态位的获取，下面我们将对上述模型进行扩展，分析两个企业在同一资源环境下的竞争状态及生态位。

（1）假设。假设 1：某一区域是封闭的，该区域内仅有 A、B 两个物流企业，提供同质服务，客户资源一定。在价格相等时，当 A 企业提供服务水平高于 B，或服务水平一样时，A 企业的价格低于 B，那么 A 将占据更多客户资源，而使 B 企业客户资源减少直至倒闭，反之亦然，因此存在竞争；当双方实力均衡，都不能使对方倒闭，存在平衡状态。假设 2：物流企业存在产值上限。假设 3：不考虑该区域其他类型企业对物流企业的影响。假设 4：两个企业之间的影响系数非负。

（2）模型构建。Lotka（1925）和 Volterra（1926）两位学者提出了 Lotka – Volterra 描述种间关系的模型，该模型是对 logistic 模型的引申，根据 Lotka – Volterra 构建物流企业竞争模型：

物流企业 A 在竞争中的产值增长方程：

$$\frac{\mathrm{d}x_1}{\mathrm{d}t} = r_1 x_1 (1 - \frac{x_1}{k_1} - \sigma_1 \frac{x_2}{k_1}) \tag{4-2}$$

物流企业 B 在竞争中的产值增长方程：

$$\frac{dx_2}{dt} = r_2x_2(1 - \frac{x_2}{k_2} - \sigma_2 \frac{x_1}{k_2}) \qquad (4-3)$$

其中，r_1 为 A 企业产值增长率，r_2 为 B 企业产值增长率，k_1 为 A 企业产值极限值，k_2 为 B 企业产值极限值，x_1 为 A 企业在 t 时刻的产值，x_2 为 B 企业在 t 时刻的产值，σ_1 为 B 企业对 A 企业的影响系数，σ_2 为 A 企业对 B 企业的影响系数。

（3）模型分析。当 $\frac{dx_1}{dt} = \frac{dx_2}{dt} = 0$ 时，A、B 两个企业竞争达到平衡，即

$$\begin{cases} \frac{dx_1}{dt} = r_1x_1(1 - \frac{x_1}{k_1} - \sigma_1 \frac{x_2}{k_1}) = 0 \\ \frac{dx_2}{dt} = r_2x_2(1 - \frac{x_2}{k_2} - \sigma_2 \frac{x_1}{k_2}) = 0 \end{cases} \qquad (4-4)$$

式（4－4）可变换成

$$\begin{cases} x_1 = k_1 - \sigma_1 x_2 \\ x_2 = k_2 - \sigma_2 x \end{cases} \qquad (4-5)$$

解上述方程组得四个平衡点：

$$p_1(0, 0), p_2(k_1, 0), p_3(0, k_2), N(\frac{\sigma_1 k_2 - k_1}{\sigma_1\sigma_2 - 1}, \frac{\sigma_2 k_1 - k_2}{\sigma_1\sigma_2 - 1})$$

$N(x_1, x_2)$ 称为方程（4－4）的平衡点，从上述解可以看出，两个物流企业竞争达到平衡与自身产值增长率无关，与影响系数与物流企业产值极限值相关。下面将探讨影响系数与物流企业产值的变化对两个企业竞争状态的影响。由方程组（4－5）可画出两条平衡线，如图 4－8 所示，细线是方程组（4－5）第一个方程，即物流企业 A 的竞争方程，粗线是方程组（4－5）第二个方程，即物流企业 B 的竞争方程。

图 4－8（a），$k_2 > \frac{k_1}{\sigma_1}$，$\frac{k_2}{\sigma_2} > k_1$，物流企业 A 受资源限制，其产值达到最大限度 k_1，即不能再继续增长，而物流企业 B 的产值最大限度为 k_2，其竞争直线在 A 的右侧，说明 A 在不能继续增长的时候 B 依然未达到最大限度，依然可以实现产值增长。Ⅱ区域是 A 企业的生存条件，在Ⅰ区域 A 企业是无法生存的，因此该种情况下，A 企业倒闭后 B 企业逐渐达到其成长的平衡点（0，k_2）。根据式（3－1），此种竞争状态下，A、B 物流公司的生态位分别为：

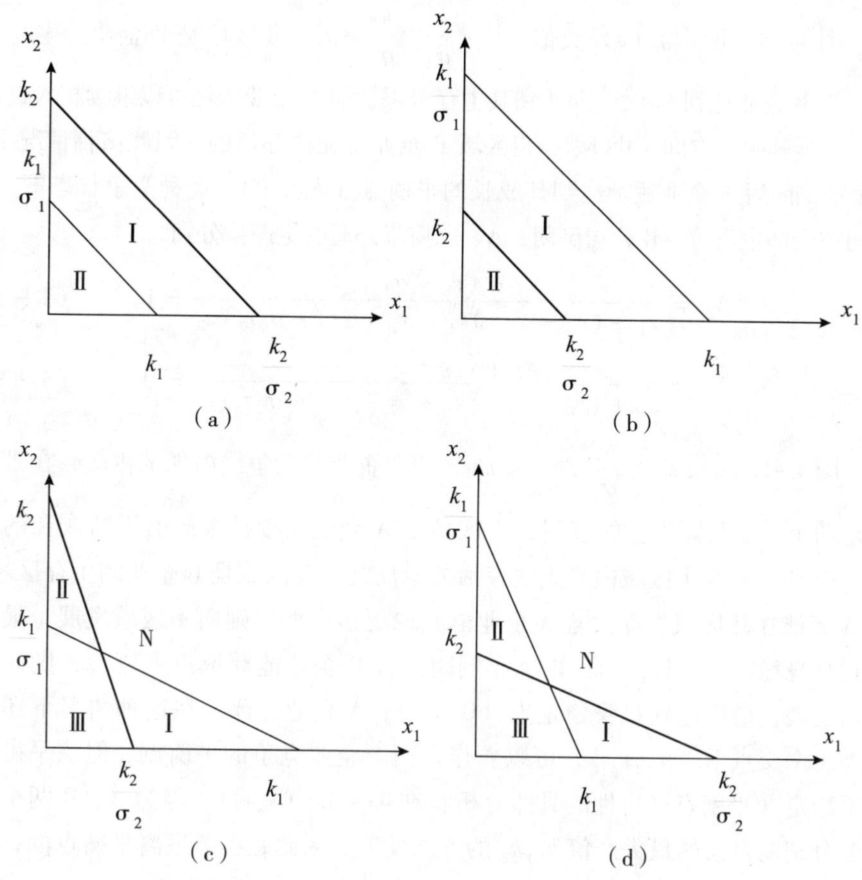

图 4-8 基于 Lotka-Volterra 模型的两个物流企业竞争状态

$$N_A = \frac{x_1 + (r_1 - \sigma_1 r_1)x_1}{x_1 + (r_1 - \sigma_1 r_1)x_1 + x_2 + (r_2 - \sigma_2 r_2)x_2} = 0 \qquad (4-6)$$

$$N_B = \frac{x_2 + (r_2 - \sigma_2 r_2)x_2}{x_1 + (r_1 - \sigma_1 r_1)x_1 + x_2 + (r_2 - \sigma_2 r_2)x_2} = 1 \qquad (4-7)$$

N_A 为 A 企业的生态位（相对生态位），x_1 为 A 企业生态位的态（假设仅以物流产值为计算对象），$(r_1 - \sigma_1 r_1)x_1$ 为 A 企业生态位的势（假设仅以物流产值增长值为计算对象），（$r_1 - \sigma_1 r_1$）表示受到 B 企业的制约影响使其增长率降低，$x_1 + (r_1 - \sigma_1 r_1)x_1 + x_2 + (r_2 - \sigma_2 r_2)x_2$ 为两个企业的绝对生态位，N_A 取值范围为 0 ~ 1，越接近 1，说明 A 企业竞争力越强，反之则越小，在该种情况下 A 公司的生态位为 0，同理，B 公司的生态位为 1，说明 B 公司占全部生态位，A 公司倒闭，与前面的分析相符。

图4－8（b）与（a）类似，$k_2 < \frac{k_1}{\sigma_1}$，$\frac{k_2}{\sigma_2} < k_1$，Ⅱ区域是B企业的生存条件，当B企业达到$k_2$时，即达到其生存极限，而A企业依然可以继续扩大其产值，扩展其生存空间至Ⅰ区域，在Ⅰ区域B企业是无法存活的，因此该种情况下，B企业倒闭后A企业逐渐达到其成长的平衡点（k_1，0）。此种竞争状态下，A公司占全部生态位，B公司倒闭，A、B物流公司的生态位分别为：

$$N_A = \frac{x_1 + (r_1 - \sigma_1 r_1)x_1}{x_1 + (r_1 - \sigma_1 r_1)x_1 + x_2 + (r_2 - \sigma_2 r_2)x_2} = 1 \quad (4-8)$$

$$N_B = \frac{x_2 + (r_2 - \sigma_2 r_2)x_2}{x_1 + (r_1 - \sigma_1 r_1)x_1 + x_2 + (r_2 - \sigma_2 r_2)x_2} = 0 \quad (4-9)$$

图4－8（c），$k_2 > \frac{k_1}{\sigma_1}$，$\frac{k_2}{\sigma_2} < k_1$，两个企业的竞争线出现了相交，在Ⅲ区域是两个企业共同生存的空间，Ⅰ区域是A企业继续扩大产值不断成长的区域，而B企业在Ⅰ区域内是无法存活的；反之，Ⅱ区域是B企业的生存区域，而A不能在此区域生存。若A企业能获取更多资源，则向Ⅰ区域发展，最终达到自身稳定点（k_1，0），B企业倒闭；若B企业能获取更多资源，则向Ⅱ区域发展，最终达到自身稳定点（0，k_2），A企业倒闭。在这种情况下还会出现一个交点N（x_1, x_2），可以看作是两个企业竞争的平衡点。但该平衡点并不稳定（平衡点稳定性的具体分析将在4.4节中说明），因为A、B两个企业要分别向自己的最大产值k_1, k_2的方向发展，因此是逐渐远离平衡点的，该种情况的平衡点在（0，0），此时A、B物流公司的生态位分别为：$\frac{0}{0}$，$\frac{0}{0}$，无解，说明A、B物流公司无法实现竞争共生。

图4－8（d），$k_2 < \frac{k_1}{\sigma_1}$，$\frac{k_2}{\sigma_2} > k_1$，与（c）情况类似，Ⅲ区域是两个企业共同生存的空间，Ⅱ区域是A企业继续扩大产值不断成长的区域，而B企业在Ⅱ区域内是无法存活的，Ⅰ区域是B企业的生存区域，A企业也无法存活。此时的平衡点N（$\frac{\sigma_1 k_2 - k_1}{\sigma_1 \sigma_2 - 1}$，$\frac{\sigma_2 k_1 - k_2}{\sigma_1 \sigma_2 - 1}$）相对稳定，因为A、B两个企业向平衡点趋近的，此时达到竞争的平衡性，也就是说A、B两个物流企业在获取资源的同时制约着对方，在追求最大产值目标的过程中实现均衡。A、B物流公司的生态位分别为：

$$N_A = \frac{x_1 + (r_1 - \sigma_1 r_1)x_1}{x_1 + (r_1 - \sigma_1 r_1)x_1 + x_2 + (r_2 - \sigma_2 r_2)x_2}$$

$$= \frac{(\sigma_1 k_2 - k_1)(1 + r_1 - \sigma_1 r_1)}{(\sigma_1 k_2 - k_1)(1 + r_1 - \sigma_1 r_1) + (\sigma_2 k_1 - k_2)(1 + r_2 - \sigma_2 r_2)} \tag{4-10}$$

$$N_B = \frac{x_2 + (r_2 - \sigma_2 r_2)x_2}{x_1 + (r_1 - \sigma_1 r_1)x_1 + x_2 + (r_2 - \sigma_2 r_2)x_2}$$

$$= \frac{(\sigma_2 k_1 - k_2)(1 + r_2 - \sigma_2 r_2)}{(\sigma_1 k_2 - k_1)(1 + r_1 - \sigma_1 r_1) + (\sigma_2 k_1 - k_2)(1 + r_2 - \sigma_2 r_2)} \tag{4-11}$$

A、B 两个物流企业的生态位与影响系统、最大物流产值及其产值增长率有直接关系，此种竞争状态下，A、B 两个物流企业是可以实现竞争共存的，但这种共存是以不断获取对方资源扩大生态位相互制约而实现的。

（4）模型扩展。上述内容分析了两个物流企业在竞争过程中可能出现的竞争状态，在现实中物流产业的形成是多个物流企业集群的结果，因此将方程组（4－4）继续进行扩展，考虑多个企业竞争过程中的竞争状态。

$$\frac{dx_i}{dt} = r_i x_i \left(1 - \frac{x_i}{k_i} - \frac{\sum_{j=1}^{m} \sigma_{ij} x_j}{k_i}\right) \tag{4-12}$$

$$(i, j = 1, 2, \cdots, m)$$

其中某区域内共有物流企业 m 个，式（4－12）是第 i 个物流企业的产值增长模型，σ_{ij} 是第 j 个企业对第 i 个企业的影响系数，$\sum_{j=1}^{m} \sigma_{ij} x_j$ 表示该区域内所有除第 i 个物流企业之外的其他企业对第 i 个企业的影响，其他字母示意及分析同前。此时第 i 个企业的生态位表示为：

$$N_i = \frac{x_i + (r_i - \sum_{j=1}^{m} \sigma_{ij} r_i)x_i}{\sum_{j=1}^{m} [x_j + (r_j - \sum_{i=1}^{m} \sigma_{ji} r_j)x_j]} \tag{4-13}$$

3. 物流产业成长的竞争机制

通过对物流产业成长的竞争机制演化与 Lotka－Volterra 竞争模型进行分析，明确了物流产业成长需要依靠产业内企业竞争，竞争机制通过企业对生态位的掠夺实现。而不同成长阶段存在不同的竞争机制，传统粗放式的竞争方式已无法推动物流产业的健康成长，以良性的合作竞争为代表的现代竞争方式已成为主流，企业间的良性竞争有利于产业内的资源共享和竞争机制的形成，基于此，物流产业成长的竞争机制模型如图4－9所示。

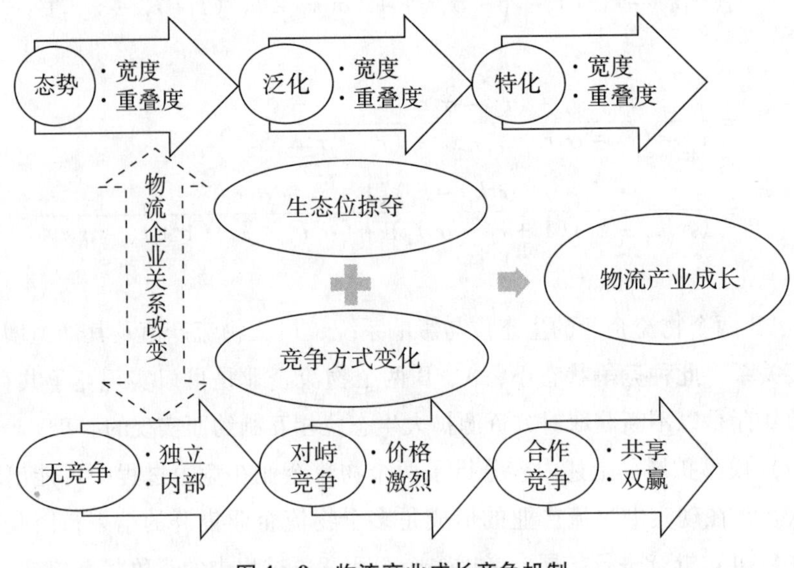

图4－9　物流产业成长竞争机制

4.3.2　合作机制

物流产业成长的合作机制是一个复杂系统，包含企业间的合作、产业内部合作和产业间合作，不同层次的合作构成了合作机制的架构，如图4－10所示。基于合作的企业间、产业内及产业间的联动促进物流产业的成长，不

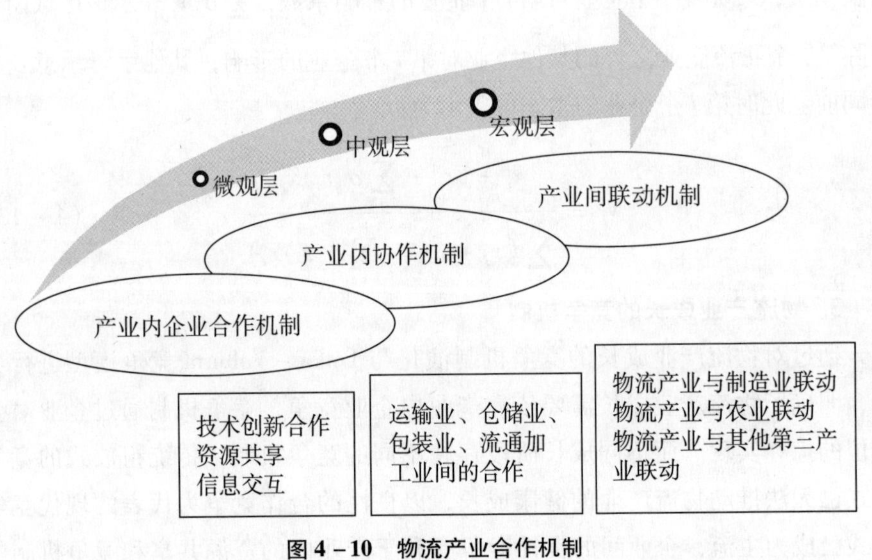

图4－10　物流产业合作机制

同维度的合作体现了企业间与产业间的内在联系。本小节从微观企业合作、中观产业合作及宏观产业合作对物流产业成长的合作机制进行分析。

1. 微观层——产业内企业合作机制

作为物流产业中最小的单元，企业是最具活力的元素，物流产业成长依赖于企业的竞争，更多的是企业合作。如前所述，竞争与合作是辩证统一的，在竞争中寻求合作不仅是企业可持续发展的途径，更是产业成长的有力保障。物流企业间的合作主要体现在以下几个方面。

（1）技术创新合作。技术创新是推动物流产业成长的核心动力，对于企业来说，选择合作的条件是自身的利润最大化（Atallah，2005）。技术创新合作是技术互补而利益竞争的系统（蒋军锋等，2009）。在企业进行技术创新合作之前需要考虑以下两个因素：一是对自身利益及竞争对手利益的权衡；二是对自身利益与成本间的权衡，如果竞争对手利益远超出自身获得利益或合作成本超出获得利益，那么企业可能会考虑自行进行技术创新活动，若企业间的技术创新活动使双方获利平衡，让渡价值超出自行研发价值，此时企业会积极进行合作，良好的技术创新合作结果能够使物流企业自身的研发成本降低，实现企业间的技术优势互补，获得技术创新的规模效益（李明、钱燕云，2005）。增强企业竞争力的同时更促进了产业的成长，因此企业间的技术创新合作有赖于物流企业间的对等性与互补性，以利益均衡为基础才能够实现企业间的技术创新合作。

（2）资源共享。物流企业间的资源共享包括物质资源与市场资源共享。物质资源指物流产业集群内的基础设施、设备及各类公共资源，如各类运输的通道（港口码头、公路、铁路、空港、航线、各运输节点等），各类设施（物流园区、物流中心、配送中心等），集群区域内各仓库、水、电、供暖等；市场资源是指在一定区域范围的客户资源、品牌资源、渠道资源等。资源共享最大的优势在于成本节约，如物流园区内对公共设施的共享，使从事不同物流服务的公司实现横向合作，同一区域内通过共同配送实现客户资源的共享。产业集群内的企业可以通过多种方式实现资源共享，如合作双方共同出资租赁或购买设施（仓库）、设备（车辆、机器），双方共同使用，或资源少的一方向资源多的一方支付费用对物流资源进行租赁实现合作。资源共享的核心即是对资源进行有效配置，在合作双方花费最少的情况下实现对物流资源利用的最大化。这种资源共享在非竞争性的互补企业间最为常见，也是最有效的合作方式，对于具有竞争性质的企业在资源共享时往往会出现利益冲突而导致合作失败，因此良好的合作机制尤为重要。

（3）信息交互。严格意义上来说，信息是资源的一类，信息的共享交互实质就是资源共享的一种，本书把信息交互单独列出来一方面说明信息在合作中的重要作用，另一方面也突出信息的特殊性。信息交互不仅包括信息共享，更包括信息的沟通交换，信息是唯一不需要集群作为平台实现合作的要素，信息交互不受地域时间的限制。但因为信息是伴随着物流活动而产生，是以物流活动为核心实现的，因此由于区域合作的限制性使信息交互也在区域内企业间实现。信息交互的主要目的在于消除信息不对称，使信息透明度更高，信息交互通过信息平台来实现。但并不是所有的信息都是可以实现交互的，物流企业中涉及的机密信息往往不能交互，而对于促进合作的信息是必须共享的。

2. 中观层——产业内协作机制

如前所述，物流系统中的各物流功能存在效益背反，同理，产业化的物流功能也同样存在着损益关系，因此在物流产业成长过程中的各物流子产业间的协作至关重要。这些产业内的协作主体包括运输业、仓储业、包装业、流通加工业、配送业等，协作能够实现资源共享、信息交互。物流产业内的各行业间是相互影响相互渗透的关系，因此应从整体系统的角度对各行业进行资源配置，以使总成本降到最低。

3. 宏观层——产业间联动机制

随着产业融合趋势的日益明显，物流产业与其他产业的联动也成为促进物流产业成长的原因之一，物流产业与农业、制造业、服务业都有千丝万缕的联系，随着物流产业专业化和社会化程度越来越高，与其他产业的关联度就越来越明显。

（1）物流产业与制造业联动。物流产业与制造业联动即制造业和物流业互相深度介入对方，共同追求资源集约化经营和整体优化的协同合作（黄有方、严伟，2010）。随着全球经济一体化，制造业从采购、生产、分销等各个环节都已不再局限于某一个区域，全球采购、分区组装非常普遍。在这样的经济环境下，物流是制造业全球化的主要力量，制造业是物流产业发展的平台。随着制造业与物流业联动程度的加深，制造业的快速发展也对物流产业提出了更高的要求。首先，物流技术是物流产业发展程度的主要标志，更是推动制造业发展的关键因素，物流技术在制造业中有广泛应用，尤其是以供应链为主导的一体化物流正成为当下的主流；其次，物流信息化水平也直接影响其与制造业联动的程度，在信息技术不断发展的今天，物流信息系统的搭建、信息的即时传输成为物流产业与制造业实现联动的技术手段；再次，物流产业与制造业的联动发展更多体现在物流产业专业化程度的不断加深，制造企业自身的物流业务越来越多地外包给第三方物流，第三方物流的水平越高，制造业对其依赖程度就越大，自营份额越来越少，联动的聚集程度也就越深，因此提高物流产业的专业化程度是促进两种产业联动的关键；最后，物流产业与制造业联动的最终目标是两种产业共同发展，相互促进，效率提高，实现共赢。然而目标的实现并非易事，物流产业需参与制造业并融合于制造业。物流产业与制造业的发展水平、物流业发展水平、经济环境、市场需求、政策等都有很大关系，因此促进两种产业的联动需要多方努力。

（2）物流产业与农业联动。不论是理论还是实践，都对物流产业与制造业联动的关注度较高，而对物流产业与农业联动的关注却较少。主要原因在于制造业分布广，物流介入门槛较低，物流产业与制造业的联动相对更为容易；而农业对物流的要求较高，因为农产品在运输、仓储、配送、流通加工等各个物流过程中有时效性，一旦某个物流环节出现问题就可能会造成农产品腐烂、损耗，这就要求物流技术在物流环节的广泛应用，而冷链相关的物流技术又会使物流成本上升，使市场上的农产品价格升高，因此农业物流很难实现规模化、专业化。但农业物流发展势在必行，如何使物流产业与农业深度介入融合成为物流产业与农业联动的关键。首先，要增加物流技术在农业物流中的应用，保证农产品在流通环节的质量；其次，加强农产品市场的网络建设，兴建农业物流园区，形成良好的农业物流机制，依托农业产业集群，以物流产业促进农业发展，实现物流产业与农业的联动。

（3）物流产业与其他第三产业联动。物流产业本身属于第三产业中的服务业，作为支撑第三产业的中坚力量，物流产业与第三产业的其他产业也有密切关系。随着各产业融合度不断提升，物流产业也开始向其他产业进行渗透，物流金融、物流保险、物流地产、电子商务物流等新兴行业开始出现；在与其他产业融合过程中必然会产生物流产业与其他产业的联动，这种联动是以物流产业为基础与其他产业整合的过程，物流产业的发展直接影响到新型行业的发展，对产业融合起到至关重要的推动作用；同时新型产业的发展也为物流产业的发展提供平台和途径，两者相互影响、相互促进，形成以物流产业为主导、以其他产业为依托的多种产业联动机制。

4. 物流产业合作的数学模型

延用模型（4－2）及（4－3）构建新模型。

（1）假设。假设1：某一区域是封闭的，该区域内仅有 A、B 两个物流企业（产业），两个企业（产业）相互合作促进彼此的成长；假设2：两个企业（产业）之间的影响系数非负。

（2）模型构建。根据Lotka－Volterra模型，将式（4－2）和（4－3）变形，构建合作模型（4－14）和（4－15）：

物流企业A在合作中的产值增长方程：

$$\frac{dx_1}{dt}=r_1x_1(1-\frac{x_1}{k_1}+\sigma_1\frac{x_2}{k_1}) \tag{4-14}$$

物流企业B在合作中的产值增长方程：

$$\frac{dx_2}{dt}=r_2x_2(1-\frac{x_2}{k_2}+\sigma_2\frac{x_1}{k_2}) \tag{4-15}$$

其中，r_1、r_2、k_1、k_2、x_1、x_2意义同前，需要特别说明的是σ_1为B企业（产业）对A企业（产业）的贡献系数，即B企业（产业）每增加一产值对A企业（产业）产值增长率的贡献，σ_2为A企业（产业）对B企业（产业）的贡献系数，即A企业（产业）每增加一产值对B企业（产业）产值增长率的贡献，此时前面的符号由减号变成加号，说明两者是促进关系大于竞争关系，对彼此的影响是正向而非负向的。为了更好地理解模型（4－14）和（4－15），可将其变换为：

$$\frac{dx_1}{dt}=r_1x_1(1-\frac{x_1-\sigma_1x_2}{k_1}),\ \frac{dx_2}{dt}=r_2x_2(1-\frac{x_2-\sigma_2x_1}{k_2})$$

其含义为A企业（产业）［B企业（产业）］在成长过程中受到B企业（产业）［A企业（产业）］对A企业（产业）［B企业（产业）］的影响，帮助x_1（x_2）增加，σ_1（σ_2）越大，则x_1（x_2）增加的幅度就越大，对对方的促进作用就越大，与k_1（k_2）比值接近1的速度就会放缓，进而使A企业（产业）［B企业（产业）］能保持较长时间的产值增长。

（3）模型分析。当$\frac{dx_1}{dt}=\frac{dx_2}{dt}=0$时，A、B两个企业（产业）达到平衡，即：

$$\begin{cases}\frac{dx_2}{dt}=r_2x_2(1-\frac{x_2}{k_2}+\sigma_2\frac{x_1}{k_2})=0\\ \frac{dx_1}{dt}=r_1x_1(1-\frac{x_1}{k_1}+\sigma_1\frac{x_2}{k_1})=0\end{cases} \tag{4-16}$$

方程组（4－16）可变换成：

$$\begin{cases}x_2=k_2+\sigma_2x_1\\ x_1=k_1+\sigma_1x_2\end{cases} \tag{4-17}$$

解上述方程组得四个平衡点：

$$p_1(0,0),p_2(k_1,0),p_3(0,k_2),N(\frac{\sigma_1k_2+k_1}{1-\sigma_1\sigma_2},\frac{\sigma_2k_1+k_2}{1-\sigma_1\sigma_2})$$

如图 4－11 所示，细线为第一个方程，粗线为第二个方程，由假设知 $\sigma_1\sigma_2<1$，平衡点在第一象限，两个企业（产业）之间是相互促进推动的关系。在分别达到自身发展时受资源限制的最大产值 k_1,k_2 时，由于对方的促进作用，使自身可获取更多资源而实现产值的增长和生态位的不断扩展，这时的扩展并不是通过掠夺对方生态位实现的，而是通过合作获取外部资源各自扩展，最终达到平衡点 N，此时的共存是互惠共生关系，是合作双赢关系，是相互促进共同进步关系。

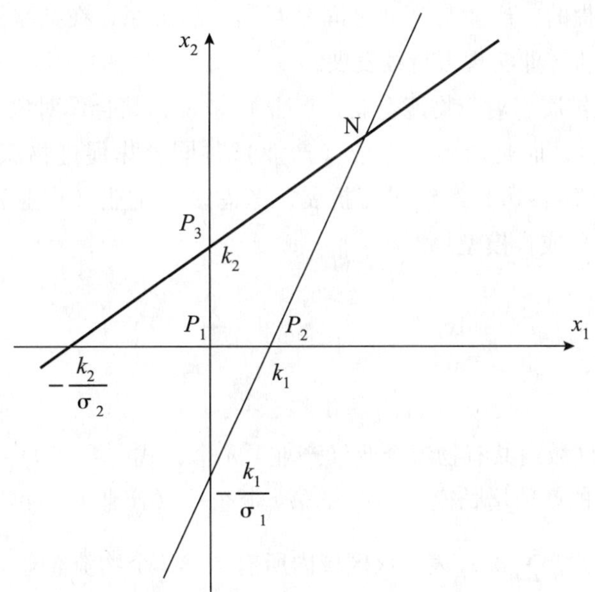

图 4－11　物流企业（产业）合作状态

此时的企业（产业）的生态位可表示为：

$$N_A=\frac{x_1+(r_1+\sigma_1r_1)x_1}{x_1+(r_1+\sigma_1r_1)x_1+x_2+(r_2+\sigma_2r_2)x_2}$$

$$=\frac{(\sigma_1k_2+k_1)(1+r_1+\sigma_1r_1)}{(\sigma_1k_2+k_1)(1+r_1+\sigma_1r_1)+(\sigma_2k_1+k_2)(1+r_2+\sigma_2r_2)} \tag{4-18}$$

$$N_B = \frac{x_2 + (r_2 + \sigma_2 r_2)x_2}{x_1 + (r_1 + \sigma_1 r_1)x_1 + x_2 + (r_2 + \sigma_2 r_2)x_2}$$
$$= \frac{(\sigma_2 k_1 + k_2)(1 + r_2 + \sigma_2 r_2)}{(\sigma_1 k_2 + k_1)(1 + r_1 + \sigma_1 r_1) + (\sigma_2 k_1 + k_2)(1 + r_2 + \sigma_2 r_2)} \quad (4-19)$$

由式（4－18）和式（4－19）很容易看出与式（4－10）和式（4－11）的区别，由于两个企业（产业）间的关系是相互促进，其增长率要高于自然增长率，可以用以解释两个物流企业或物流产业与其他产业的合作关系。对于企业来说，两个物流企业通过资源共享、信息交互实现技术创新合作，使企业物流成本降低，利润提高，产值增加，即便是竞争关系，也是以合作为主导的竞争关系；对于产业来说，物流产业与农业、制造业或其他第三产业是以合作为前提的，产业与产业之间是互利互惠关系，在共享资源的同时实现共赢，使物流产业实现可持续发展。

（4）模型扩展。对于物流企业（产业）来说，其合作对象不仅局限于一个企业（产业），而是由多个企业（产业）共同合作促进物流产业的成长。基于此，将式（4－14）继续进行扩展，考虑多个企业（产业）合作状态下的企业（产业）成长模型。

$$\frac{dx_i}{dt} = r_i x_i \left(1 - \frac{x_i}{k_i} + \frac{\sum_{j=1}^{m} \sigma_{ij} x_j}{k_i}\right) \quad (4-20)$$
$$(i, j = 1, 2, \cdots, m)$$

其中，某区域内共有物流企业（产业）m 个，式（4－20）是第 i 个物流企业（产业）的产值增长模型，σ_{ij} 是第 j 个企业（产业）对第 i 个企业（产业）的影响系数，$\sum_{j=1}^{m} \sigma_{ij} x_j$ 表示该区域内所有除第 i 个物流企业（产业）之外的其他企业（产业）对第 i 个企业（产业）的影响，其他字母示意及分析同前，此时第 i 个企业（产业）的生态位表示为：

$$N_i = \frac{x_i + (r_i + \sum_{j=1}^{m} \sigma_{ij} r_i) x_i}{\sum_{j=1}^{m} [x_j + (r_j + \sum_{i=1}^{m} \sigma_{ji} r_j) x_j]} \quad (4-21)$$

4.3.3 竞合机制模型

通过对物流产业成长的竞争机制与合作机制进行分析，可知在物流产业成长中企业间、产业间的竞争与合作是并存的，正是因为竞争与合作的共同作用，物流产业才得以快速成长。实质上，竞争与合作并非完全对立，在物流产业成长过程中，竞争与合作是辩证统一关系，竞争中有合作，合作中又存在竞争，之所以说合作或竞争只是看哪一方所起的作用更为明显，因此在本书中将该机制称为竞合机制。从生态学的角度来说，物流产业成长中竞合的实质是对生态位的掠夺和占据，无法适应的则被淘汰，未被淘汰的则呈现共生状态，竞争共生或合作共生。若竞争占主导，则企业（产业）间的生态位重叠较严重，竞争激烈；若合作占主导，则企业（产业）间的生态位宽度较宽，重叠小，不易产生竞争。物流产业的成长就是在竞争中争取合作，在合作中存在竞争这样的双重作用下而实现的，在研究物流产业成长时，既不能只考虑竞争不考虑合作，也不能只考虑合作不考虑竞争，而应该将两者统一起来，从整体角度来分析竞合关系，图 4－12 较清晰地描绘了物流产业成长的竞合机制。

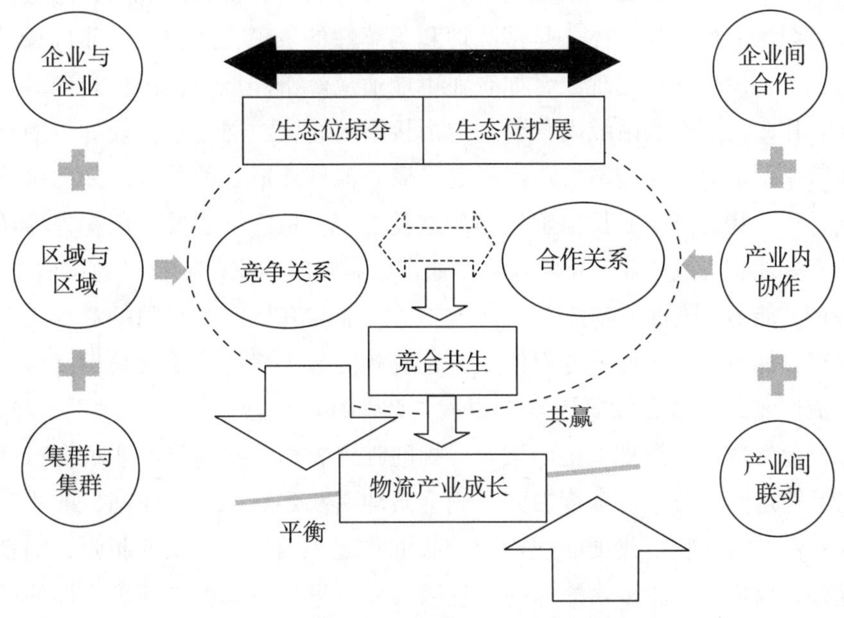

图 4－12 物流产业成长竞合机制模型

4.4 物流产业成长的稳定机制及模型

如前文所述，物流产业系统是一个耗散结构，是一个远离平衡态的有序的稳定状态，物流产业成长的稳定性依赖于物流产业系统的稳定性，物流产业的成长是一个系统稳定—不稳定—稳定的循环过程，在这个过程中稳定的状态是有一定条件的，是外界环境与物流产业及其他产业共同作用的结果，本小节将对物流产业成长的稳定性进行分析。

4.4.1 物流产业成长的生态稳定性

稳定性在于各主体间的相互适应与协调，由于物流产业成长中各主体是不断变化的，因此是动态稳定性。物流产业系统的稳定性特征与生态系统稳定性特征有诸多相似之处，我们可以借用生态系统的稳定性理论对物流产业成长的稳定性进行分析。

1. 稳定性

生态系统的稳定性是指生态系统保持正常动态的能力，主要包括抵抗力稳定性和恢复力稳定性（周新等，2014），抵抗力稳定性是使系统不受外界影响而受损的能力，恢复力稳定性是在系统受损后自我恢复的能力，稳定性是抵抗性与恢复性的统一体，是持久性和延续性的表现。在物流产业成长过程中，会经常出现不稳定现象，如企业不能适应经济环境而倒闭，合作的企业停止合作，物流产业系统内各要素的衔接不畅，资源配置不合理导致的物流运作效率低下等，这些不稳定因素是阻碍物流产业成长的关键。如何保持稳定性是形成物流产业成长稳定机制的重要内容，稳定性主要体现在外界环境变化及其他企业或产业变化对物流产业产生影响时物流产业自身的调节能力。这种调节能力一方面使物流企业（或物流产业与其他产业）间的竞合关系达到平衡且保持稳定，另一方面使物流系统各要素无缝链接实现稳定发展。影响物流产业成长稳定性的因素有很多，政策环境的改变、竞争对手的异动、其他产业的变化等都是干扰因素，干扰的强度较弱，则物流产业可自行调节保持其稳定性，若干扰强度较强，则会破坏其稳定性，使企业间、产业间的合作紊乱。对这些干扰项的适应程度我们称之为柔性，其柔性越强，则稳定性越强，反之则越弱。除外界的干扰因素外，另外一个影响其稳定性的因素是物流产业内部的要素关系，这种关系包括物流企业集群的密度、企业间合作程度的适宜度、物流各功能协作关系等，内部要素关系协调性越好，经受干扰因素破坏的能力就越强，柔性也就越强。

2. 稳定性阈值

（1）稳定性阈值的内涵。Bennett 和 Radford 提出生态阈值的概念，是生态系统从一种状态快速转变为另一状态的某个点或一段区间，推动这种转变的动力来自某个或多个关键生态因子微弱的附加改变（谢永、张仁陟，2008）。它分为生态阈值点（Ecological Threshold Point）和生态阈值带（Ecological Threshold Zone）（赵慧霞等，2007），生态阈值点为生态系统改变状态的临界值，在阈值点前后状态迅速发生改变，阈值带是状态逐步转变的过程。

在物流产业成长中，这种稳定性阈值是物流产业成长稳定与不稳定的临界点，往往这种临界是以阈值带体现出来的，也就是说物流产业的成长变化不是一蹴而就，而是循序渐进的过程。如图4－13所示，ABCD区域为物流产业成长稳定性阈值带，在这个区域内，外界干扰连续影响物流产业的成长，但并未破坏其稳定状态，当聚集达到一定阶段，到达P点——稳定性阈值点时，成长的稳定状态即被破坏，明显显现出状态的改变，可以说物流产业成长稳定性的改变是阈值带续积的结果。当物流产业受到外界干扰时，可通过自身调节和修复保持物流产业在成长中的稳定状态（稳态），当干扰因素超出能忍受的极限时，这种稳态就被破坏了，这种极限被称为物流产业成长的稳定性阈值。实际上从生态系统未被改变过这个角度来说，生态系统很明显从未稳定过，它们变化的趋势非常缓慢（Scheffer & Carpenter，2003），因此用类似“规则（regimes）”或“吸引子（attractors）”来代替排除动态的“稳态（stable states）”或“平衡（equilibria）”更为适合（Carpenter，2003）。物流产业成长过程也是动态的过程，时刻都在发生改变，而我们所说的稳态只是描述其发展过程的一种相对稳定的状态，稳定性阈值即是打破这种稳态后通过重新调节形成又一稳态的边界，稳态是动态的平衡。

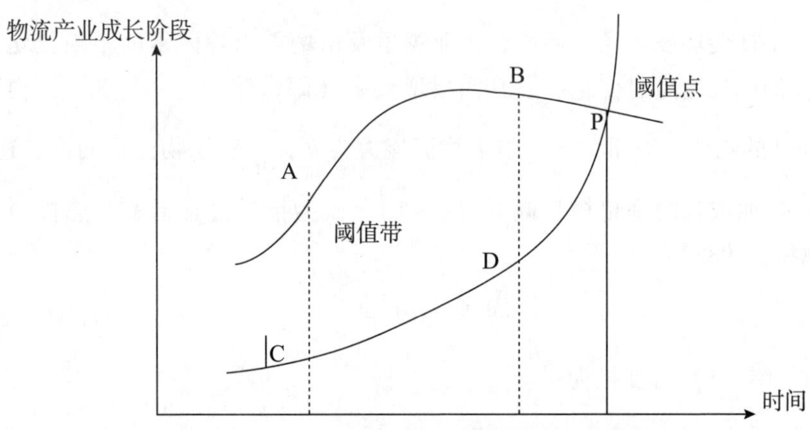

图4－13　物流产业成长稳定阈值带与稳定阈值点

（2）物流产业稳定性阈值。由于 logistic 模型是对种群成长过程进行描述的工具，而物流产业成长的过程又非常符合生态种群的成长规律，因此，在物流产业成长过程中，其增长速度显示出 S 形变化的结果，我们可以用 Logistic 模型给出合理解释。该模型认为物流成长是在一个有限空间中增长时从稳定到不稳定的过程，稳定期表示的是空间资源的有限量大于增长过程中生态位的增长量，这种增长速度也在不断加大。而对于业态形成的初期，由于本身不够强大，其增长速度比较缓慢，而到发展后期，又由于环境及资源有限量的制约，增长速度开始降低，只有在发展的稳定期，其增长速度处于峰值。这种增长速度由慢到快，然后又转慢的规律，使得物流产业的成长速度是随时间变化的一条 S 形曲线（见图 4－14）。

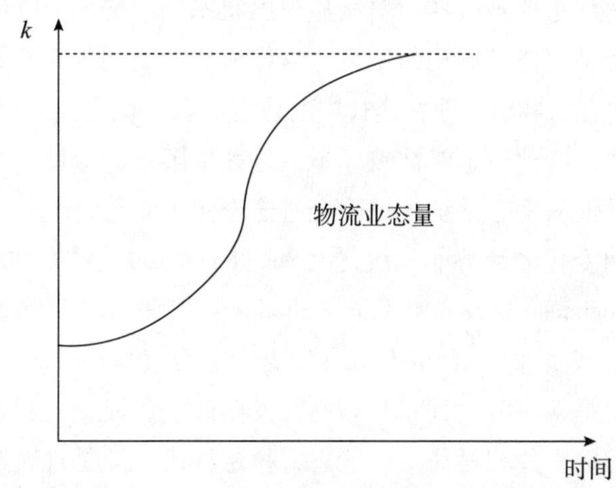

图 4－14　物流产业成长随时间变化的曲线

由于社会环境、经济环境、企业竞争及市场需求等因素的不断变化，使物流业的成长也随之变化。设其内禀增长率（即自然变化率）为 r，物流成长时间 t 的物流业态量为 x，最大物流能力为 k，$\frac{\mathrm{d}x}{\mathrm{d}t}$ 表示物流量的增长速度，则物流产业成长的理论模型同式（4－1），模型推导过程借鉴莫惠栋的方法（莫惠栋，1983）：

$$\frac{\mathrm{d}x}{\mathrm{d}t} = xr(1 - \frac{x}{k})$$

式（4－1）可变换为：

$$X = \frac{k}{1 + ae^{-rt}} \qquad (4-22)$$

其中，e 为自然对数底，a 为积分常数。

对式（4－22）继续求导，得到 logistic 速度函数。

$$\frac{\mathrm{d}x}{\mathrm{d}t}=\frac{kare^{-rt}}{(1+ae^{-rt})^2} \tag{4-23}$$

对式（4－23）继续求导，求得 logistic 速度函数的一阶导数，并令其导数为 0，求得物流产业成长的极值，得

$$\frac{\mathrm{d}^2x}{\mathrm{d}t^2}=\frac{kare^{-rt}(are^{-rt}-r)}{(1+ae^{-rt})^3}=0 \tag{4-24}$$

求得 $t=\frac{\ln a}{r}$，代入式（4－22）中，即当 $X=\frac{k}{2}$ 时，出现物流产业演化的拐点。

当 $t=\frac{\ln a}{r}$ 时，物流业增长速度最快，为高峰期。

对式（4－24）求导，并令其为 0，得

$$\frac{\mathrm{d}^3x}{\mathrm{d}t^3}=\frac{kar^3e^{-rt}(1-4are^{-rt}+a^2e^{-2rt})}{(1+ae^{-rt})^4}=0 \tag{4-25}$$

求得 $t_1=\frac{\ln a-1.317}{r}$，$t_2=\frac{\ln a+1.317}{r}$

这两个点是速度函数的两个拐点，所以 logistic 曲线有三个重要的点，分别是两个拐点和一个极值，这三个点我们称为物流产业成长的稳定性阈值，分别为：

$t_1=\frac{\ln a-1.317}{r}$，$t_2=\frac{\ln a}{r}$，$t_3=\frac{\ln a+1.317}{r}$，如图 4－15 所示。

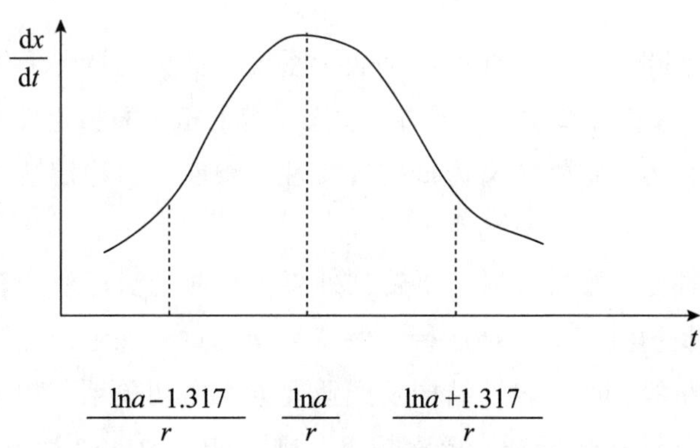

图 4－15　物流产业 logistic 曲线的速度曲线

图 4 - 15 表明曲线的成长过程经历四个阶段，形成期（$0 \leqslant t \leqslant \frac{\ln a - 1.317}{r}$），成长期初期（$\frac{\ln a - 1.317}{r} \leqslant t \leqslant \frac{\ln a}{r}$），成长期末期（$\frac{\ln a}{r} \leqslant t \leqslant \frac{\ln a + 1.317}{r}$），成熟期（$\frac{\ln a + 1.317}{r} \leqslant t \leqslant \infty$）。成长速度过程为：慢—快—慢。

三个稳定性阈值将物流产业成长的过程分成四个阶段，这四个阶段分别形成了物流产业成长的不同稳态，每个阶段都呈现出不同的物流产业成长特点。

3. 调节机制

生态系统的稳定性是由其自身调节实现的，物流产业成长的稳定性也是由多种调节机制共同作用而实现的。

（1）反馈调节。反馈（feedback）是指系统输出的全部或一部分通过一定的通道反送到输入端，从而对系统的输入和输出施加影响的过程，分为正（positive）反馈和负（negative）反馈两种（黄鲁成，2003）。正反馈是对原变化施加正向影响，使原有作用更加强烈；负反馈是对原变化施加负向影响，使原有作用削弱。当物流产业在成长过程中偏离稳态向阈值靠近，正反馈使物流产业进一步偏离稳定点，加速向阈值接近，使物流产业成长趋于不稳定状态，负反馈则使物流产业返回到稳定点，使物流产业的成长趋于稳定状态。负反馈机制是对物流产业成长的约束，对企业行为的约束，对合作条件的约束，对各物流要素交互的约束；正反馈机制是对物流产业成长的激发；约束与激发共同作用。在正负反馈机制的共同作用下，物流产业在成长过程中保持平衡与稳定。

（2）鲁棒调节机制。鲁棒性用来表示系统在被干扰情况下保持其功能或性质的能力（杜巍等，2010），类似于生态系统的抵抗力稳定性和恢复力稳定性，本书将抵抗力稳定性定义为抵抗鲁棒性，将恢复力稳定性定义为恢复鲁棒性。

①抵抗鲁棒性。抵抗鲁棒性指受到外界干扰时物流产业所表现出来的抗力，这种抗力是物流产业维持运行、保持平衡的重要保证，抵抗力的大小与物流产业发展阶段、产业内部结构及产业要素有密切关系。物流产业发展越趋向成熟、内部结构越复杂、要素越多，则物流产业的这种抵抗力就越强，其成长就越能表现出稳定性。当物流产业所处的经济环境、技术环境、政策

环境等发生改变，就会影响物流产业的成长，而物流产业可通过企业合作、产业联动、要素协作对物流运作过程进行调整，抵御环境变化带来的负面影响，从而保持成长的稳定性。

②恢复鲁棒性。恢复鲁棒性是在物流产业成长的稳定性受到影响后自我恢复的能力，从不稳定状态恢复到稳定状态的能力。与抵抗鲁棒性相反，物流产业发展越趋向成熟、内部结构越复杂、要素越多，恢复能力越弱，反之则越强。抵抗鲁棒性与恢复鲁棒性是相互排斥，相互制约的背反关系。在物流产业成长之初，结构简单，要素较少，这时的恢复鲁棒性是最强的，随着成长阶段的逐步升级，恢复力逐渐减弱，抵抗力逐渐增加。

对于物流产业来说，在其成长过程中，既存在抵抗鲁棒性，又存在恢复鲁棒性，只不过在不同阶段，其显现的能力强弱有所不同，并非抵抗力越强越好，或恢复力越强越好。要在不同时间点利用不同的鲁棒性以保持物流产业成长的稳定性，如可以通过完善产业内部结构，增加要素间的协作增加抵抗鲁棒性以抵御外界干扰，对物流产业成长中可能出现的新兴业态不断尝试，增强其恢复鲁棒性以保持物流产业的创新机制。

4. 物流产业成长的稳定性数学模型

物流产业成长的稳定性归根结底为产业内企业发展或产业发展的稳定性及物流产业系统内各要素协作的平衡性，因此延用模型（4－2）、（4－3）和（4－14）、（4－15）对物流产业内的各企业及各产业竞争共生和合作共生平衡点的稳定性进行探讨。

（1）模型表示及微分方程稳定性理论（姜启源等，2011）。式（4－2）、（4－3）和式（4－14）、（4－15）可表示为：

$$\begin{cases}\dot{x}_1(t) = f(x_1, x_2) \\ \dot{x}_2(t) = g(x_1, x_2)\end{cases} \tag{4-26}$$

则

$$\begin{cases}\dot{x}_1(t) \equiv f(x_1, x_2) = 0 \\ \dot{x}_2(t) \equiv g(x_1, x_2) = 0\end{cases} \tag{4-27}$$

的实根 $x_1 = x_1^0, x_2 = x_2^0$ 称为（4－26）的平衡点 $p_0(x_1^0, x_2^0)$，如果从所有可能的初始条件出发，使（4－26）的解 $x_1(t), x_2(t)$ 满足：

$$\lim_{t\to\infty} x_1(t) = x_1^0, \lim_{t\to\infty} x_2(t) = x_2^0 \tag{4-28}$$

则称平衡点 $p_0(x_1^0, x_2^0)$ 是稳定的（渐近稳定）；否则，称 $p_0(x_1^0, x_2^0)$ 是不

稳定的（不渐近稳定）。

采用近性线性方法对稳定性进行判别，将 $f(x_1,x_2)$，$g(x_1,x_2)$ 在 $p_0(x_1^0, x_2^0)$ 处作Taylor展开，只取一次项，得到式（4－26）在 $p_0(x_1^0,x_2^0)$ 的近似线性方程：

$$\begin{cases} \dot{x}_1(t) = f_{x_1}(x_1^0,x_2^0)(x_1 - x_1^0) + f_{x_2}(x_1^0,x_2^0)(x_2 - x_2^0) \\ \dot{x}_2(t) = g_{x_1}(x_1^0,x_2^0)(x_1 - x_1^0) + g_{x_2}(x_1^0,x_2^0)(x_2 - x_2^0) \end{cases} \quad (4-29)$$

系数矩阵为：

$$\boldsymbol{A} = \begin{pmatrix} f_{x_1} & f_{x_2} \\ g_{x_1} & g_{x_2} \end{pmatrix} \Big/ p_0(x_1^0,x_2^0) \quad (4-30)$$

特征方程系数为：

$$p = -(f_{x_1} + g_{x_2}) \,|\, p_0(x_1^0,x_2^0), q = \det A = |A| \quad (4-31)$$

其特征根为：

$$\lambda_1, \lambda_2 = \frac{1}{2}(-p \pm \sqrt{p^2 - 4q}) \quad (4-32)$$

根据式（4－28）得到平衡点稳定性的判别条件，如表4－2所示。

表4－2　由特征方程决定的平衡点的类型和稳定性

λ_1,λ_2	p,q	平衡点类型	稳定性
$\lambda_1 < \lambda_2 < 0$	$p > 0, q > 0, p^2 > 4q$	稳定节点	稳定
$\lambda_1 > \lambda_2 > 0$	$p < 0, q > 0, p^2 > 4q$	不稳定节点	不稳定
$\lambda_1 < 0 < \lambda_2$	$q < 0$	鞍点	不稳定
$\lambda_1 = \lambda_2 < 0$	$p > 0, q > 0, p^2 = 4q$	稳定退化节点	稳定
$\lambda_1 = \lambda_2 > 0$	$p < 0, q > 0, p^2 = 4q$	不稳定退化节点	不稳定
$\lambda_{1,2} = \alpha \pm \beta_i, \alpha < 0$	$p > 0, q > 0, p^2 < 4q$	稳定焦点	稳定
$\lambda_{1,2} = \alpha \pm \beta_i, \alpha > 0$	$p < 0, q > 0, p^2 < 4q$	不稳定焦点	不稳定
$\lambda_{1,2} = \alpha \pm \beta_i, \alpha = 0$	$p = 0, q > 0$	中心	不稳定

资源来源：姜启源，谢金星，叶俊．数学模型［M］．北京：高等教育出版社，2011.

（2）平衡点稳定性分析。通过对式（4－4）和式（4－16）的求解，我们分别得出竞争状态下和合作状态下的平衡点：

竞争状态下的平衡点：$p_1(0,0)$，$p_2(k_1,0)$，$p_3(0,k_2)$，$N(\frac{\sigma_1 k_2 - k_1}{\sigma_1\sigma_2 - 1}, \frac{\sigma_2 k_1 - k_2}{\sigma_1\sigma_2 - 1})$

合作状态下的平衡点：$p_1(0,0)$，$p_2(k_1,0)$，$p_3(0,k_2)$，$N(\frac{\sigma_1 k_2 + k_1}{1 - \sigma_1\sigma_2}, \frac{\sigma_2 k_1 + k_2}{1 - \sigma_1\sigma_2})$

下面就两种状态下的平衡点分别进行稳定性分析。

①竞争状态下平衡点的稳定性。

A. $p_1(0,0)$ 的稳定性。

由式（4－29）及式（4－30）得到（下同）系数矩阵为：

$$\boldsymbol{A} = \begin{pmatrix} f_{x_1} & f_{x_2} \\ g_{x_1} & g_{x_2} \end{pmatrix} \Bigg| p_0(x_1^0, x_2^0) = \begin{pmatrix} r_1 - \frac{2r_1x_1}{k_1} - \frac{\sigma_1 r_1 x_2}{k_1} & -\frac{\sigma_1 r_1 x_1}{k_1} \\ -\frac{\sigma_2 r_2 x_2}{k_2} & r_2 - \frac{2r_2x_2}{k_2} - \frac{\sigma_2 r_2 x_1}{k_2} \end{pmatrix} = \begin{pmatrix} r_1 & 0 \\ 0 & r_2 \end{pmatrix}$$

由式（4－31）得到特征方程系数为（下同）：

$$p = -(f_{x_1} + g_{x_2}) | p_0(x_1^0, x_2^0) = -r_1 - r_2$$

$$q = |\boldsymbol{A}| = \begin{vmatrix} r_1 & 0 \\ 0 & r_2 \end{vmatrix} = r_1 r_2$$

由式（4－32）得到其特征根为（下同）：

$$\lambda_1 = \frac{1}{2}(-p + \sqrt{p^2 - 4q}) = r_1$$

$$\lambda_2 = \frac{1}{2}(-p - \sqrt{p^2 - 4q}) = r_2$$

根据表4－2，得出以下结论：

由于 $\lambda_1 = r_1 > 0, \lambda_2 = r_2 > 0, p < 0, q > 0$，因此在任何情况下 $p_1(0,0)$ 都不稳定。

B. $p_2(k_1,0)$ 的稳定性。

系数矩阵为：

$$\boldsymbol{A} = \begin{pmatrix} f_{x_1} & f_{x_2} \\ g_{x_1} & g_{x_2} \end{pmatrix} \Bigg| p_0(x_1^0, x_2^0) = \begin{pmatrix} r_1 - \frac{2r_1x_1}{k_1} - \frac{\sigma_1 r_1 x_2}{k_1} & -\frac{\sigma_1 r_1 x_1}{k_1} \\ -\frac{\sigma_2 r_2 x_2}{k_2} & r_2 - \frac{2r_2x_2}{k_2} - \frac{\sigma_2 r_2 x_1}{k_2} \end{pmatrix}$$

$$= \begin{pmatrix} -r_1 & -\sigma_1 r_1 \\ 0 & r_2 - \dfrac{\sigma_2 r_2 k_1}{k_2} \end{pmatrix}$$

特征方程系数为：

$$p = -(f_{x_1} + g_{x_2}) \Big| p_0(x_1^0, x_2^0) = r_1 - r_2 + \frac{\sigma_2 r_2 k_1}{k_2}$$

$$q = |\boldsymbol{A}| = \begin{vmatrix} -r_1 & -\sigma_1 r_1 \\ 0 & r_2 - \dfrac{\sigma_2 r_2 k_1}{k_2} \end{vmatrix} = r_1 r_2 (\frac{\sigma_2 k_1}{k_2} - 1)$$

其特征根为：

$$\lambda_1 = \frac{1}{2}(-p + \sqrt{p^2 - 4q}) = r_2 - \frac{k_1 \sigma_2 r_2}{k_2}$$
$$\lambda_2 = \frac{1}{2}(-p - \sqrt{p^2 - 4q}) = -r_1$$

根据表4-2，得出以下结论：

因为$r_1 > 0$，$-r_1 < 0$，当$\lambda_1 < \lambda_2 < 0$，即$r_2 - \frac{k_1 \sigma_2 r_2}{k_2} < 0, \sigma_2 > \frac{k_2}{k_1}$时，$p_2(k_1, 0)$为稳定点，图4-8中的（b）和（c）属于这种情况；其他情况$p_2(k_1, 0)$则表现出不稳定状态。

C. $p_3(0, k_2)$的稳定性。

系数矩阵为：

$$\boldsymbol{A} = \begin{pmatrix} f_{x_1} & f_{x_2} \\ g_{x_1} & g_{x_2} \end{pmatrix} \Bigg| p_0(x_1^0, x_2^0) = \begin{pmatrix} r_1 - \dfrac{2r_1 x_1}{k_1} - \dfrac{\sigma_1 r_1 x_2}{k_1} & -\dfrac{\sigma_1 r_1 x_1}{k_1} \\ -\dfrac{\sigma_2 r_2 x_2}{k_2} & r_2 - \dfrac{2r_2 x_2}{k_2} - \dfrac{\sigma_2 r_2 x_1}{k_2} \end{pmatrix}$$

$$= \begin{pmatrix} r_1 - \dfrac{\sigma_1 r_1 k_2}{k_1} & 0 \\ -\sigma_2 r_2 & -r_2 \end{pmatrix}$$

特征方程系数为：

$$p = -(f_{x_1} + g_{x_2}) \Big| p_0(x_1^0, x_2^0) = -r_1 + r_2 + \frac{\sigma_2 r_2 k_1}{k_2}$$

$$q = |\boldsymbol{A}| = \begin{vmatrix} r_1 - \dfrac{\sigma_1 r_1 k_2}{k_1} & 0 \\ -\sigma_2 r_2 & -r_2 \end{vmatrix} = r_1 r_2 (\frac{\sigma_1 k_2}{k_1} - 1)$$

特征根为：

$$\lambda_1 = \frac{1}{2}(-p + \sqrt{p^2 - 4q}) = r_1 - \frac{k_2 \sigma_1 r_1}{k_1}$$

$$\lambda_2 = \frac{1}{2}(-p - \sqrt{p^2 - 4q}) = -r_2$$

根据表4－2，得出以下结论：

因为 $r_1 > 0$，$-r_1 < 0$，当 $\lambda_1 < \lambda_2 < 0$，即 $r_1 - \frac{k_2\sigma_1 r_1}{k_1} < 0, \sigma_1 > \frac{k_1}{k_2}$ 时，$p_3(0,k_2)$ 为稳定点，图4－8中的（a）和（c）属于这种情况；其他情况 $p_3(0,k_2)$ 则表现出不稳定状态。

D. $N(\frac{\sigma_1 k_2 - k_1}{\sigma_1\sigma_2 - 1}, \frac{\sigma_2 k_1 - k_2}{\sigma_1\sigma_2 - 1})$ 的稳定性。

系数矩阵为：

$$\boldsymbol{A} = \begin{pmatrix} f_{x_1} & f_{x_2} \\ g_{x_1} & g_{x_2} \end{pmatrix} \Bigg|_{p_0(x_1^0, x_2^0)} = \begin{pmatrix} r_1 - \frac{2r_1x_1}{k_1} - \frac{\sigma_1 r_1 x_2}{k_1} & -\frac{\sigma_1 r_1 x_1}{k_1} \\ -\frac{\sigma_2 r_2 x_2}{k_2} & r_2 - \frac{2r_2x_2}{k_2} - \frac{\sigma_2 r_2 x_1}{k_2} \end{pmatrix}$$

$$= \begin{pmatrix} \frac{r_1k_1 - r_1\sigma_1k_2}{(\sigma_1\sigma_2 - 1)k_1} & \frac{r_1\sigma_1(k_1 - \sigma_1k_2)}{(\sigma_1\sigma_2 - 1)k_1} \\ \frac{r_2\sigma_2(k_2 - \sigma_2k_1)}{(\sigma_1\sigma_2 - 1)k_2} & \frac{r_2k_2 - r_2\sigma_2k_1}{(\sigma_1\sigma_2 - 1)k_2} \end{pmatrix}$$

特征方程系数为：

$$p = -(f_{x_1} + g_{x_2}) \Big|_{p_0(x_1^0, x_2^0)} = \frac{r_1k_1 - r_1\sigma_1k_2}{(1 - \sigma_1\sigma_2)k_1} + \frac{r_2k_2 - r_2\sigma_2k_1}{(1 - \sigma_1\sigma_2)k_2}$$

$$q = |\boldsymbol{A}| = \begin{vmatrix} \frac{r_1k_1 - r_1\sigma_1k_2}{(\sigma_1\sigma_2 - 1)k_1} & \frac{r_1\sigma_1(k_1 - \sigma_1k_2)}{(\sigma_1\sigma_2 - 1)k_1} \\ \frac{r_2\sigma_2(k_2 - \sigma_2k_1)}{(\sigma_1\sigma_2 - 1)k_2} & \frac{r_2k_2 - r_2\sigma_2k_1}{(\sigma_1\sigma_2 - 1)k_2} \end{vmatrix}$$

$$= \frac{r_1r_2(1 + \sigma_1\sigma_2)}{1 - \sigma_1\sigma_2} - \frac{r_1r_2(k_1^2\sigma_2 + k_2{}^2\sigma_1)}{(1 - \sigma_1\sigma_2)k_1k_2}$$

由于系数矩阵较为复杂，很难直接求解，因此将其在 $N\left(\frac{\sigma_1k_2 - k_1}{\sigma_1\sigma_2 - 1}, \frac{\sigma_2k_1 - k_2}{\sigma_1\sigma_2 - 1}\right)$ 进行线性化处理，并求出其特征方程为：

$$|\lambda \boldsymbol{I} - \boldsymbol{A}| = \begin{pmatrix} \lambda - \frac{r_1k_1 - r_1\sigma_1k_2}{(\sigma_1\sigma_2 - 1)k_1} & \frac{r_1\sigma_1(k_1 - \sigma_1k_2)}{(\sigma_1\sigma_2 - 1)k_1} \\ \frac{r_2\sigma_2(k_2 - \sigma_2k_1)}{(\sigma_1\sigma_2 - 1)k_2} & \lambda - \frac{r_2k_2 - r_2\sigma_2k_1}{(\sigma_1\sigma_2 - 1)k_2} \end{pmatrix} = \lambda^2 + p\lambda + q$$

$$= \lambda^2 + \frac{r_1k_2(k_1 - \sigma_1k_2) + r_2k_1(k_2 - \sigma_2k_1)}{(1 - \sigma_1\sigma_2)k_1k_2}\lambda + \frac{r_1r_2(k_2 - \sigma_2k_1)(k_1 - \sigma_1k_2)}{(1 - \sigma_1\sigma_2)k_1k_2}$$

方程判别式为：

$$\Delta = p^2 - 4q$$

$$= \frac{[r_1(1 - \sigma_1\frac{k_2}{k_1}) - r_2(1 - \sigma_2\frac{k_1}{k_2})]^2 + 4r_1r_2\sigma_1\sigma_2(1 - \sigma_1\frac{k_2}{k_1})(1 - \sigma_2\frac{k_1}{k_2})}{(1 - \sigma_1\sigma_2)^2}$$

根据韦达定理：

$$\lambda_1 + \lambda_2 = -\frac{r_1k_2(k_1 - \sigma_1k_2) + r_2k_1(k_2 - \sigma_2k_1)}{(1 - \sigma_1\sigma_2)k_1k_2}$$

$$\lambda_1\lambda_2 = \frac{r_1r_2(k_2 - \sigma_2k_1)(k_1 - \sigma_1k_2)}{(1 - \sigma_1\sigma_2)k_1k_2}$$

根据表4－2，得出以下结论：

因为$r_1 > 0, r_2 > 0, k_1 > 0, k_2 > 0, \sigma_1 > 0, \sigma_2 > 0$，因此当$k_1 - \sigma_1k_2 > 0, k_2 - \sigma_2k_1 > 0, 1 - \sigma_1\sigma_2 > 0$，即$\sigma_1 < \frac{k_1}{k_2}$，$\sigma_2 < \frac{k_2}{k_1}$，$\sigma_1\sigma_2 < 1$时，满足$\Delta > 0, \lambda_1 \neq \lambda_2, \lambda_1 + \lambda_2 < 0, \lambda_1\lambda_2 > 0$，即$\lambda_1 < \lambda_2 < 0$时，$N\left(\frac{\sigma_1k_2 - k_1}{\sigma_1\sigma_2 - 1}, \frac{\sigma_2k_1 - k_2}{\sigma_1\sigma_2 - 1}\right)$为稳定点，图4－8中的（d）属于这种情况；其他情况$N\left(\frac{\sigma_1k_2 - k_1}{\sigma_1\sigma_2 - 1}, \frac{\sigma_2k_1 - k_2}{\sigma_1\sigma_2 - 1}\right)$则表现出不稳定状态。

通过对上述平衡点稳定性分析，结合图4－8对其进行总结。由于现在已经告别了垄断时代，企业间的竞争已无法使所有竞争对手都倒闭而独活，图4－8中（a）（b）（c）平衡点虽然具有稳定性，但平衡点都体现在某一个企业的生存而使其他企业无法生存：（a）是B企业生存，A企业倒闭；（b）是A企业生存，B企业倒闭；（c）是或者A企业生存，B企业倒闭，或者B企业生存，A企业倒闭。因此这种稳定性在实际物流产业成长中是不符合现实意义的，只有（d）平衡点的稳定性具有现实意义，即在物流产业成长中，企业间的竞争通过对对方生态位的掠夺和占有而实现竞争共生、平衡共处。

②合作状态下平衡点的稳定性。

A. $p_1(0,0)$ 的稳定性。

系数矩阵为：

$$\boldsymbol{A}=\begin{pmatrix} f_{x_1} & f_{x_2} \\ g_{x_1} & g_{x_2} \end{pmatrix}\Bigg| p_0(x_1^0,x_2^0)=\begin{pmatrix} r_1-\dfrac{2r_1x_1}{k_1}+\dfrac{\sigma_1 r_1 x_2}{k_1} & \dfrac{\sigma_1 r_1 x_1}{k_1} \\ \dfrac{\sigma_2 r_2 x_2}{k_2} & r_2-\dfrac{2r_2x_2}{k_2}+\dfrac{\sigma_2 r_2 x_1}{k_2} \end{pmatrix}$$

$$=\begin{pmatrix} r_1 & 0 \\ 0 & r_2 \end{pmatrix}$$

特征方程系数为：

$$p=-(f_{x_1}+g_{x_2})\,|\,p_0(x_1^0,x_2^0)=-r_1-r_2$$

$$q=|\boldsymbol{A}|=\begin{vmatrix} r_1 & 0 \\ 0 & r_2 \end{vmatrix}=r_1r_2$$

特征根为：

$$\lambda_1=\frac{1}{2}(-p+\sqrt{p^2-4q})=r_1$$

$$\lambda_2=\frac{1}{2}(-p-\sqrt{p^2-4q})=r_2$$

根据表4－2，得出以下结论：

由于 $\lambda_1=r_1>0,\lambda_2=r_2>0,p<0,q>0$ ，因此在任何情况下 $p_1(0,0)$ 都不稳定。

B. $p_2(k_1,0)$ 的稳定性。

系数矩阵为：

$$\boldsymbol{A}=\begin{pmatrix} f_{x_1} & f_{x_2} \\ g_{x_1} & g_{x_2} \end{pmatrix}\Bigg| p_0(x_1^0,x_2^0)=\begin{pmatrix} r_1-\dfrac{2r_1x_1}{k_1}+\dfrac{\sigma_1 r_1 x_2}{k_1} & \dfrac{\sigma_1 r_1 x_1}{k_1} \\ \dfrac{\sigma_2 r_2 x_2}{k_2} & r_2-\dfrac{2r_2x_2}{k_2}+\dfrac{\sigma_2 r_2 x_1}{k_2} \end{pmatrix}=\begin{pmatrix} -r_1 & \sigma_1 r_1 \\ 0 & r_2+\dfrac{\sigma_2 r_2 k_1}{k_2} \end{pmatrix}$$

特征方程系数为：

$$p=-(f_{x_1}+g_{x_2})\Big| p_0(x_1^0,x_2^0)=r_1-r_2-\frac{\sigma_2 r_2 k_1}{k_2}$$

$$q=|\boldsymbol{A}|=\begin{vmatrix} -r_1 & \sigma_1 r_1 \\ 0 & r_2+\dfrac{\sigma_2 r_2 k_1}{k_2} \end{vmatrix}=-r_1r_2\left(\frac{\sigma_2 k_1}{k_2}+1\right)$$

其特征根为：

$$\lambda_1 = \frac{1}{2}(-p + \sqrt{p^2 - 4q}) = r_2 + \frac{k_1 \sigma_2 r_2}{k_2}$$

$$\lambda_2 = \frac{1}{2}(-p - \sqrt{p^2 - 4q}) = -r_1$$

根据表4-2，得出以下结论：

因为$r_1 > 0$，$-r_1 < 0$，$\lambda_2 < 0 < \lambda_1$，$q < 0$，因此$p_2(k_1,0)$为鞍点，呈现不稳定状态。

C. $p_3(0,k_2)$的稳定性。

系数矩阵为：

$$\boldsymbol{A} = \begin{pmatrix} f_{x_1} & f_{x_2} \\ g_{x_1} & g_{x_2} \end{pmatrix} \Bigg| p_0(x_1^0,x_2^0) = \begin{pmatrix} r_1 - \frac{2r_1x_1}{k_1} + \frac{\sigma_1 r_1 x_2}{k_1} & \frac{\sigma_1 r_1 x_1}{k_1} \\ \frac{\sigma_2 r_2 x_2}{k_2} & r_2 - \frac{2r_2x_2}{k_2} + \frac{\sigma_2 r_2 x_1}{k_2} \end{pmatrix}$$

$$= \begin{pmatrix} r_1 + \frac{\sigma_1 r_1 k_2}{k_1} & 0 \\ \sigma_2 r_2 & -r_2 \end{pmatrix}$$

特征方程系数为：

$$p = -(f_{x_1} + g_{x_2}) \Big| p_0(x_1^0,x_2^0) = -r_1 + r_2 - \frac{\sigma_1 r_1 k_2}{k_1}$$

$$q = |\boldsymbol{A}| = \begin{vmatrix} r_1 + \frac{\sigma_1 r_1 k_2}{k_1} & 0 \\ \sigma_2 r_2 & -r_2 \end{vmatrix} = -r_1 r_2 (\frac{\sigma_1 k_2}{k_1} + 1)$$

特征根为：

$$\lambda_1 = \frac{1}{2}(-p + \sqrt{p^2 - 4q}) = r_1 + \frac{k_2 \sigma_1 r_1}{k_1}$$

$$\lambda_2 = \frac{1}{2}(-p - \sqrt{p^2 - 4q}) = -r_2$$

根据表4-2，得出以下结论：

因为$r_2 > 0$，$-r_2 < 0$，$\lambda_2 < 0 < \lambda_1$，$q < 0$，因此$p_3(0,k_2)$为鞍点，呈现不稳定状态。

D. $N\left(\frac{\sigma_1 k_2+k_1}{1-\sigma_1\sigma_2},\frac{\sigma_2 k_1+k_2}{1-\sigma_1\sigma_2}\right)$ 的稳定性。

系数矩阵为：

$$\boldsymbol{A}=\begin{pmatrix} f_{x_1} & f_{x_2} \\ g_{x_1} & g_{x_2} \end{pmatrix}\Bigg|_{p_0(x_1^0,x_2^0)}=\begin{pmatrix} r_1-\frac{2r_1x_1}{k_1}+\frac{\sigma_1 r_1 x_2}{k_1} & \frac{\sigma_1 r_1 x_1}{k_1} \\ \frac{\sigma_2 r_2 x_2}{k_2} & r_2-\frac{2r_2x_2}{k_2}+\frac{\sigma_2 r_2 x_1}{k_2} \end{pmatrix}$$

$$=\begin{pmatrix} \frac{r_1k_1+r_1\sigma_1k_2}{(\sigma_1\sigma_2-1)k_1} & \frac{r_1\sigma_1(k_1+\sigma_1k_2)}{(1-\sigma_1\sigma_2)k_1} \\ \frac{r_2\sigma_2(k_2+\sigma_2k_1)}{(1-\sigma_1\sigma_2)k_2} & \frac{r_2k_2+r_2\sigma_2k_1}{(\sigma_1\sigma_2-1)k_2} \end{pmatrix}$$

特征方程系数为：

$$p=-(f_{x_1}+g_{x_2})\Big|_{p_0(x_1^0,x_2^0)}=\frac{r_1k_1+r_1\sigma_1k_2}{(1-\sigma_1\sigma_2)k_1}+\frac{r_2k_2+r_2\sigma_2k_1}{(1-\sigma_1\sigma_2)k_2}$$

$$q=|\boldsymbol{A}|=\begin{vmatrix} \frac{r_1k_1+r_1\sigma_1k_2}{(\sigma_1\sigma_2-1)k_1} & \frac{r_1\sigma_1(k_1+\sigma_1k_2)}{(1-\sigma_1\sigma_2)k_1} \\ \frac{r_2\sigma_2(k_2+\sigma_2k_1)}{(1-\sigma_1\sigma_2)k_2} & \frac{r_2k_2+r_2\sigma_2k_1}{(\sigma_1\sigma_2-1)k_2} \end{vmatrix}=\frac{r_1r_2(1+\sigma_1\sigma_2)}{1-\sigma_1\sigma_2}+\frac{r_1r_2(k_1^2\sigma_2+k_2^2\sigma_1)}{(1-\sigma_1\sigma_2)k_1k_2}$$

由于系数矩阵较为复杂，很难直接求解，因此将其在 $N\left(\frac{\sigma_1 k_2+k_1}{1-\sigma_1\sigma_2},\frac{\sigma_2 k_1+k_2}{1-\sigma_1\sigma_2}\right)$ 进行线性化处理，并求出其特征方程为：

$$|\lambda\boldsymbol{I}-\boldsymbol{A}|=\begin{pmatrix} \lambda-\frac{r_1k_1+r_1\sigma_1k_2}{(\sigma_1\sigma_2-1)k_1} & \frac{r_1\sigma_1(k_1+\sigma_1k_2)}{(1-\sigma_1\sigma_2)k_1} \\ \frac{r_2\sigma_2(k_2+\sigma_2k_1)}{(1-\sigma_1\sigma_2)k_2} & \lambda-\frac{r_2k_2+r_2\sigma_2k_1}{(\sigma_1\sigma_2-1)k_2} \end{pmatrix}=\lambda^2+p\lambda+q$$

$$=\lambda^2+\frac{r_1k_2(k_1+\sigma_1k_2)+r_2k_1(k_2+\sigma_2k_1)}{(1-\sigma_1\sigma_2)k_1k_2}\lambda+\frac{r_1r_2(k_2+\sigma_2k_1)(k_1+\sigma_1k_2)}{(1-\sigma_1\sigma_2)k_1k_2}$$

方程判别式为：

$$\boldsymbol{\Delta}=p^2-4q$$

$$=\frac{\left[r_1\left(1+\sigma_1\frac{k_2}{k_1}\right)-r_2\left(1+\sigma_2\frac{k_1}{k_2}\right)\right]^2+4r_1r_2\sigma_1\sigma_2\left(1+\sigma_1\frac{k_2}{k_1}\right)\left(1+\sigma_2\frac{k_1}{k_2}\right)}{(1-\sigma_1\sigma_2)^2}$$

根据韦达定理：

$$\lambda_1 + \lambda_2 = -\frac{r_1k_2(k_1 + \sigma_1k_2) + r_2k_1(k_2 + \sigma_2k_1)}{(1 - \sigma_1\sigma_2)k_1k_2}$$

$$\lambda_1\lambda_2 = \frac{r_1r_2(k_2 + \sigma_2k_1)(k_1 + \sigma_1k_2)}{(1 - \sigma_1\sigma_2)k_1k_2}$$

根据表4－2，得出以下结论：

因为$r_1 > 0, r_2 > 0, k_1 > 0, k_2 > 0, \sigma_1 > 0, \sigma_2 > 0$，因此当$1 - \sigma_1\sigma_2 > 0$，即$\sigma_1\sigma_2 < 1$时，满足$\Delta > 0, \lambda_1 \neq \lambda_2, \lambda_1 + \lambda_2 < 0, \lambda_1\lambda_2 > 0$，即$\lambda_1 < \lambda_2 < 0$时，$N(\frac{\sigma_1k_2 + k_1}{1 - \sigma_1\sigma_2}, \frac{\sigma_2k_1 + k_2}{1 - \sigma_1\sigma_2})$为稳定点，图4－11属于这种情况。

通过对上述平衡点稳定性分析，我们从图4－11可以看出对于企业（产业）合作来说，仅有一点平衡点具有稳定性，即企业（产业）的发展依赖于对方的发展水平及程度，这种合作共生是最为合理也是最适宜物流产业成长的合作模式。

4.4.2 物流产业成长的稳定机制模型

物流产业成长的稳定性依赖于物流系统的稳定性，即物流企业数量的稳定、企业间合作的稳定、产业内各要素互动的稳定、产业间合作的稳定及整个物流系统与外界环境的平衡。稳定性是物流产业成长的基本条件，没有稳定的成长机制及成长环境，物流产业是不可能成长发展的，从4.3.1的分析可以看出物流产业成长的稳定是有临界值及临界范围的，即阈值点及阈值带。这种稳定是动态的稳定，物流产业的成长过程就是稳定—打破稳定—稳定的循环过程，这种循环也使物流产业成长阶段不断变化。稳定性既包括竞争的稳定性，又包括合作的稳定性，即企业（产业）都是处于竞争共生或合作共生的状态，竞争与合作是辩证统一体，合作中既有竞争，竞争中也存在合作，而合作式的竞争也成为未来竞争的主流。从数学模型的分析中可以看出不管是竞争还是合作都只有一个具有现实意义的稳定点，即双方相互妥协，相互促进，最终实现双赢。综上，物流产业成长的稳定性机制如图4－16所示。

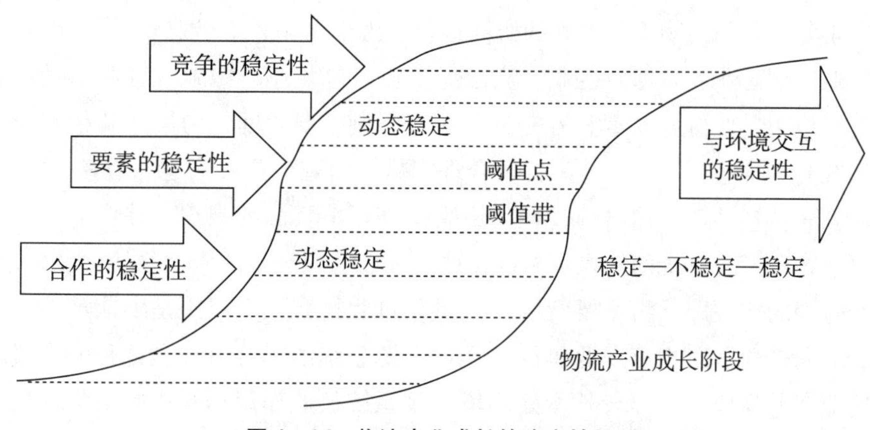

图4－16　物流产业成长的稳定性机制

4.5　物流产业成长的协同进化机制及模型

物流产业成长的最终目标就是实现进化，使其向更高层次、更适应环境的方向发展。这个向层次更高、功能更全、系统更稳定发展的过程称为物流产业的进化。进化是物流产业成长过程的体现，物流产业的进化与其内部企业间、要素间的协同有密切关系。本小节将对物流产业成长的协同进化机制及模型进行探讨，明确协同进化机制对物流产业成长的重要作用。

4.5.1　物流产业成长协同进化的内涵

20世纪70年代德国物理学家赫尔曼·哈肯提出协同理论（李湘洲，1997)。与生物学中的协同进化类似，物流产业成长的协同进化是产业内各企业间、各要素间及产业与环境间在成长过程中相互适应、相互协调、相互磨合的进化过程。之所以称其为协同进化，主要是因为物流产业成长是朝着共赢及可持续发展方向行进的。虽然有学者认为进化的变化因素不断改变，其发展方向难以确定，但其协同进化的方向主要取决于各组成部分的作用机制（钟远平、王冰松，2009)。物流产业成长的协同进化是向“有益”方向发展的，即物流产业内的各企业、各要素及产业与环境间相互推动、相互协作、相互融合，形成具有可持续发展性、稳定性、高效性的良性循环态势。物流产业成长的协同进化可以从三个层次进行分析，第一个层次是企业（产业）层的协同进化，可以理解为物流企业间（物流产业与其他关联产业间）的竞争共生与合作共生，这个层面的协同进化机制可以理解为竞合机制；第二个层次是各产业化的物流要素间的协同进化，由于物流各子产业要素（运输业、仓储业、配送业、装卸搬运业、流通加工业、包装业、物流信息业）间的效益背反作用，使得各要素相互制约，相互限制，要素间的协同进化依赖于物流系统对于这些要素的有效配置及合理安排，物流产业系统是一个有机整体，在输入—转换处理—输出的过程中不断受到环境资源的制约，并形成反馈机制，使物流产业系统的输入不断进行调整，以适应环境要素及系统演化需求，这个过程的实现即是物流要素的协同进化过程；第三个层次是物流产业与环境的协同进化，即物流产业集群与环境资源系统的耦合过程，这种耦合过程使物流产业在成长过程与其所处环境资源系统彼此作用相互影响，最终实现融合的过程。

由于第一个层次——企业间的协同进化机制（竞合机制）已经在4.3.3中进行了详细的阐述，这里不再赘述，本节重点介绍第二个层次（物流产业各要素间的协同进化）及第三个层次（物流产业集群与环境资源系统的协同进化）。

4.5.2 物流产业内各要素间的协同进化

1. 关联度、自进化、关联进化与协同进化

在对物流产业内各要素间的协同进化进行分析时需要特别强调的是各要素间的关联度及关联进化与协同进化有着非常密切的关系。关联度为事物之间的相关关系及相关程度。物流产业内要素包括运输、仓储、配送、装卸搬运、流通加工、包装和信息处理七大主要功能，其中的运输、仓储是最为基本也是最为重要的要素，其他的相关要素是以运输和仓储为基础进行的延伸活动。装卸搬运作为伴生性活动，在运输中转、仓储、配送等各环节起到连接作用；流通加工是伴随仓储活动实现的分割计量分拣等活动，是对仓储活动的补充性活动；包装在运输仓储中起到保护产品的作用；信息处理是各要素间沟通的桥梁，是信息交互传递的重要手段。物流产业内各要素是以运输、仓储为核心，以其他要素为延展的高度关联体。这种高度关联体中的要素间存在着背反关系，每一种要素的变化都会使其他要素发生改变，从而影响其自身的运作，但从另一角度来说，这种关联度又促使物流产业内各要素间相互协作，最终实现整合，形成协同进化。

自进化是各要素在物流产业成长中表现出来的自我进步与自我提升。关联进化是各要素间在关联过程中实现的发展升级，也就是说物流产业在成长过程中各要素是朝着更高级的方向不断发展的，这种更高级的方向是节约绿

色的方向、高效节能的方向、可持续发展的方向，而这种升级是在各要素相互关联、相互作用的基础上实现的，协同进化的基础是关联进化。关联进化的实现过程并非要素间的简单累加和作用，而是一个复杂漫长的过程，在这个过程中自进化也会影响到关联进化的状态和速度，物流产业各要素的协同进化是自进化与关联进化同时作用的结果，这两种进化机制作用形成了物流产业各要素间的协同进化机制。

2. 各要素的自进化机制

物流产业内各要素必须实现不断的自进化，以适应物流产业不断成长的要求。物流产业属于服务性行业，其成长速度必须要与经济社会发展相匹配，才能使经济社会发展处于平衡状态，而现实中由于区域发展的不平衡，往往使物流产业的成长与其所处经济社会环境无法匹配，而这种不匹配、不均衡成为物流产业内各要素自进化的动力。除此之外，一些外界因素，如技术因素等也使各要素实现高效运作，这些因素也成为物流产业各要素自进化的一种重要表现。

3. 各要素间的关联进化机制

除了物流产业各要素的自进化之外，各要素间的关联进化也是物流产业协同进化的重要原因，表现为物流产业内某个要素的自进化对其他要素提出更高的需求，进而促进其他要素的进化。如轻巧包装需要尽量发展直达运输，或在运输过程中减少中转，对于仓储来说则需要减少装卸搬运的次数，提高仓储作业的精准性，避免重复作业，以保证包装的完好性。当包装这个要素实现自进化的同时，对运输仓储要素也提出了更高的要求，促进这两个要素的进化，这种进化作用称之为关联进化。关联进化既包含空间维度，也包含时间维度，上述例子很好地说明了关联进化的空间维度。时间维度反映的是各要素在不同时间点的进化状态，如某一时期某地区的运输业发展速度迅猛，但该地区的仓储业较为落后，运输的货物无法进行储存，一方面运输业会给仓储业造成巨大压力；另一方面，仓储的落后也反过来制约运输的发展。两种要素的状态不匹配时，会出现两种结果，一种是运输业越来越发达，而仓储业在发展中无法适应运输业的发展，使两种产业发展不平衡；另一种是资源向仓储业倾斜，大力发展仓储业，经过一段时间使运输业和仓储业的发展趋于平衡。不论哪一种结果，从长期进化的角度来说，都属于不平衡发展，影响进化的速度与进程。因此，物流产业各要素间的关联进化是时间维度和空间维度共同作用的结果，是各要素间不断交互的动态过程。

4. 各要素间关联度的数学模型

根据邓聚龙教授提出的灰色关联分析的基本原理（Deng Julong，1989），构建物流产业各要素间关联度数学模型：

$$\xi_{ik} = \frac{\min_i \min_k |X_{0k} - X_{ik}| + \rho \max_i \max_k |X_{0k} - X_{ik}|}{|X_{0k} - X_{ik}| + \rho \max_i \max_k |X_{0k} - X_{ik}|} \quad (i = 1,2,\cdots,m;k = 1,2,\cdots,n)$$

其中，ξ_{ik} 为关联系数，X_0 为参数数列，$X_0 = (X_{01},X_{02},\cdots,X_{0n})$，$X_i$ 为比较数列，$X_i = (X_{i1},X_{i2},\cdots,X_{in})(i = 1,2,\cdots,m)$，$\rho$ 是分辨系数，$\rho \in [0,1]$，通常 $\rho = 0.5$（吕锋，1997）。

则关联度 r_i：

$$r_i = \frac{1}{n}\sum_k^n \xi_{ik}$$

本书中 X_0 为物流产业某要素，X_i 为其他要素，$X_0 = (X_{01},X_{02},\cdots,X_{0n})$、$X_i = (X_{i1},X_{i2},\cdots,X_{in})$ 分别为各要素参数数列和比较数列相对应的指标，如物流量在运输中体现为货运量，在仓储中体现为货物周转量。以此类推，可以计算出其他六个要素与另一个要素之间的关联度，重复计算，得到两两物流要素的关联度，就可以了解物流产业成长中各要素间的关联程度。

5. 物流产业各要素间协同进化效应

在物流产业成长过程中，各要素间的协同进化是产业成长的重要途径，协同进化的过程是融合适应的过程，在各要素相互磨合、相互调整的协同进化过程中能产生不同效应。

（1）1+1>2 效应。物流产业各要素的协同并非要素的简单累加和重叠，而是在协同进化机制下的有机融合，其各要素的功能作用也非要素功能的简单累积和聚集，而表现为各功能要素的放大作用，产生 1+1>2 效应，即产业内各要素功能的整合作用远超过每个要素功能作用之和。产生这种效应并非偶然，而有其深刻的内在原因。首先，物流产业各要素是在系统之内，存在着相互影响、相互作用，可以产生各要素独立存在时所不能产生的功能作用；其次，物流产业各要素间有较强的关联度，虽然有背反关系，但也存在促进关系，某个功能的运行必然会引起其他功能的联动，联动效应体现为一体化的物流功能作用；最后，物流产业内各要素的协同进化使物流服务更为专业化，市场需求的不断改变使物流产业必须及时调整响应，需求的多样性、复杂性、广泛性对物流服务提出更高的要求，通过整合物流服务提供整体解决方案，这一点单个物流功能要素是无法满足的。

（2）融合效应。物流产业的各要素在协同进化的进程中不断相互适应，相互融合。融合不仅是各功能的无缝链接，更表现为功能的融合，各功能要素不断向其他要素进行扩展延伸，如很多仓储中心都逐渐转换为带有流通加工功能的配送中心，使仓储作业、流通加工作业、配送作业相互融合。包装作业也不断向仓储、流通加工作业中渗透。信息要素始终伴随着物流各功能要素，有功能要素的作业，就会产生相应的物流功能信息，这种信息贯穿于物流产业各要素间，使各要素有机地整合在一起。

（3）鲶鱼效应。物流产业各要素间在协同进化过程中产生的鲶鱼效应，主要体现在某一要素在运作过程中对其他要素有带动激励作用，如运输与仓储活动对装卸搬运活动是有带动和激发作用的，由于有了运输和仓储，使装卸搬运活动成为可能，这种激发并非简单的带动，而是促进和推动。在每个物流产业系统中，那个最为活跃的要素我们可以看成是“鲶鱼”，由于它的活跃性推动其他要素也充满活力，使最终的物流产业系统处于积极、频繁的活动状态，保持物流产业持续不断的成长性。

4.5.3 物流产业与环境的协同进化

物流产业系统是一个开放性系统，其成长过程是与周围环境耦合的过程。物流产业与环境资源系统的协同进化可以看成是物流产业对环境的适应过程。适应性需要经过许多次的进化历练，协同进化过程就是持续改进的过程，物流产业应具备适应环境的持续改进能力，即与环境持续协同进化的能力。

1. 物流产业与环境的关系

物流产业成长的环境分为自然生态环境与其他环境，这两种环境对于物流产业的成长都有十分显著的影响。

（1）物流产业与自然生态环境。随着物流产业成长进程的加快，物流产业与自然生态环境的互动越来越频繁，物流活动对其影响也越来越大，自然生态环境对物流产业的反作用也日益明显。

①物流产业对自然生态环境的影响。20 世纪 70 年代，随着“第三利润源”学说的提出，各国对物流产业越来越重视，很多国家为了获得更多利润，开始将更多的资源向物流产业倾斜，使物流产业迅速成长起来。

在物流产业成长的同时，不可避免地带来诸多环境问题，这些问题既包括物流活动对于环境的直接影响，又包括物流战略与决策导致的环境污染问题（李怀政，2008）。物流活动中的运输活动在消耗能源的同时造成的尾气排放、噪声污染，不可降解的包装废弃物、过度包装等也造成环境的污染；为了提高物流效率与效益，一些物流战略与物流决策也增加了物流流程环节，使得自然生态环境遭到严重破坏，以至于人们在发展物流产业的同时开始思考环境问题，如前所述的生态化需求就是基于物流产业提出的。

②自然生态环境对物流产业的影响。自然生态环境对物流产业的影响主要分为两类，第一类是较为明显的环境改变对物流产业的影响，如天气原因导致的物流活动无法持续进行，以水路运输、航空运输最为明显，或不同地区气候会对物流活动造成一定限制，如仓库选址就要考虑到温度、湿度等一系列天气因素；第二类影响并非像物流产业对自然生态环境影响那么明显，这种影响往往是隐性的、持续的，如资源、能源过度开发，使能源逐渐减少，资源价值上升，导致物流成本上升，或自然生态环境被严重破坏后无法自我修复调整，就会制约物流产业的成长。

（2）物流产业与其他环境。相比自然环境来说，物流产业与其他环境的关系更为密切，也更为复杂，因为其他环境范围更广泛，包括经济环境、政策环境、社会环境等。这些环境与物流产业的交互更为频繁，也更为普遍。国内诸多学者对物流产业与经济的关系进行研究，并得出物流产业发展与经济增长相互促进，呈正相关关系的结论。国内外物流发展的经验也说明了物流发展与一个国家的经济总量和经济发展水平成正比。政策环境使物流产业快速成长成为可能，物流业相关政策的出台与落实是引导行业健康发展的重要手段。多种环境的共同作用使物流产业在成长过程中的形态、结构、阶段都发生潜移默化的改变，物流产业的成长是几种环境催化的结果。

2. 物流产业—环境系统的协同度模型

物流产业成长与环境的协同进化体现为相互适应、相互促进的过程，我们可以用定量的方法对物流产业与环境协同进化的程度进行度量，称之为协同度，协同度反映了物流产业与环境之间的契合程度、协调程度及适应程度。本书借鉴孟庆松、韩文秀的系统有序度模型及复合系统协调度模型对物流产业及环境两个子系统的有序度和协同度进行分析（孟庆松、韩文秀，1999）。

（1）物流产业与环境的子系统有序度模型。假设系统 $Z_i, i \in [1,k]$ 为复合系统 $Z = f(Z_1, Z_2, \cdots, Z_k)$ 的子系统，为子系统 Z_i 引入序参量（对协同的贡献）$e_{ij} = (e_{i1}, e_{i2}, \cdots, e_{in})$，其中 $n > 1, \beta_{ij} < e_{ij} < \alpha_{ij}, j \in [1,n]$。存在对有序度起正向作用的序参量 $e_{ij} = (e_{i1}, e_{i2}, \cdots, e_{im})$，其取值越大，系统的有序度越高，$e_{ij} = (e_{i1}, e_{i2}, \cdots, e_{im})$ 取值越小，系统的有序度越低；假设存在对有序度起负作用的序参量 $e_{ij} = (e_{im+1}, e_{i2}, \cdots, e_{in})$，其取值越大，系统的有序程度越低，$e_{ij} = (e_{im+1}, e_{i2}, \cdots, e_{in})$ 取值越低，系统的有序程度越高，则系统 Z_i 的有序度为：

$$u_i(e_{ij}) = \begin{cases} \dfrac{e_{ij} - \beta_{ij}}{\alpha_{ij} - \beta_{ij}}, j \in [1,m] \\ \dfrac{\alpha_{ij} - e_{ij}}{\alpha_{ij} - \beta_{ij}}, j \in [m+1,n] \end{cases} \tag{4-33}$$

其中，$u_i(e_{ij}) \in [0,1]$，值越大，则 e_{ij} 对系统有序度贡献就越大，采用线性加权法对 $u_i(e_{ij})$ 进行集成，集成后的结果反映了序参量 $e_{ij} = (e_{i1}, e_{i2}, \cdots, e_{in})$ 对系统 Z_i 的总贡献，如式（4-34）所示。

$$u_i(e_i) = \sum_{j=1}^{n} \delta_j u_i(e_{ij}), \delta_j \geq 0, \sum_{j=1}^{n} \delta_j = 1 \tag{4-34}$$

由于协同度模型是对系统间协同进行的测度，而物流产业与环境符合系统特征，这里假设物流产业为系统 w，环境为系统 h，假设系统 w 的序参量为 $e_w = (e_{w1}, e_{w2}, \cdots, e_{wn})$，系统 h 的序参量为 $e_h = (e_{h1}, e_{h2}, \cdots, e_{hn})$，则

$$u_w(e_w) = \sum_{j=1}^{n} \delta_j u_w(e_{wj}), \delta_j \geq 0, \sum_{j=1}^{n} \delta_j = 1$$

$$u_h(e_h) = \sum_{j=1}^{n} \delta_j u_h(e_{hj}), \delta_j \geq 0, \sum_{j=1}^{n} \delta_j = 1, u_w(e_w) \in [0,1], u_h(e_h) \in [0,1]$$

（2）物流产业—环境的复合系统协同度模型。对给定的初始时刻 t_0，系统 w 序参量的系统有序度为 $u_w^0(e_w)$，系统 h 序参量的系统有序度为 $u_h^0(e_h)$，在物流产业与环境的协同进化过程中存在某一时刻 t_1，此时刻系统 w 序参量的系统有序度为 $u_w^1(e_w)$，系统 h 序参量的系统有序度为 $u_h^1(e_h)$，当 $u_w^1(e_w) \geq u_w^0(e_w)$，$u_h^1(e_h) \geq u_h^0(e_h)$ 同时成立，则称物流产业—环境的复合系统从 t_0 到 t_1 的时间段是协同的（孟庆松，1998）。复合系统协

同度模型可表示为：

$$cm = \theta \left[\left| \prod_{i}^{l} \left[u_i^1(e_i) - u_i^0(e_i) \right] \right| \right]^{\frac{1}{k}} \tag{4-35}$$

其中

$$\theta = \frac{\min\limits_{i}[(u_i^1(e_i) - u_i^0(e_i) \neq 0]}{|\min\limits_{i}[(u_i^1(e_i) - u_i^0(e_i) \neq 0]|}, i = 1,2,\cdots,k$$

对于物流产业—环境的复合系统来说，$k = 2$，cm 反映的是物流产业成长过程中与环境的协同进化程度，$cm \in [-1,1]$，其越大，说明物流产业—环境的复合系统协同进化的程度越好，反之则越差，$u_i^1(e_i) - u_i^0(e_i) \in [-1,1]$，表示从 t_0 时刻到 t_1 时刻系统有序度变化的程度。仅当 $u_i^1(e_i) - u_i^0(e_i) > 0$ 时，θ 为正，cm 为正，说明物流产业与环境是相互协调的，若 θ 为负，cm 为负，说明两者在发展过程中不协调，或是物流产业的成长对环境发展产生不利影响，或是环境的发展对物流产业成长产生不利影响。物流产业—环境的复合系统协同度模型从复合系统的子系统序参量的变化入手，反映物流产业及环境这两个子系统变化的同时，对其复合系统的协同度进行判断，对物流产业与环境的协同进化给出了明确的说明。

4.5.4 物流产业成长的协同进化机制模型

物流产业成长过程是通过不断的协同进化得以实现的。这种协同进化机制的形成包括物流企业间、物流企业与其他企业间的竞争与合作，物流产业与其他产业的联动发展，物流产业各要素的关联效应及物流产业与环境的协同。物流企业间及物流产业间的竞争与合作机制实质上是物流产业成长协同进化的一种表现，在竞争与合作的过程中，跨企业（产业）的能量流动和信息交换构成了协同进化链条，在这个链条各个节点上的企业行为（竞争或合作）成为驱动协同进化的推动力。这种推动力使得协同进化链条上的各个物流要素关联度增加，并通过链条进行传递物流信息使物流各要素产生众多效应，这些效应反过来在整合物流各要素的同时，又使企业间或产业间的相关关系更为密切，且向稳定的、协调的、合作的方向发展。在这个过程中，物流产业又与外界环境不断地进行交互，并实现与环境的协同，环境又反作用于物流产业，使物流各企业产业及要素的关系发生改变，具体如图 4－17 所示。

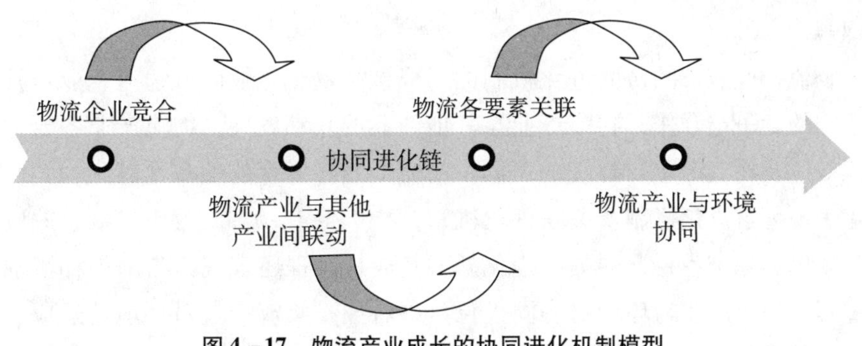

图 4-17 物流产业成长的协同进化机制模型

4.6 本章小结

物流产业成长是动力机制、竞合机制、稳定机制和协同进化机制共同作用的结果。物流产业的动力机制是外生动力和内生动力作用的累加，以创新为主导的内生动力与以生态化需求为主导的外生动力联合在一起产生聚合作用。

竞争和合作是物流企业与企业间及物流产业和产业间的一种动态状态，反映不同企业间与不同产业间的相互关系。在物流产业成长中企业间、产业间竞争与合作是并存的，竞争与合作是辩证统一关系，竞争中有合作，合作中又存在竞争，物流产业的成长就是在竞争中争取合作，在合作中存在竞争这样的双重作用下而实现的。应用 Lotka - Volterra 模型对物流产业成长竞争和合作状态进行描述并计算其相对应的生态位，使竞合机制更为明晰。

物流产业成长的稳定性依赖于物流产业系统的稳定性，即物流企业数量的稳定、企业间合作的稳定、产业内各要素互动的稳定、产业间合作的稳定及整个物流系统与外界环境的平衡。稳定性是物流产业成长的基本条件，稳定性既包括竞争的稳定性，又包括合作的稳定性。在物流产业成长中，稳定性阈值是物流产业成长稳定与不稳定的临界点，往往这种临界是以阈值带体现出来的，物流产业成长的稳定性是动态的，通过各种调节机制实现。应用 logistic 模型对物流产业成长阶段进行分析，得到三个物流产业成长的阈值点，并分析竞争稳定性与合作稳定性，不管是竞争还是合作都只有一个具有现实意义的稳定点，即双方相互妥协，相互促进，最终实现双赢。

物流产业成长的协同进化机制的形成包括物流企业间、物流企业与其他企业间的竞争与合作，物流产业与其他产业的联动发展，物流产业各要素的关联效应及物流产业与环境的协同。物流产业各要素的关联性较强，其协同进化表现为自进化机制及关联进化机制，能产生 1 +1 >2 效应、融合效应及鲶鱼效应。除了各要素的关联进化外，其成长过程还表现为与周围环境耦合的过程，物流产业与环境的协同进化可以看成是物流产业对环境的适应、持续改进的过程，物流产业应具备的是适应环境的持续改进能力，即与环境持续协同进化的能力。

5 我国物流产业成长的实证分析

物流产业是物流资源产业化而形成的一种复合型或聚合型产业。作为我国第三产业中支柱型产业的物流业，已由过去的末端行业上升为引导生产、促进消费、拉动市场经济的先导行业，物流产业的成长状态及速度直接影响其他产业的发展及我国经济的发展。通过第 3 章及第 4 章的分析，明确了物流产业成长的生命周期及成长机制，本章基于前两章的研究结论探讨我国物流产业的成长阶段，对我国物流产业成长阶段、生态位、影响因素及与环境的协同度进行测度。

5.1 我国物流产业成长历程与现状及阶段

"物流"这一概念最早引入我国是在 1978 年，原国家物资总局组织原国家计委、财政部等部门考察日本物流，并写出考察报告，至今已有三十余年。虽然对于"物流"这个名词的引入较晚，但物流活动在我国一直起着很重要的作用，本小节将对我国物流产业的成长历程及现状进行梳理。

5.1.1 我国物流产业成长历程

我国物流产业的成长历经了计划经济的统筹、改革开放的浪潮、新世纪的变迁、加入 WTO 及我国经济的高速增长等多个时期。不同时期物流产业成长所表现出来的特点也不尽相同，具体来说，我国物流产业的成长经历了以下几个阶段。

1. 计划阶段（1949 年 ~20 世纪 70 年代末）

新中国成立以来，我国开始进行社会主义改造，在 20 世纪 50 年代基本建立起了计划经济体制，计划是主要手段，通过政府制订的计划进行资源的有效配置。由于这一时期还未对"物流"有理论上的认识，所以物流行业所表现出来的是物流要素独立存在的状态，物流的各活动也是分别实现的，并没有从系统的角度看待“物流”，也没有形成物流管理的思想和意识，更不明确物流的运行机制。因此在计划经济体制的大背景下，物流活动是依靠计划得以实现的，根据计划调拨物资的供给，根据计划执行交通运输作业，根据计划对物资进行储备。对物流的各活动要素及各环节——运输、仓储、配送、装卸搬运、包装等都须进行统一的管理与控制，物流活动呈现出分散割裂状态，各流通部门有自己独立的体系，都有属于本部门的运输车队、仓储设施，并根据计划进行相应的物流活动。当时建立了许多物资储运公司，如广东省粮油储运公司建于1950年（其前身为省粮食局转运站，1982年改名），上海商业储运有限公司成立于1952年，中国物资储运总公司于20世纪60年代初成立，由原国家经委物资管理总局储运管理局改制建立。这些由流通部门自建的储运公司形成了第三方物流的雏形，可以说此时的物流活动并不能称之为真正的“物流”，而是物流产业形成的萌芽期或初创期。

2. 物流概念引入阶段（20世纪80年代初~80年代末）

对于我国来说1979年是一个转折年份，我国迎来了改革开放的大浪潮，开放政策使经济环境开始转变。随着企业自主权的增加，我国经济发展进入了调整发展期。与此同时，与物流活动紧密相关的流通体制、分配体制也开始改变，各类从事流通的企业从计划经济体制的束缚中解脱出来，开始延伸物流服务，配送中心也开始进行试点工作，形成了第三方物流的雏形。改革开放带来的变化不仅给我国经济的发展带来了新的契机，更为我国物流产业的成长创造了条件。物流的概念引入我国，引起广大学者对物流的广泛兴趣，于是我国学者开始对其进行理论研究。1981年，北京物资学院的王之泰教授在《物资经济研究通讯》上发表《物流浅谈》一文，首次将较为完整的物流概念引入我国；1984年，中国物流研究会在北京成立，是我国第一个物流学术团体；1989年，在北京召开了第八届国际物流会议，主题为“物流革新与社会、经济发展”，同时我国物流也开始进行实践，开启了我国物流理论研究与实践的新篇章。

3. 物流产业形成初期（20世纪90年代初~2000年）

20世纪90年代，我国经济发展步入快速增长期，不断深化的改革开放使我国的经济实力增强，买卖双方关系的转变使市场发生深刻变革。随着需求的多样化，伴随着生产消费的流通领域也开始面临巨大挑战，我国开始重视物流产业的发展，出台多种发展物流的相关政策，加大基础设施建设，鼓励物流企业发展，开发物流技术。1994年，宝供物流企业集团有限公司创建，总部设在广州，是我国国内第一家经国家工商总局批准以物流名称注册的企业集团，第三方物流开始在我国物流产业成长中起到重要作用。1992 年，原国内贸易部提出《关于商品物流（配送）中心发展建设的意见》，并在上海、广东确定了试点企业。1996 年，原国内贸易部草拟了《物流配送中心发展建设规划》，提出了发展建设物流配送中心的指导思想和原则，并以发展现代物流网络为主要发展方向。政策的倾斜、制度的建立、适宜的经济环境为我国物流产业的成长提供了保障，此时的物流产业已经开始形成。

4. 物流产业形成后期（2001 年至今）

进入 21 世纪，加入 WTO 不仅给我国物流产业带来了巨大挑战，同时也带来了无限的机会。国外许多物流企业开始进入中国，将新的物流技术、物流思想、物流模式带到我国，一方面对我国物流产业起到催化作用，促使我国物流产业朝着国际化、标准化的方向发展；另一方面又给我国物流企业带来了前所未有的冲击。我国很多的物流企业由于规模小、服务内容少等原因，在与国外物流公司的竞争中要么被合并，要么倒闭。很多物流企业都是在狭缝中生存，形成了各种形态物流企业的竞争格局。以快递业为例，有国有企业 EMS，有以顺丰为首的民营快递业，有美国的快递巨头 UPS（美国联合包裹服务）、FedEX（联邦快递），在这样的竞争格局下，我国物流企业只有发挥本土优势，提供差异化的服务，不断提高服务水平，才能保持其市场份额。

同时，我国对物流产业的扶持力度也不断加大。2001 年 3 月，原国家经贸委等六部委联合印发《关于加快我国现代物流发展的若干意见》，这是我国第一个促进物流发展的政策性文件。2001 年 4 月，中国物资流通协会更名为中国物流与采购联合会，我国有了综合性物流社团组织，这在我国物流产业成长过程中具有十分重大的意义。2003 年，全国物流标准化技术委员会和全国物流信息标准化技术委员会成立，这也标志着我国物流产业开始向信息化、标准化的方向迈出重要一步。2006 年，在《国民经济和社会发展“十一五”规划纲要》中提出“大力发展现代物流业”，确立了现代物流的产业地位。2009 年，国务院颁布《物流业调整和振兴规划》，推动物流产业的进一步发展，为物流产业的发展提供良好的政策环境。随着我国物流产业的成长，由于体制、管理等诸多问题使一些问题突显出来，最显著的问题就是物流成本居高不下，这一方面造成巨大浪费，与发展节约型社会相悖；另一方面影响物流运作效率，严重阻碍了我国物流产业的成长节奏与速度。2010 年我国物流总费用占 GDP 的比重高达 17.8%，物流成本过高成为经济发展的瓶颈。2011 年，国务院出台促进物流业发展 8 项措施，被称为物流业的“国八条”，这是一次重大政策调整，目的是保证物流产业健康快速的成长。

5.1.2 我国物流产业成长现状

1. 我国物流产业总体运行情况

(1) 社会物流总额。进入 21 世纪以来，我国物流产业的成长速度明显加快，总体规模也快速增长，社会物流总额从 1992 年的 3.91 万亿元增长到 2013 年的 197.8 万亿元，如表 5－1、图 5－1 所示。从图 5－1 可以看出，2002 年是我国物流产业成长的转折点，2002 年以前，我国物流产业成长的速度较为平稳，每年增幅不大，从 2002 年开始，物流产业的成长速度迅猛，每年的增幅基本超过 20%，2010 年比 2009 年增长更高达 29.7%。社会物流总额的快速增长一方面是由于我国经济增长速度快，对物流产业的成长是一种拉动；另一方面是因为国家对物流产业越来越重视，意识到作为“第三利润源”的物流产业对我国的重要性，出台很多相关政策，对物流产业的成长给予支持。

表 5－1　　我国物流产业发展基本情况

年份	社会物流总额（万亿元）	物流业增加值（亿元）	社会物流总费用（亿元）	总费用与 GDP 比例（%）
1992	3.91	2174	6137	23
1993	5.43	2906	7898	22.4
1994	7.92	3654	10338	21.4
1995	10.20	4265	12884	21.2
1996	11.03	4996	14993	21.1
1997	12.37	5398	16667	21.1
1998	12.87	5858	17021	20.2
1999	13.90	6416	17814	19.9
2000	17.06	6887	19230	19.4
2001	19.45	7429	20619	18.8

续 表

年份	社会物流总额（万亿元）	物流业增加值（亿元）	社会物流总费用（亿元）	总费用与 GDP 比例（%）
2002	23. 26	7927	22741	18. 9
2003	29. 55	9112	25695	18. 9
2004	38. 38	10776	30002	18. 8
2005	48. 20	12271	33861	18. 6
2006	59. 60	14120	38414	18. 3
2007	75. 23	16981	45406	17. 6
2008	89. 90	19965	54542	18. 1
2009	96. 65	23078	60800	18. 1
2010	125. 40	27310	70984	17. 8
2011	158. 4	31895	84102	17. 8
2012	177. 3	35483	93702	18
2013	197. 8	39000	102000	18

数据来源：中国物流年鉴，国家统计局网站。

（2）社会物流总费用。从社会物流总费用绝对值来看，2011 年的总费用同比增长率为 18. 5%，2012 年同比增长 11. 4%，2013 年同比增长 8. 9%，总费用的增长速度逐渐放缓，说明我国物流产业总费用在一定程度上得到了较好的控制。但衡量物流产业成长的另一个重要指标是物流总费用占 GDP 比重，这个指标越高，说明每产出 1 单位 GDP 所耗费的物流成本越高，物流运行效率就低下，也体现出这个国家物流产业成长还处于较低层次。我国物流总费用占 GDP 比重如表 5 – 1、图 5 – 2 所示。从图 5 – 2 可以看出，2007 年以前，我国物流总费用占 GDP 比重一直缓慢下降，由最初 1992 年的 23% 下降到 2007 年的 17. 6%，但从 2008 年起，这个指标始终处于 18% 左右。相较美国，2012 年美国这个比值在 8% 左右（钟贤柏，2013），等于说我国这个指标是美国 2 倍多的比例，即同样产出 1 单位 GDP，我国要比美国多花费 1 倍多的物流成本，差距还是十分巨大的。因此，2011 年，我国提出“国八条”，专门针对“物流顽症”，即物流成本居高不下提出了八项具体措施，目的在于有效控制流通过程中物流成本过高的问题。

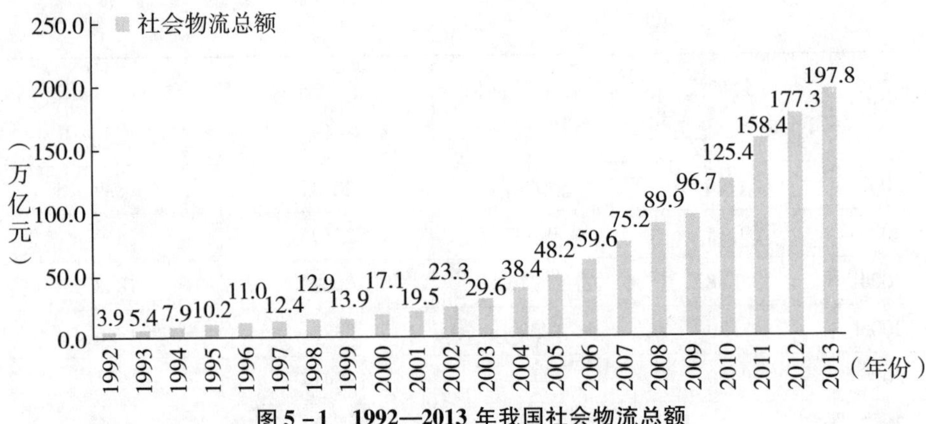

图5-1　1992—2013年我国社会物流总额

数据来源：中国物流年鉴，国家统计局网站。

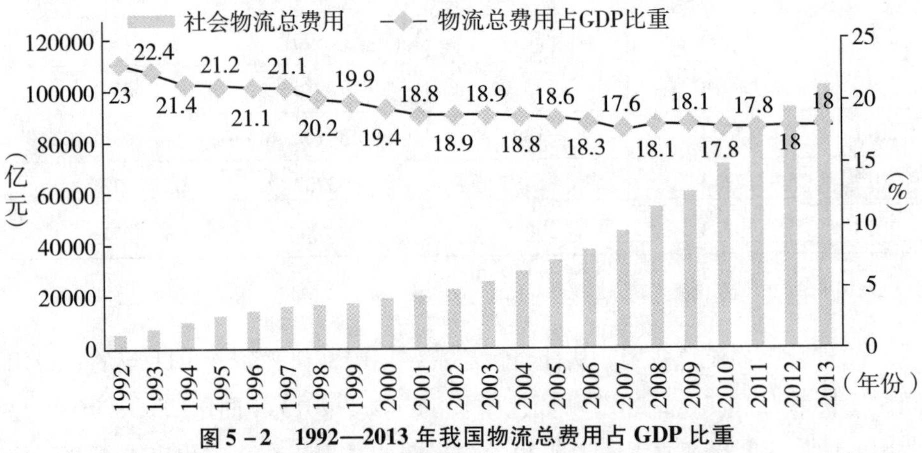

图5-2　1992—2013年我国物流总费用占GDP比重

数据来源：中国物流年鉴，国家统计局网站。

（3）物流业增加值。物流业增加值1992—2013的数据如表5-1所示，图5-3所示，从2006年开始，我国物流业增加值增长幅度较大，平均增速超过10%以上，说明我国物流业运行情况良好，保持较好的增长势头。

2. 我国物流产业能源消耗现状

近年来，我国能源消费总量逐年增长。石油、煤炭等都属于不可再生资源，因此关注能源消耗，是我国发展节约型社会的关键点。我国物流产业属于能源消耗的主要来源，但对物流产业能耗的统计工作起步较晚。根据中国统计局数据，最早的是2000年关于交通运输、仓储和邮政业（简称交仓邮）的数据，由于交仓邮占据物流业较大的比重，可将该值代表物流产业能耗值，如表5-2所示。

表 5－2 我国交通运输、仓储和邮政业能耗情况

年份	能源消费总量（万吨标准煤）	交仓邮能源消费总量（万吨标准煤）	交仓邮煤炭消费总量（万吨）	交仓邮焦炭消费总量（万吨）	交仓邮原油消费总量（万吨）	交仓邮汽油消费总量（万吨）	交仓邮煤油消费总量（万吨）	交仓邮柴油消费总量（万吨）	交仓邮燃料油消费总量（万吨）	交仓邮天然气消费总量（亿立方米）	交仓邮电力消费总量（亿千瓦小时）
2000	145530.86	11241.59	882.24	11.24	175.05	1527.78	535.9	3293.81	850	8.81	281.2
2001	150405.80	11613.11	841.28	11.68	169.81	1564.37	560.69	3421.00	855	10.96	309.32
2002	159430.99	12313.22	851.96	11.44	175.94	1603.50	716.75	3664.81	852.1	16.37	303
2003	183791.82	14116.19	958.34	10.79	148.31	1915.14	741.68	4135.20	940.29	18.82	406.94
2004	213455.99	16642.21	827.99	1.79	123.82	2334.46	919.71	4985.24	1150.45	26.16	449.65
2005	235996.65	18391.01	811.17	1.07	126.87	2430.05	952.42	5890.41	1261.02	38.01	430.34
2006	258676.30	20284.23	769.94	0.85	163.66	2592.36	1010.54	6547.32	1480.61	47.24	467.37
2007	280507.94	21959.18	735.89	0.55	163.66	2613.19	1129.98	7184.37	1759.95	46.88	531.91
2008	291448.29	22917.25	665.41	0.29	165.66	3090.43	1174.59	7649.31	1142.77	71.55	571.82
2009	306647.15	23691.84	640.89	0.14	153.42	2881.59	1314.25	7891.96	1250.64	91.07	617.01
2010	324939.15	26068.47	639.23	0.12	158	3204.93	1601.08	8518.56	1326.65	106.7	734.53
2011	348001.66	28535.50	645.85	0.09	105.4	3373.52	1646.35	9485.20	1345.16	138.35	848.42
2012	361732.00	31524.71	614.26	0.09	119.4	3753.03	1787.09	10727.03	1383.94	154.51	915.37

数据来源：中国统计局。

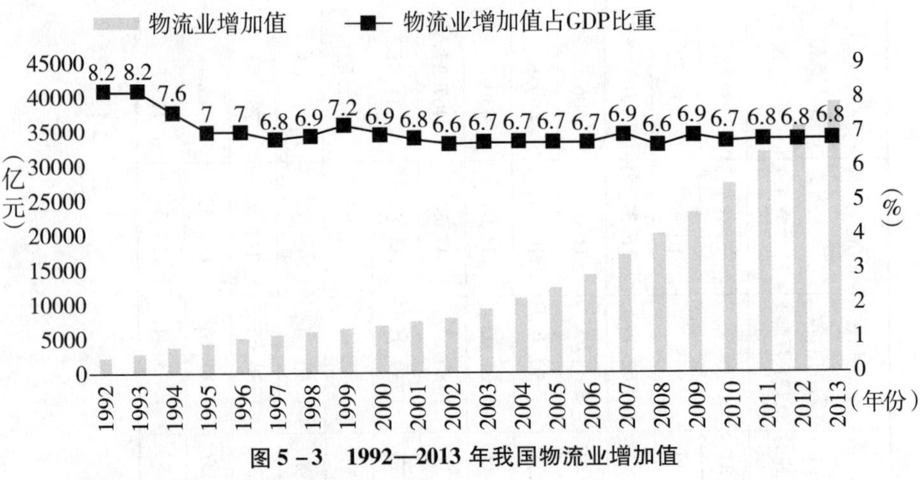

图 5 – 3　1992—2013 年我国物流业增加值

数据来源：中国物流年鉴，国家统计局网站。

（1）物流产业能源消耗总量逐年增长。根据图 5 – 4，交仓邮能耗值逐年增长，而且占我国能源消费总量的比重也在逐年增加，且比重的增长速度在近几年也有明显上涨的趋势，说明物流产业的能耗增长速度过快，能源消耗量过大。

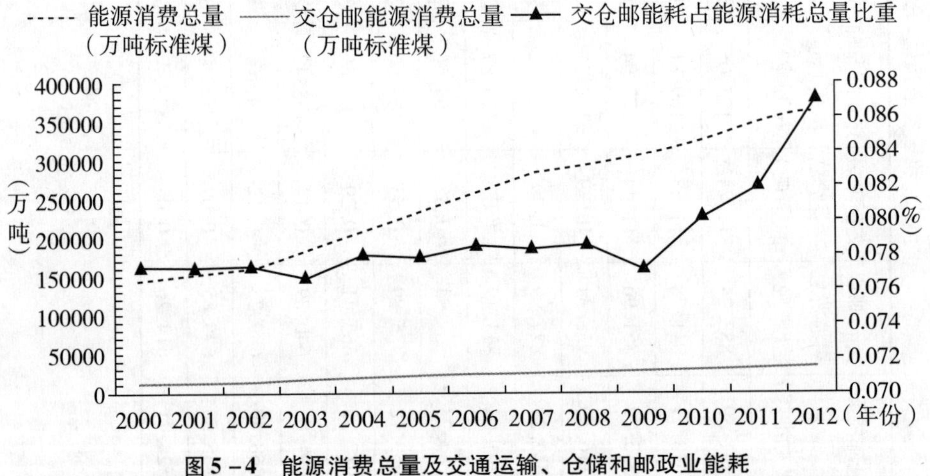

图 5 – 4　能源消费总量及交通运输、仓储和邮政业能耗

（2）各类能源消耗概况。如图 5 – 5 所示，物流产业中能耗最大的属柴油和汽油。由于运输占物流的比重最大，而运输也成为物流产业中能耗最大的活动，柴油的增长趋势明显，增长速度较为平稳。其次是煤油、燃料油、电力，这些能源的消耗量也是逐年平稳上升，随着这些能源消耗量的增长，使得煤炭、焦炭的消耗量逐年减少，原油及天然气的消耗量较小，原油消耗量并不稳定，天然气呈现逐年上升趋势。

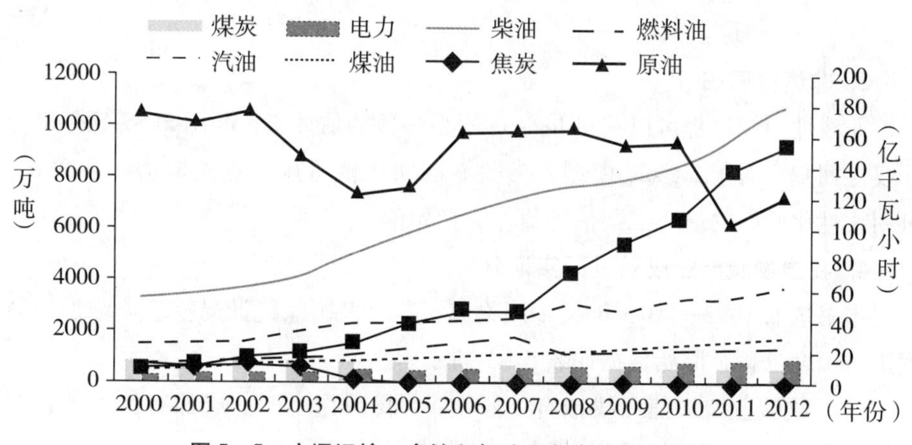

图 5－5　交通运输、仓储和邮政业各类能源消耗情况

5.1.3　基于 logistic 回归的我国物流产业成长阶段

1. logistic 曲线方程的拟合方法

如第 4 章所述，logistic 模型是对种群成长过程进行描述的工具。假设我国物流产业的成长也非常符合生态种群的成长规律，我国物流产业的增长速度显示出 S 形变化的结果，可以用 logistic 模型给出合理解释。本书借鉴靳明关于 logistic 模型线性化及参数 k 的估计方法（靳明，2006），logistic 模型可化为线性模型的回归问题，将式（4－1）两边取对数，得

$$\ln \frac{k-x}{x} = \ln a - rt \tag{5-1}$$

令 $y = \ln \frac{k-x}{x}$，$b = \ln a$，则式（5－1）转化为线性模型：

$$y = b - rt \tag{5-2}$$

假设 k 已知，可用最小二乘法求出参数 b, r 的估计值，最后得出 logistic 模型的回归曲线。

2. logistic 模型参数 k 的估计方法

本书采用四点法估计模型参数 k，可得到较高的拟合精度。选取实测数据序列的始点（t_1, x_1），中间点（t_2, x_2），（t_3, x_3），终点（t_4, x_4）代入

式（5-3），得到估计 k 值的公式：

$$k=\frac{x_1x_4(x_2+x_3)-x_2x_3(x_1+x_4)}{x_1x_4-x_2x_3},t_1+t_4=t_2+t \qquad (5-3)$$

3. 非线性回归

非线性回归过程可以获得 logistic 模型参数的估计值，利用 SPSS 软件进行非线性回归。对于 logistic 模型，参数 k 的初始值可用四点法取得，参数 a,r 可用线性化回归的最小二乘估计值作为初始值。

4. 我国物流产业成长过程实证分析

本书选取 1992—2013 年《中国物流年鉴》及国家统计局物流业增加值数据进行拟合分析，原始数据如表 5-1 所示。

（1）物流业增加值曲线拟合。假设 1：我国物流产业成长有饱和值；假设 2：我国物流产业增长符合 logistic 增长规律。

估计 k 参数用四点法，取 t =1992，1999，2006，2013 四个年份的数据序列，得到估计值，k =342454.6 亿元，如图 5-6 所示。

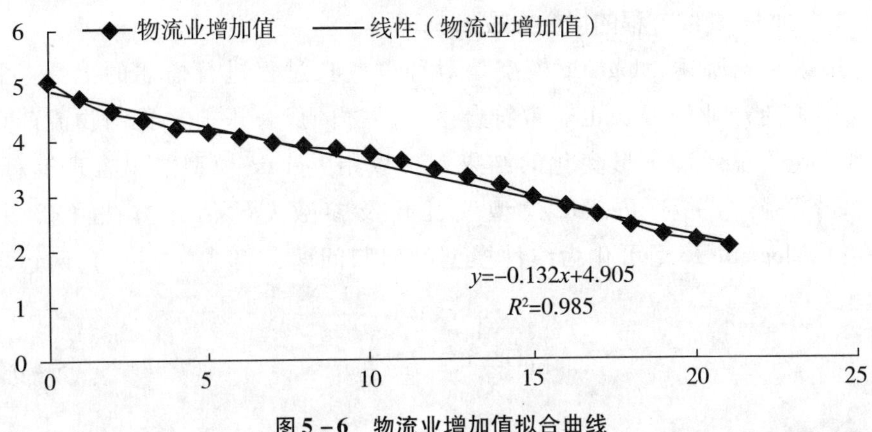

图 5-6　物流业增加值拟合曲线

线性回归方程为：

$y=-0.132t+4.905$，$R^2=0.985$，$F=1399.543$，Sig. = 0

$a=e^{4.905}=134.96$，$r=0.132$

线性回归拟合度很好，各指标均通过显著性检验。

应用 SPSS 进行非线性回归，结果如表 5-3 所示。

表 5－3　　参数估计值

参数	估计	标准误差	95% 置信区间	
			下限	上限
k	432195. 116	648986. 104	－926148. 41	1790538. 643
a	206. 611	293. 486	－407. 663	820. 885
r	0. 145	0. 011	0. 122	0. 168

$R^2 = 0.994$ ，$k = 432195.12$，$a = 206.611$，$r = 0.145$

非线性回归拟合曲线为：

$X = \frac{k}{1 + ae^{-rt}} = \frac{432195.12}{1 + 206.611e^{-0.145t}}$，其中 t ＝年份－1992

由上述数据可知，该非线性回归方程拟合度非常好，说明我国物流产业发展从 20 世纪 90 年代发展至今符合 logistic 增长模型。

（2）物流产业增长特征值。拐点增长值：$X = \frac{k}{2}$，拐点时间：$t = \frac{\ln a}{r}$，根据以上数据分析得出我国物流产业成长的饱和值为 432195 亿元，当 X 为 216098 亿元时，物流产业增长速度最快，为物流产业的峰值拐点产业量，峰值拐点时间为 2029 年。当 $t = \frac{\ln a - 1.317}{r}$ 时，即当 2020 年时，我国物流产业将进入产业生命周期第一个拐点，物流产业速度开始加速增长，当 $t = \frac{\ln a + 1.317}{r}$，即当 2038 年时，我国物流产业进入产业生命周期的第二个拐点，即物流产业的增长速度进入较平稳的阶段。综上所述，我国物流产业目前所处的时间段为物流产业形成期后期。该实证分析与之前我国物流产业发展阶段吻合得很好，也充分证明该假设的正确性。

通过应用 logistic 增长模型，对我国物流产业的成长进行定量分析，可得出结论为：我国物流产业目前还处于产业形成期的后期，产业增长速度还比较缓慢，但很快就要进入产业的成长期，就要迎来物流产业的快速发展。物流产业作为第三产业的重要组成部分，对我国经济高速发展起着重要作用。在物流产业快速发展时期，我国在政策、制度、基础设施、技术创新、服务等各方面与发达国家还存在很大差距。未来十年对于我国物流产业的发展是十分重要的十年，因此，我国要加大物流产业的管理力度，制定相应物流战略及策略，应对物流产业成长的高速发展。

5.1.4 基于logistic回归的我国物流产业各子产业的成长阶段

了解我国物流产业成长的阶段，应用同样的方法〔由于仓储业及邮政业无法用四点法求出参数估计的初始值，因此改用尝试法（章元明、盖钧镒，1994）对参数初始值进行估计〕对我国物流产业的子产业——交通运输业、仓储业、贸易业、流通加工包装业及邮政业的成长阶段进行分析，根据中国物流年鉴及国家统计局相关数据，以1992—2013年交通运输业物流增加值、仓储业物流增加值、贸易业物流增加值、流通加工包装业物流增加值及邮政业物流增加值作为拟合对象，应用SPSS软件进行非线性回归，并进行参数估计。

假设1：我国物流产业各子产业成长有饱和值；

假设2：我国物流产业各子产业增长符合logistic增长规律。

原始数据如表5－4所示，计算结果如表5－5及图5－7、图5－8所示。

表5－4 物流产业各子产业物流增加值原始数据 单位：亿元

时间	交通运输业物流增加值	仓储业物流增加值	贸易业物流增加值	流通加工包装业物流增加值	邮政业物流增加值	物流业增加值
1992	1778	74	232	68	22	2174
1993	2371	98	315	94	27	2906
1994	2935	138	399	147	35	3654
1995	3396	175	459	195	40	4265
1996	4013	187	533	218	45	4996
1997	4324	205	571	251	47	5398
1998	4732	211	602	269	44	5858
1999	5205	226	665	278	42	6416
2000	5498	274	714	335	66	6887
2001	5903	308	772	378	68	7429
2002	6195	363	861	443	65	7927
2003	7122	409	1001	516	64	9112
2004	8466	458	1168	597	87	10776
2005	9475	539	1435	728	93	12271
2006	10665	648	1749	949	109	14120

续 表

时间	交通运输业物流增加值	仓储业物流增加值	贸易业物流增加值	流通加工包装业物流增加值	邮政业物流增加值	物流业增加值
2007	12543	808	2153	1253	224	16981
2008	14308	984	2602	1633	437	19965
2009	16800	1088	2877	1806	498	23078
2010	19746	2084	3010	1887	582	27310
2011	22820	2421	3668	2283	703	31895
2012	25257	2694	4088	2544	901	35483
2013	28000	2942	4473	2783	1206	39404

注：2009—2013 年流通加工包装业年鉴中未统计，将贸易业增加值按比例计算流通加工包装业增加值。

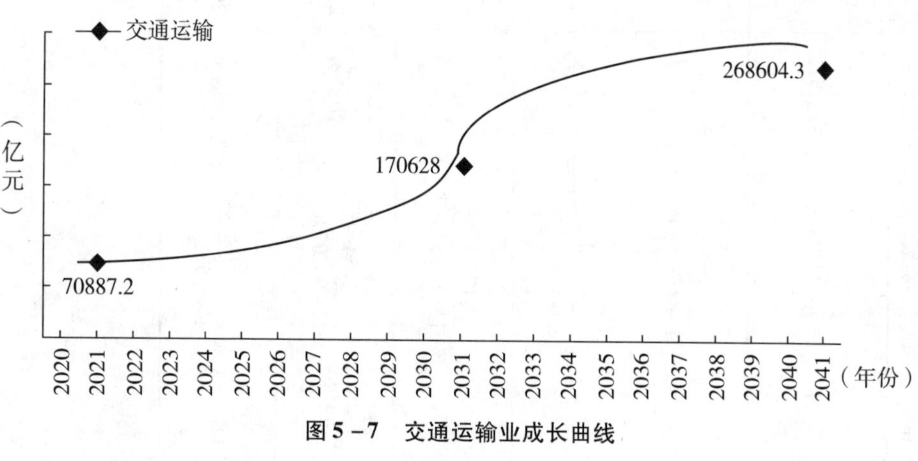

图 5－7　交通运输业成长曲线

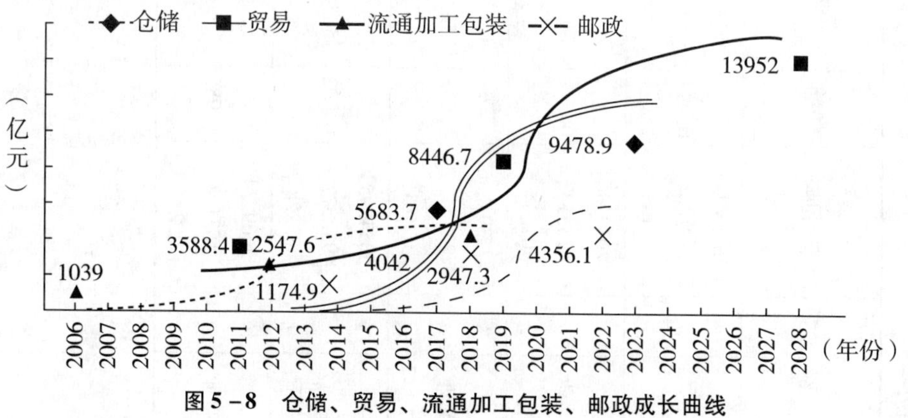

图 5－8　仓储、贸易、流通加工包装、邮政成长曲线

表 5-5　基于 logistic 回归的物流产业子产业成长阶段计算结果

子产业	参数	估计值	R^2	饱和值（亿元）	拟合曲线	峰值时间	峰值增加值（亿元）	第一个拐点时间	第一个拐点增加值（亿元）	第二个拐点时间	第二个拐点增加值（亿元）
交通运输业	k a r	336155.926 187.664 0.135	0.994	336155.926	$X=\frac{336155.926}{1+187.664e^{-0.135t}}$	2031 年	170628	2021 年	70887.2	2041 年	268604.3
仓储业	k a r	12033.364 418.132 0.237	0.971	12033.364	$X=\frac{12033.364}{1+418.132e^{-0.237t}}$	2017 年	5683.7	2012 年	2585.6	2023 年	9478.9
贸易业	k a r	17439.836 82.243 0.161	0.993	17439.836	$X=\frac{17439.836}{1+82.243e^{-0.161t}}$	2019 年	8446.7	2011 年	3588.4	2028 年	13952
流通加工包装业	k a r	5054.953 94.077 0.228	0.992	5054.953	$X=\frac{5054.953}{1+94.077e^{-0.228t}}$	2012 年	2547.6	2006 年	1039	2018 年	4042
邮政业	k a r	5609.34 1531.8 0.286	0.985	5609.34	$X=\frac{5609.34}{1+1531.8e^{-0.286t}}$	2018 年	2947.3	2013 年	1174.9	2022 年	4356.1

如表5－5、图5－7及图5－8所示，用物流业增加值对交通运输业、仓储业、贸易业、流通加工业及邮政业进行数据拟合，拟合度非常好，说明假设成立，这几个子产业发展至今符合 logistic 增长，通过对峰值、两个拐点时间及该时点物流业增加值的计算，得出以下结论。

（1）交通运输业物流增加值峰值出现在2031年，此时交通运输业增长速度最快，两个拐点分别为2021年及2041年。2021年交通运输业进入高速增长期，2031年后增速下降，2041年增速趋于平缓，饱和值为336155.926亿元，我国交通运输业此时处于形成期后期，即将进入高速增长期。

（2）仓储业物流增加值峰值出现在2017年，两个拐点分别为2012年及2023年。2012年仓储业已经进入高速增长期，2017年增速下降，2023年增速平缓，饱和值为12033.364亿元，我国仓储业到2017年时成长速度最快。

（3）贸易业物流增加值峰值出现在2019年，两个拐点分别为2011年及2028年，与仓储业一样，2011年我国贸易业已经进入高速增长期，2019年后，增速开始下降，2028年增速趋于平缓，饱和值为17439.836亿元，我国仓储业到2017年时成长速度最快。

（4）流通加工包装业物流增加值峰值出现在2012年，两个拐点分别为2006年及2018年，我国流通加工包装业从2006年开始加速成长，2012年成长速度最快，到目前为止已经过了最快增长阶段，增速开始回落，2018年增速趋于平缓，饱和值为5054.953亿元。

（5）邮政业物流增加值峰值出现在2018年，两个拐点分别为2013年及2022年，饱和值为5609.34亿元，目前我国邮政业刚刚进入高速成长期，到2018年增速最快，2018年以后增速回落，2022年增速平缓。

（6）各物流子产业的成长阶段并不一致，流通加工业成熟最早，已经提前进入成熟期。仓储与邮政业成长速度与阶段基本一致，刚刚进入高速发展期，贸易业虽然比仓储、邮政业提前进入高速成长期，但其成熟期较长，到2019年才能达到最高增速。交通运输业的成熟期最晚，目前仅仅是处于形成期后期，有待进一步成长。

（7）在物流产业成长中，交通运输业与我国物流产业成长速度与阶段最一致，反映了交通运输业对我国物流产业的带动作用。其他产业成长的不一致说明了物流产业各子产业成长的不平衡。交通运输基础设施建设的不完善、交通运输的法律法规不健全、物流技术与信息技术应用不广泛等多种原因在一定程度上阻碍了交通运输业的成长，使我国交通运输产业还处于形成期后期。

(8) 物流产业成长是各子产业彼此影响、共同成长的结果。因此，良好的物流产业成长机制是各子产业共同作用的结果，各子产业均衡发展、协调成长才能确保物流产业的健康成长。

5.2 基于生态理论的我国物流产业成长测度

5.2.1 生态位测度

如3.2.2所述，物流产业生态位指的是物流产业各产业化资源——运输业、仓储业、装卸业、包装业、加工配送业、物流信息业特征属性的表现，在信息交换、物质循环、能量转移、价值链增值等过程中起到关键作用，反映出物流业与其他相关产业（工业农业等）互动中体现出来的职能地位和产业价值。对于我国物流产业来说，在其成长过程中反映出产业特征与产业价值。本小节将应用生态位态势模型对我国物流产业在成长过程中生态位的变化进行测度，明确我国物流产业在国民经济中所处的位置及我国物流产业中各子产业对于物流产业成长的贡献。

1. 物流产业相对国民经济的生态位态势测度

(1) 相关概念界定。

①绝对生态位。绝对生态位反映的是物流产业成长过程中表现出来的特征与状态，是生态位的“态”与“势”的绝对数值表现。“态”与“势”在第3章中已经有所介绍，这里不再赘述。物流产业生态位的“态”是存在状态的一种表现，而“势”是变化状态的一种表现。“态”的表现可有很多种，如社会物流产值、物流业增加值、物流总费用、货运量、货物周转量等，一切反映物流产业存在状态的指标都可以称之为物流产业生态位的“态”；同理，“势”的表现也有很多种，如增长率、变化速率等，一切反映物流产业变化状态的指标都可以称为物流产业生态位的“势”。

②相对生态位。相对生态位是相对于绝对生态位而言的，是物流产业绝对生态位与其他某类指标（其他产业、经济指标等）生态位的比值或物流产业中各子产业生态位（运输业、仓储业等）相对于物流产业生态位的比值或不同区域的物流产业生态位与总的物流产业生态位的比值等。只要能反映局部与整体之间相比关系的，都可以从不同角度对物流产业相对生态位进行测算，相对生态位的取值范围为0~1，值越接近1，说明地位越重要，作用越

明显，影响越大。本书从两个角度进行相对生态位的测度，一是物流产业在我国经济发展中所起的作用及所处地位；二是物流产业各子产业在物流产业成长中所处的地位及重要程度，以明确物流产业对我国经济发展的贡献程度及对我国物流产业成长起到最关键作用的子产业生态位的变化程度和情况。

（2）指标选取依据。测度物流产业相对国民经济的生态位，应以多个物流指标为基础来进行。本书以物流业增加值、社会物流总额、物流总费用及物流业固定资产投资额为物流产业生态位的“态”指标，以物流业增加值变化量、社会物流总额变化量、物流总费用变化量及物流业固定资产投资额变化量为物流产业生态位的“势”指标，构建物流产业生态位态势测度指标体系，如表5-6所示。本生态位态势测度指标选取主要考虑以下几个因素，一是指标的科学性，选取的指标要充分体现与物流产业成长的相关度，历年中国物流年鉴总体运行情况都是以物流业增加值、社会物流总额、物流总费用及固定资产投资为主要统计对象，因此这四个指标及四个指标的变化量充分反映我国物流产业成长的水平与状态；二是数据的可得性，这几项指标的数据在中国物流年鉴中较容易获得，而且可以获取超过20年的时间序列数据，能充分反映我国物流产业生态位的变化趋势；三是指标的综合性与全面性，这些测度指标能够全面反映物流产业成长的态势，并非是某一个方面的指标，如货运量及货物周转量也是物流产业成长的测度指标之一，但其主要反映的是运输服务水平，并不能完全反映物流服务作业水平与状态，因此将其剔除；四是指标的无量纲性及可度量性，由于选取的这些指标都以万亿元为单位，消除了其量纲性，能够准确反映原始数据包含的信息，保证综合测度结果的准确性。

表5-6　物流产业生态位态势测度指标体系

物流产业生态位“态”指标	物流业增加值（S_1） 社会物流总额（S_2） 物流总费用（S_3） 物流业固定资产投资额（S_4）
物流产业生态位“势”指标	物流业增加值变化量（P_1） 社会物流总额变化量（P_2） 物流总费用变化量（P_3） 物流业固定资产投资额变化量（P_4）

(3) 指标释义。物流业增加值是反映物流业发展的核心指标，是指交通运输物流增加值、仓储物流业增加值、批发物流业增加值、配送加工包装物流增加值和邮政物流增加值。

社会物流总额即报告期内社会物流物品的价值总额，包括农产品物流总额，工业品物流总额，外部流入货物物流总额，进入需求领域的再生资源物流总额和单位与居民物品物流额，它在很大程度上决定社会物流产业活动的规模，其增长变化在一定程度上反映出物流需求的增长变化。

社会物流总费用是报告期内国民经济各方面用于社会物流活动的各项费用支出，包括支付给运输、储存、装卸搬运、包装、流通加工、配送、信息处理等各个物流环节的费用，应承担的物品在物流期间发生的损耗，因资金占用而应承担的利息支出及管理费用等。

物流业固定资产投资额是建造购置物流产业相关固定资产所投入的货币表现，包括交通运输业投资额、仓储物流产业投资额、批发物流产业投资额、配送加工包装物流产业投资额及邮政物流产业投资额。

指标的变化量指的是各指标不同年份的指标变化趋势，或增加或减少，其具体计算方法在数据获得及处理中再进行具体介绍。

(4) 权重确定。本书采用层次分析法（AHP）确定权重，AHP 能够确定相对总目标各决策要素的重要性排序，是确定各评价指标权重大小最常用的方法之一。根据 AHP 的计算原理，得到物流产业生态位态势测度指标体系的各指标权重及权重总排序，指标权重均通过一致性检验，结果如表 5-7 所示。

表 5-7 物流产业生态位态势测度指标体系的各指标权重和权重点排序

<table>
<tr><th>一级指标</th><th>权重</th><th>二级指标</th><th>权重</th><th>权重总排序</th><th>排序</th></tr>
<tr><td rowspan="4">物流产业生态位“态”指标</td><td rowspan="4">0.5</td><td>物流业增加值（S_1）</td><td>0.508057044</td><td>0.254028522</td><td>1</td></tr>
<tr><td>社会物流总额（S_2）</td><td>0.06895395</td><td>0.034476975</td><td>8</td></tr>
<tr><td>物流总费用（S_3）</td><td>0.187169815</td><td>0.093584908</td><td>5</td></tr>
<tr><td>物流业固定资产投资额（S_4）</td><td>0.23581919</td><td>0.117909595</td><td>3</td></tr>
<tr><td rowspan="4">物流产业生态位“势”指标</td><td rowspan="4">0.5</td><td>物流业增加值变化量（P_1）</td><td>0.477682279</td><td>0.238841139</td><td>2</td></tr>
<tr><td>社会物流总额变化量（P_2）</td><td>0.110402131</td><td>0.055201066</td><td>7</td></tr>
<tr><td>物流总费用变化量（P_3）</td><td>0.229645687</td><td>0.114822844</td><td>4</td></tr>
<tr><td>物流业固定资产投资额变化量（P_4）</td><td>0.182269903</td><td>0.091134951</td><td>6</td></tr>
</table>

计算结果显示物流业增加值权重最大，排第一位，即物流业增加值最能反映我国物流产业成长的程度及状态，与指标释义中对物流业增加值的分析相符，说明物流业增加值在物流产业成长中最重要。其次是物流业增加值变化量，位列第二。固定资产投资规模的大小反映物流产业固定资产的建设情况，物流产业的成长离不开基础设施的建设，因此该指标位列第三。物流总费用的变化量反映在物流产业成长中物流总费用支出的增长速度，速度越慢，说明物流效益越高，而速度越快，说明物流效益低下，环节过多，使物流成本上升的速度不断提高。社会物流总额权重最小是因为它代表的是物流物品价值总额，在一定程度上反映物流需求的变化，对物流产业的描述并非是物流产业本身，而是通过物流的物流价值来体现，因此只能从某种程度反映物流产业的状态，权重最小。

（5）数据获得与处理。本书选取指标的数据主要来自中国物流年鉴（2002—2013）及国家统计局。数据处理主要考虑到逆向指标的正向化，在所选取的数据中，物流总费用与物流总费用变化量为逆向指标（值越大，对物流产业成长越不利），应将其正向化，采用倒数法进行数据处理。物流产业生态位“势”值（变化量）借鉴向延平的计算方法（向延平，2009），绝对生态位的计算方法借鉴王子龙的计算方法（王子龙、许箫迪，2011）。根据式（3－1），物流产业的绝对生态位等于“态”值与“势”值的累加，这里需要特别说明的是，在“态”与“势”累加时，如果存在量纲，则需要加入量纲转化系数，本书中A_j取1，得到物流产业的绝对生态位值。为了测度物流产业在我国经济发展中所处的位置及起到的作用，将我国经济运行作为大系统，而物流产业是其中的一个小系统，用GDP生态位作为测度我国经济运行状态的指标，用物流产业生态位测度物流产业运行状态指标，将物流产业生态位与GDP生态位相除，得到物流产业在我国经济发展中的相对生态位，即物流产业在我国经济发展中所处位置，计算结果如表5－8和表5－9所示。

表5－8　　物流产业生态位指标测度数据　　单位：万亿元

时间	S_1	S_2	S_3	S_4	P_1	P_2	P_3	P_4
1992	0.26	3.91	1.639	0.065	—	—	—	—
1993	0.32	5.43	1.266	0.108	0.0300	0.76	－0.18676	0.0215
1994	0.41	7.92	0.971	0.153	0.0300	0.83	－0.09832	0.015
1995	0.45	10.20	0.776	0.172	0.0100	0.57	－0.04877	0.00475

续 表

时间	S_1	S_2	S_3	S_4	P_1	P_2	P_3	P_4
1996	0.5	11.03	0.667	0.202	0.0100	0.17	-0.02183	0.006
1997	0.57	12.37	0.599	0.237	0.0117	0.22	-0.01131	0.005833
1998	0.58	12.87	0.588	0.34	0.0014	0.07	-0.00151	0.014714
1999	0.599	13.90	0.562	0.353	0.0024	0.13	-0.0033	0.001625
2000	0.64	17.06	0.521	0.355	0.0046	0.35	-0.00455	0.000222
2001	0.66	19.45	0.485	0.396	0.0020	0.24	-0.00354	0.0041
2002	0.71	23.26	0.441	0.455	0.0045	0.35	-0.00408	0.005364
2003	0.79	29.55	0.389	0.559	0.0067	0.52	-0.00429	0.008667
2004	1.08	38.38	0.333	0.757	0.0223	0.68	-0.00429	0.015231
2005	1.23	48.20	0.295	0.929	0.0107	0.70	-0.00274	0.012286
2006	1.14	59.60	0.260	1.217	-0.0060	0.76	-0.0023	0.0192
2007	1.79	75.23	0.220	1.428	0.0406	0.98	-0.00251	0.013188
2008	1.997	89.90	0.183	1.751	0.0122	0.86	-0.00216	0.019
2009	2.3	96.65	0.164	2.6	0.0168	0.38	-0.00106	0.047167
2010	2.7	125.40	0.141	3.068	0.0211	1.51	-0.00124	0.024632
2011	3.2	158.4	0.119	3.232	0.0250	1.65	-0.0011	0.0082
2012	3.5	177.3	0.107	4.004	0.0143	0.90	-0.00058	0.036762
2013	3.9	197.8	0.098	4.965	0.0182	0.93	-0.00039	0.043682

注：2013 年固定资产投资根据平均增长率预测。

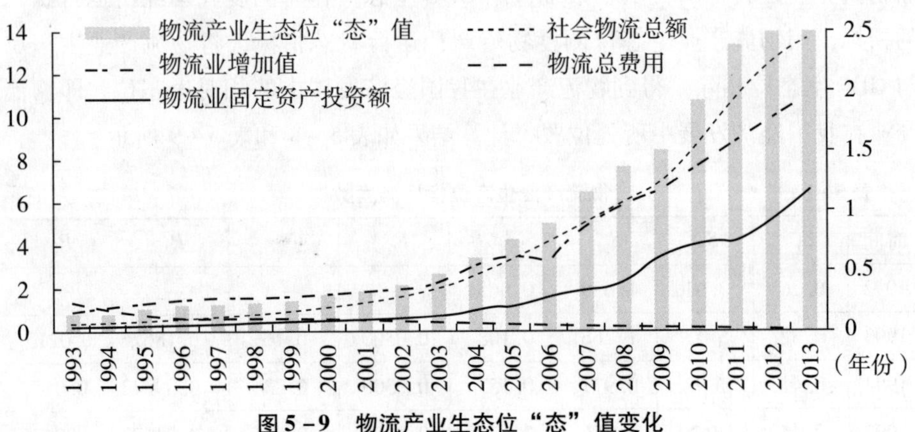

图 5-9 物流产业生态位“态”值变化

表 5－9　　1993—2013 年物流产业生态位计算结果

时间	S_1	S_2	S_3	S_4	P_1	P_2	P_3	P_4	物流产业“态”值	物流产业“势”值	物流产业生态位	GDP“态”值	GDP“势”值	GDP 生态位	物流产业相对生态位
1993	0.16258	0.37442	0.23696	0.02547	0.01433	0.08391	−0.04289	0.00392	0.79942	0.05927	0.42934	3.53339	0.42052	3.95391	0.10859
1994	0.20830	0.54612	0.18174	0.03608	0.01433	0.09163	−0.02258	0.00273	0.97224	0.08612	0.52918	4.81979	0.42880	5.24858	0.10082
1995	0.22863	0.70333	0.14524	0.04056	0.00478	0.06293	−0.01120	0.00087	1.11776	0.05737	0.58757	6.07937	0.31490	6.39427	0.09189
1996	0.25403	0.76056	0.12484	0.04764	0.00478	0.01877	−0.00501	0.00109	1.18707	0.01963	0.60335	7.11766	0.20766	7.32532	0.08236
1997	0.28959	0.85296	0.11211	0.05589	0.00559	0.02429	−0.00260	0.00106	1.31056	0.02834	0.66945	7.89730	0.12994	8.02724	0.08340
1998	0.29467	0.88744	0.11006	0.08018	0.00067	0.00773	−0.00035	0.00268	1.37234	0.01073	0.69154	8.44023	0.07756	8.51779	0.08119
1999	0.30433	0.95846	0.10519	0.08324	0.00115	0.01435	−0.00076	0.00030	1.45122	0.01504	0.73313	8.96771	0.06593	9.03364	0.08116
2000	0.32516	1.17635	0.09752	0.08372	0.00220	0.03864	−0.00104	0.00004	1.68274	0.03983	0.86129	9.92146	0.10597	10.02743	0.08589
2001	0.33532	1.34115	0.09078	0.09338	0.00096	0.02650	−0.00081	0.00075	1.86063	0.02739	0.94401	10.96552	0.10441	11.06992	0.08528
2002	0.36072	1.60387	0.08254	0.10730	0.00215	0.03864	−0.00094	0.00098	2.15443	0.04083	1.09763	12.03327	0.09707	12.13034	0.09049
2003	0.40137	2.03759	0.07281	0.13182	0.00320	0.05741	−0.00099	0.00158	2.64359	0.06120	1.35240	13.58228	0.12908	13.71136	0.09863
2004	0.54870	2.64645	0.06233	0.17852	0.01065	0.07507	−0.00099	0.00278	3.43600	0.08752	1.76176	15.98783	0.18504	16.17288	0.10893
2005	0.62491	3.32358	0.05522	0.21908	0.00511	0.07728	−0.00063	0.00224	4.22278	0.08400	2.15339	18.49374	0.17899	18.67273	0.11532
2006	0.57919	4.10966	0.04866	0.28699	−0.00287	0.08391	−0.00053	0.00350	5.02450	0.08401	2.55425	21.63144	0.20918	21.84062	0.11695
2007	0.90942	5.18741	0.04118	0.33675	0.01939	0.10819	−0.00058	0.00240	6.47475	0.12942	3.30209	26.58103	0.30935	26.89038	0.12280
2008	1.01459	6.19896	0.03425	0.41292	0.00583	0.09495	−0.00050	0.00346	7.66072	0.10374	3.88223	31.40454	0.28374	31.68828	0.12251
2009	1.16853	6.66440	0.03070	0.61313	0.00803	0.04195	−0.00024	0.00860	8.47676	0.05833	4.26754	34.09028	0.14921	34.23949	0.12464
2010	1.37175	8.64683	0.02639	0.72349	0.01008	0.16671	−0.00028	0.00449	10.76846	0.18099	5.47473	40.15128	0.31900	40.47028	0.13528
2011	1.62578	10.92231	0.02227	0.76217	0.01194	0.18216	−0.00025	0.00149	13.33253	0.19535	6.76394	47.31041	0.35796	47.66836	0.14190
2012	1.77820	12.22554	0.02003	0.94422	0.00683	0.09936	−0.00013	0.00670	14.96798	0.11276	7.54037	51.94701	0.22079	52.16780	0.14454
2013	1.98142	13.63909	0.01834	1.17084	0.00869	0.10267	−0.00009	0.00796	16.80970	0.11924	8.46447	56.88452	0.22443	57.10895	0.14822

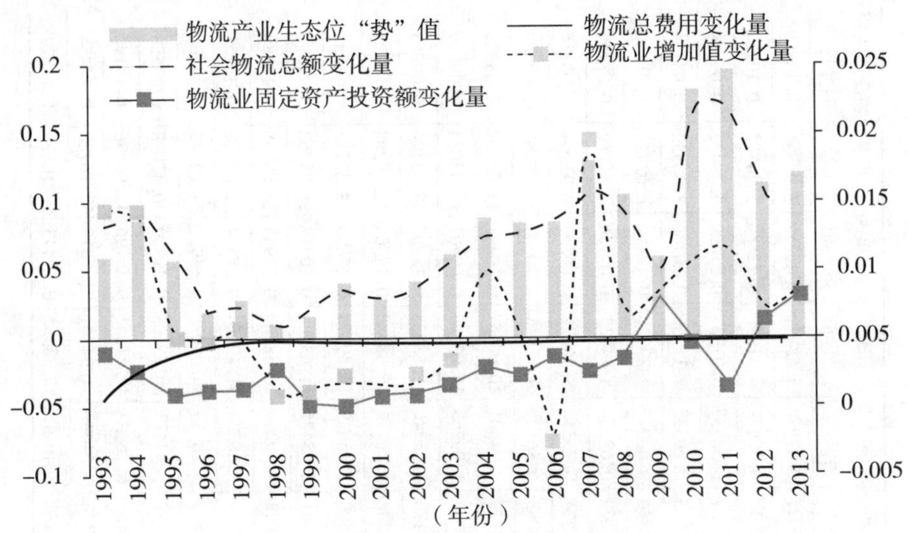

图5－10　物流产业生态位“势”值变化

图5－9和图5－10反映了物流产业生态位“态”值和“势”值的变化。物流产业生态位“态”值中的社会物流总额最大，虽然其权重较小，但由于基数大，所以在物流产业生态位中对“态”的贡献是最大的。其次是物流业增加值，其权重最大，说明其在物流产业生态位中所处的地位是最高的，也是最为重要的，“态”值是稳步增长的，也反映了物流业增加值的增长状态是较为稳定的。物流业固定资产投资额“态”值也有逐年上升的趋势，对于物流产业生态位的贡献也逐年增加。贡献最低的是物流总费用，由于其是负向指标，整体呈下降趋势，说明物流费用在逐年增加，增加物流总费用的贡献率，应重视物流总费用的控制与管理。“势”值呈现出不稳定的状态，即物流产业生态位的变化状态和速度并非同一方向或同一速率，波动最为明显的是社会物流总额变化量。1998—2008年，社会物流总额变化量处于增长过程，即社会物流总额变化速度越来越快，2009年增长速度有明显下降，说明2008年世界金融危机对其影响较大。2009—2013年，社会物流总额变化量有反弹也有下降，说明近几年社会物流总额的增长幅度并不稳定，物流业增加值变化量在2004年和2007年也有较大波动，但其变化趋势是不断上升的，说明物流业增加值的增长速度在不断加快，物流费用变化量和物流固定资产投资变化量也有小幅上升，虽然增幅不大，但是朝着增加物流产业生态位的方向发展。以上分析说明我国物流产业生态位的“态”和“势”在逐年增加，不同指标的变化速度不一致，变化趋势与状态与社会物流总额的“态”和“势”较为一致，在物流统计量较为有限时，可以用

社会物流总额反映物流产业的存在状态和社会物流的需求程度。

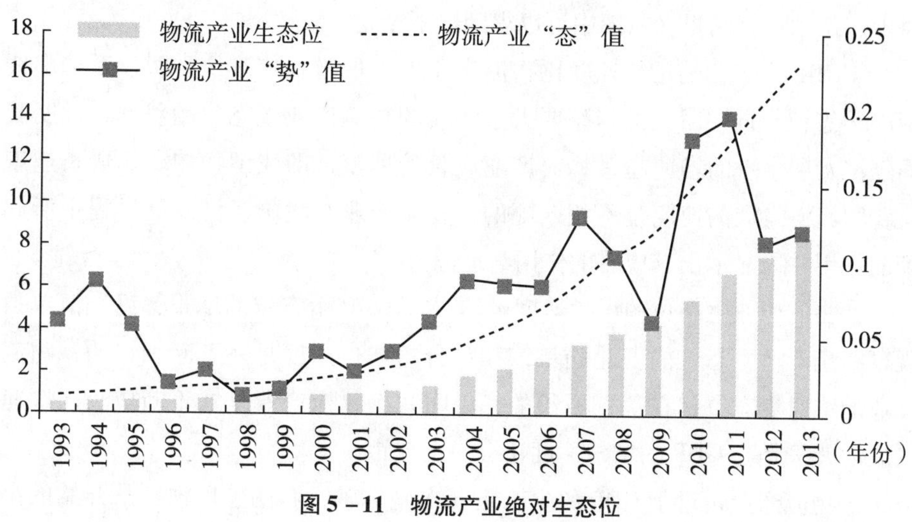

图 5－11 物流产业绝对生态位

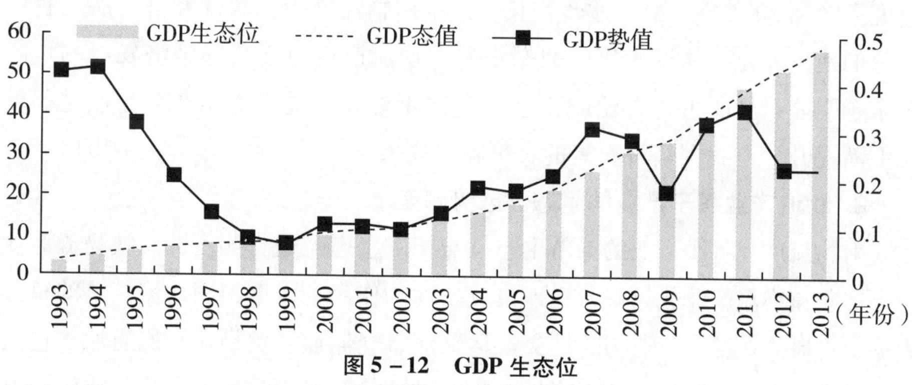

图 5－12 GDP 生态位

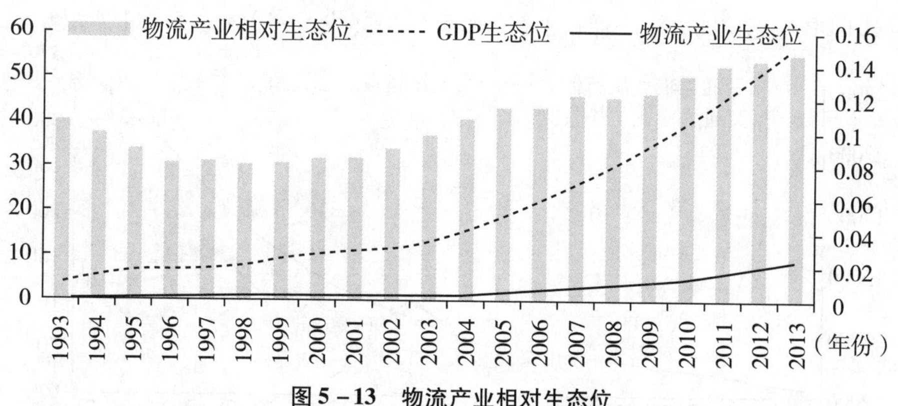

图 5－13 物流产业相对生态位

图5－11、图5－12和图5－13能够清晰描绘出物流产业绝对生态位与相对生态位的计算结果，从图中可以得到以下结论。

①GDP生态位的增长速度比物流产业生态位增长速度快。明显看出虚线GDP生态位在同一时点的斜率要大于实线的物流产业生态位的斜率，说明我国经济发展水平的增速超过物流产业成长的速度，即我国物流产业成长速度与我国经济发展的速度是不相匹配的，物流产业在我国经济发展过程中所起到的作用并未显示出其应有的作用与地位。

②物流产业生态位的增长速度虽然慢于GDP生态位的增长速度，但单独观察物流产业生态位的变化趋势，其自身的增长速度是在不断加快的，物流产业的绝对生态位是在逐年增长的，说明我国物流产业是在不断成长、快速发展的，只是与GDP的增长速度还有一定差距。

③物流产业相对于GDP的生态位（次坐标轴，右侧坐标轴）从开始的小幅度下降到2001年以后的逐步增长，显示出物流产业在我国经济发展过程中所处的地位变化。从近十年的数据来看，物流产业对于我国经济发展的贡献越来越明显，其所占生态位的比重也在逐年提高，说明物流产业专业化程度在不断提升，对我国经济发展的贡献越来越大。

2. 物流产业各子产业的生态位态势测度

对物流产业各子产业的绝对生态位与相对生态位进行测度，反映物流产业各子产业在物流产业成长中所处地位及发挥的作用。根据中国物流年鉴的统计数据，物流产业各子产业指的是交通运输业、仓储业、贸易业、流通加工包装业和邮政物流业，选取的计算指标为物流增加值，采用的测度方法与物流产业相对GDP生态位的方法一样，生态位计算结果如表5－10及表5－11所示。

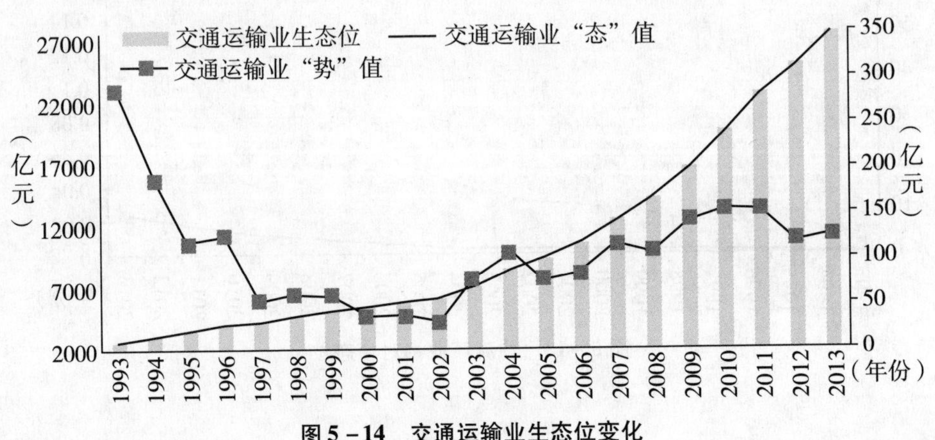

图5－14 交通运输业生态位变化

表 5-10 1993—2013 年物流业增加值及各子产业生态位态势值计算结果

时间	J“态”值	C“态”值	M“态”值	L“态”值	Y“态”值	J“势”值	C“势”值	M“势”值	L“势”值	Y“势”值	物流业增加值“态”值	物流业增加值“势”值
1993	2371	98	315	94	27	296.5	12.0	41.5	13.0	2.5	2906	366.0
1994	2935	138	399	147	35	188.0	13.3	28.0	17.7	2.7	3654	249.3
1995	3396	175	459	195	40	115.3	9.3	15.0	12.0	1.3	4265	152.8
1996	4013	187	533	218	45	123.4	2.4	14.8	4.6	1.0	4996	146.2
1997	4324	205	571	251	47	51.8	3.0	6.3	5.5	0.3	5398	67.0
1998	4732	211	602	269	44	58.3	0.9	4.4	2.6	-0.4	5858	65.7
1999	5205	226	665	278	42	59.1	1.9	7.9	1.1	-0.3	6416	69.8
2000	5498	274	714	335	66	32.6	5.3	5.4	6.3	2.7	6887	52.3
2001	5903	308	772	378	68	40.5	3.4	5.8	4.3	0.2	7429	54.2
2002	6195	363	861	443	65	26.5	5.0	8.1	5.9	-0.3	7927	45.3
2003	7122	409	1001	516	64	77.3	3.8	11.7	6.1	-0.1	9112	98.8
2004	8466	458	1168	597	87	103.4	3.8	12.8	6.2	1.8	10776	128.0
2005	9475	539	1435	728	93	72.1	5.8	19.1	9.4	0.4	12271	106.8
2006	10665	648	1749	949	109	79.3	7.3	20.9	14.7	1.1	14120	123.3
2007	12543	808	2153	1253	224	117.4	10.0	25.3	19.0	7.2	16981	178.8
2008	14308	984	2602	1633	437	103.8	10.4	26.4	22.4	12.5	19965	175.5
2009	16800	1088	2877	1806	498	138.4	5.8	15.3	9.6	3.4	23078	172.9
2010	19746	2084	3010	1887	582	155.1	52.4	7.0	4.3	4.4	27310	222.7
2011	22820	2421	3668	2283	703	153.7	16.9	32.9	19.8	6.1	31895	229.3
2012	25257	2694	4088	2544	901	116.0	13.0	20.0	12.4	9.4	35483	170.9
2013	28000	2942	4473	2783	1206	124.7	11.3	17.5	10.9	13.9	39404	178.2

表 5-11 物流产业各子产业相对生态位计算结果

时间	J 绝对生态位	C 绝对生态位	M 绝对生态位	L 绝对生态位	Y 绝对生态位	物流业增加值生态位	J 相对生态位	C 相对生态位	M 相对生态位	L 相对生态位	Y 相对生态位
1993	2667.5	110.0	356.5	107.0	29.5	3272.0	0.8153	0.0336	0.1090	0.0327	0.0090
1994	3123.0	151.3	427.0	164.7	37.7	3903.3	0.8001	0.0388	0.1094	0.0422	0.0096
1995	3511.3	184.3	474.0	207.0	41.3	4417.8	0.7948	0.0417	0.1073	0.0469	0.0093
1996	4136.4	189.4	547.8	222.6	46.0	5142.2	0.8044	0.0368	0.1065	0.0433	0.0089
1997	4375.8	208.0	577.3	256.5	47.3	5465.0	0.8007	0.0381	0.1056	0.0469	0.0087
1998	4790.3	211.9	606.4	271.6	43.6	5923.7	0.8087	0.0358	0.1024	0.0458	0.0074
1999	5264.1	227.9	672.9	279.1	41.8	6485.8	0.8116	0.0351	0.1037	0.0430	0.0064
2000	5530.6	279.3	719.4	341.3	68.7	6939.3	0.7970	0.0403	0.1037	0.0492	0.0099
2001	5943.5	311.4	777.8	382.3	68.2	7483.2	0.7942	0.0416	0.1039	0.0511	0.0091
2002	6221.5	368.0	869.1	448.9	64.7	7972.3	0.7804	0.0462	0.1090	0.0563	0.0081
2003	7199.3	412.8	1012.7	522.1	63.9	9210.8	0.7816	0.0448	0.1099	0.0567	0.0069
2004	8569.4	461.8	1180.8	603.2	88.8	10904.0	0.7859	0.0423	0.1083	0.0553	0.0081
2005	9547.1	544.8	1454.1	737.4	93.4	12377.8	0.7713	0.0440	0.1175	0.0596	0.0075
2006	10744.3	655.3	1769.9	963.7	110.1	14243.3	0.7543	0.0460	0.1243	0.0677	0.0077
2007	12660.4	818.0	2178.3	1272.0	231.2	17159.8	0.7378	0.0477	0.1269	0.0741	0.0135
2008	14411.8	994.4	2628.4	1655.4	449.5	20140.5	0.7156	0.0494	0.1305	0.0822	0.0223
2009	16938.4	1093.8	2892.3	1815.6	501.4	23250.9	0.7285	0.0470	0.1244	0.0781	0.0216
2010	19901.1	2136.4	3017.0	1891.3	586.4	27532.7	0.7228	0.0776	0.1096	0.0687	0.0213
2011	22973.7	2437.9	3700.9	2302.8	709.1	32124.3	0.7152	0.0759	0.1152	0.0717	0.0221
2012	25373.0	2707.0	4108.0	2556.4	910.4	35653.9	0.7116	0.0759	0.1152	0.0717	0.0255
2013	28124.7	2953.3	4490.5	2793.9	1219.9	39582.2	0.7105	0.0746	0.1134	0.0706	0.0308

图5－14反映的是交通运输业的“态”值和“势”值，可以看出交通运输业的“态”是稳步上升的，即存在状态是持续增长的，而“势”反映的是变化状态，采用次坐标轴（右侧坐标轴），它并不稳定。1995—2003年，交通运输业的“势”一直处于较低水平，说明这几年交通运输业成长的增幅较小，成长速度较慢，而从2004年开始，“势”值有所上升，并呈持续上升状态，成长速度较为稳定，保持较好的成长状态，说明交通运输业逐步进入快速发展时期，有较快的成长势头。

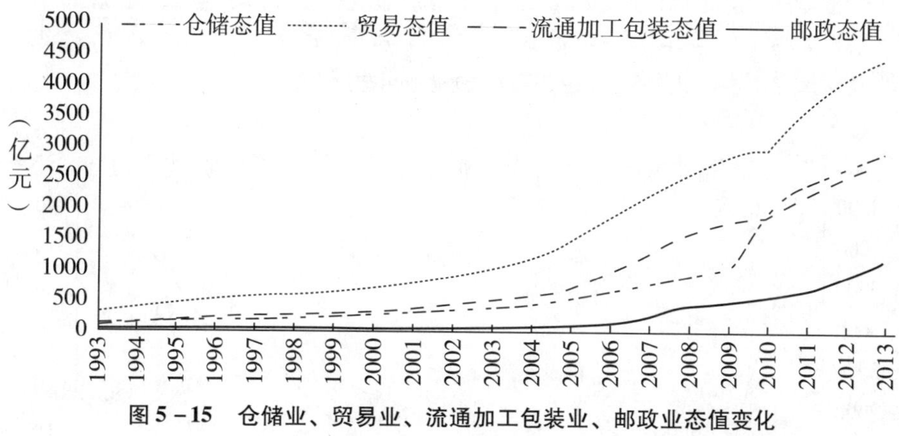

图5－15 仓储业、贸易业、流通加工包装业、邮政业态值变化

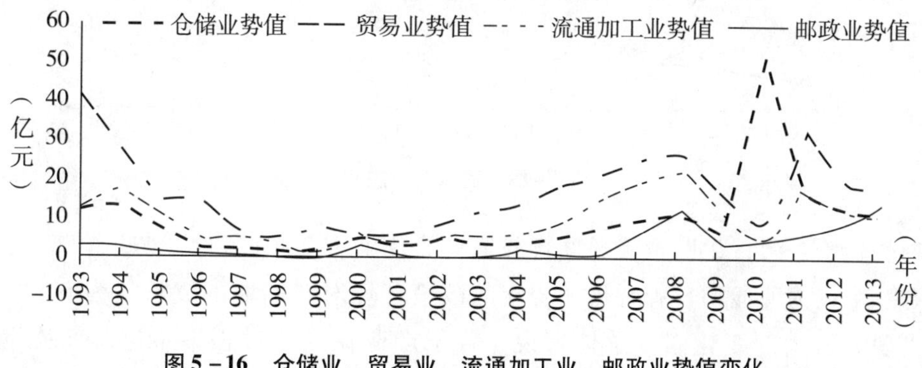

图5－16 仓储业、贸易业、流通加工业、邮政业势值变化

图5－15～图5－20反映的是仓储业、贸易业、流通加工业及邮政业的“态”值及“势”值，从“态”值变化图可以看到，仓储业、贸易业、流通加工包装业及邮政业的成长趋势较为一致，变化曲线较为平缓，说明该四类产业的增长状态和速度趋同。只有仓储业在2011年有较为明显的波动，“态”值有大幅度的提升。贸易业、流通加工包装业的变化量

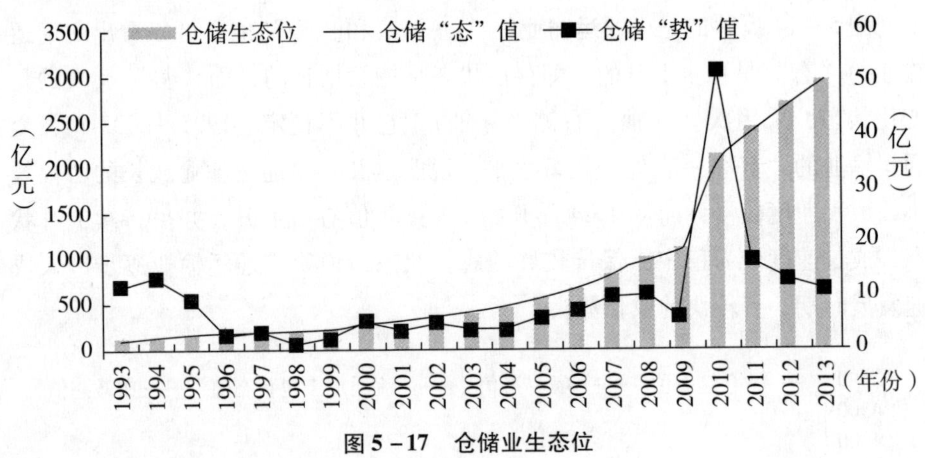

图5-17 仓储业生态位

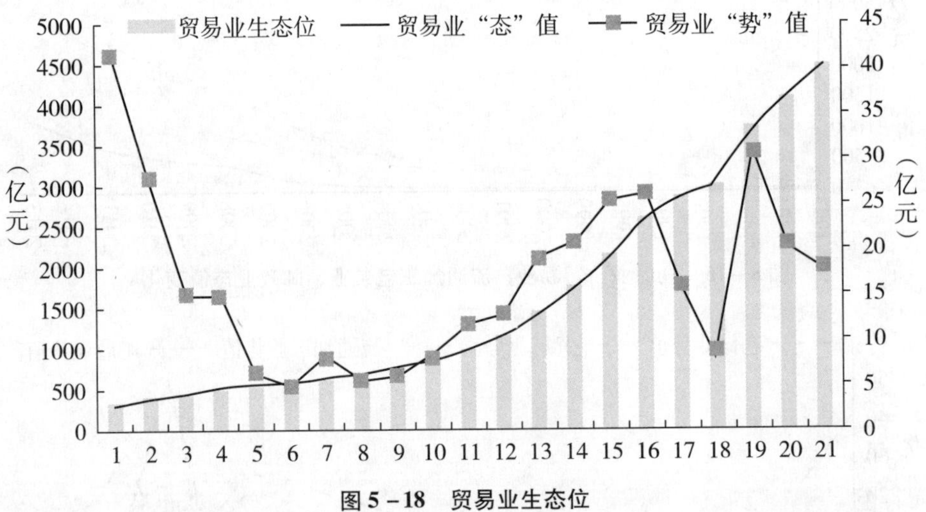

图5-18 贸易业生态位

趋势趋于一致，说明两者关联度较高。仓储业在2010年的“势”值变化有一个较为明显的反弹，说明当年的政策环境对仓储业的成长较为有利，出现了较大的变化量。总体来说，各子产业在成长过程中不论是“态”还是“势”都表现出较为一致的趋势，即增长趋势。但如前面logistic回归分析，各子产业处于不同的成长期，受资源限制，其成长速度在不同时点也表现出不同的状态。

从表5-11及图5-21得到以下结论。

(1) 由于交通运输业与其他产业生态位相差较大，为了更清晰看到生态位的变化趋势，交通运输生态位采用次坐标轴，即右侧坐标轴。交通运输产

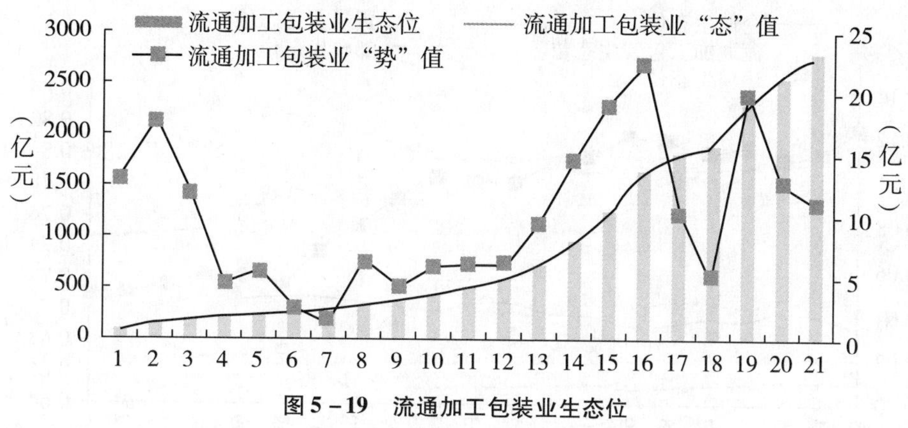

图 5－19 流通加工包装业生态位

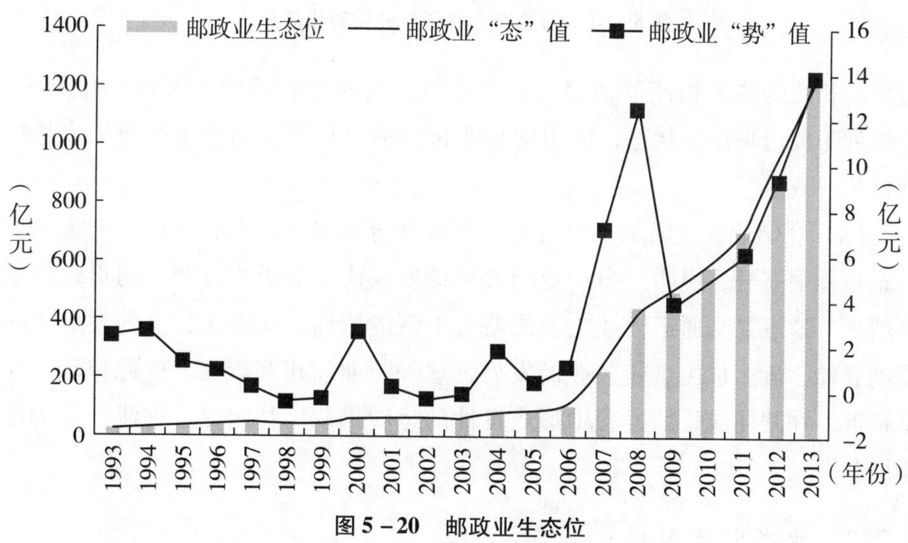

图 5－20 邮政业生态位

业相对生态位值最大，说明在物流产业成长中交通运输业占绝对优势，占据物流产业的资源最多，所处地位最为重要，对物流产业成长的贡献最大，它的发展速度直接影响物流产业的成长速度与成长状态。但从整体发展趋势来看，交通运输产业的生态位值有下降趋势，由最初的 0.8 下降至 0.7，说明其对物流产业成长的作用有所减少，但并没有动摇其在物流产业中的绝对优势地位，只能说明其他子产业对于物流产业的贡献在不断加大。

（2）贸易业生态位位居第二，显示出其在物流产业成长中所处的地位。贸易业主要指批发零售业的物流，该指标位列第二，说明贸易业中的物流较为活跃，随着我国经济的发展，商品流通规模逐渐扩大，贸易活动愈加频繁，

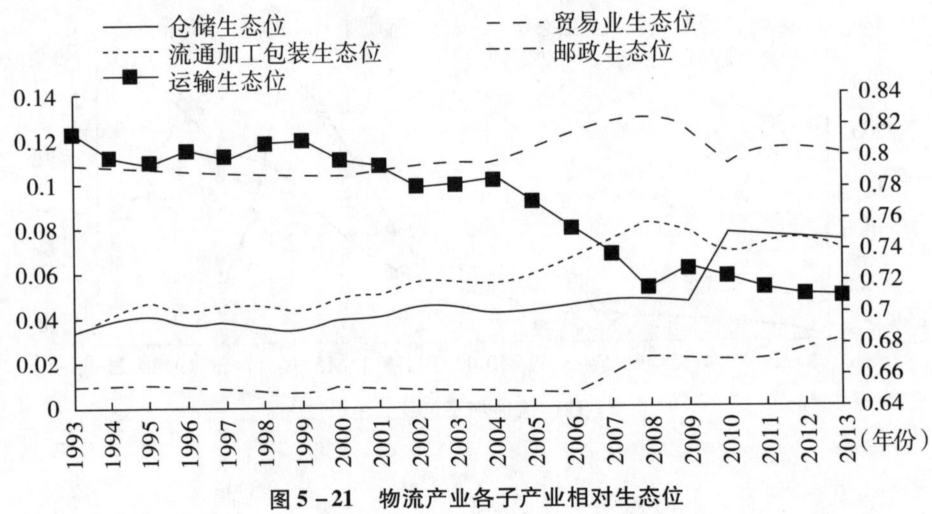

图5－21　物流产业各子产业相对生态位

与贸易相关的各类物流活动得以长足发展。贸易业物流的生态位变化不大，始终处于较为平稳的状态，说明贸易业物流的成长速度与物流产业的成长速度较为一致。

（3）仓储业、流通加工包装业、邮政业分列第三、四、五位，三类产业生态位稳中有升，说明三类产业的成长速度较快，对于物流产业的贡献也逐年增加，这也是交通运输业生态位略有下降的原因。交通运输业的发展不断拉动仓储、流通加工、包装业的发展，这些产业间相互影响、彼此拉动、共享资源。在共同成长的过程中形成良性的运转机制，共同促进物流产业的健康成长。

5.2.2　生态因子测度

1. 我国物流产业成长生态因子体系架构

如3.2.1所述，物流生态因子是物流产业在成长过程当中对其施加各类直接或间接影响的因素集合，这些影响因素既包括外界环境，也包括与其竞争共生协同的其他产业。本小节对我国物流产业成长过程中的生态因子进行归类，并对影响我国物流产业成长的生态因子进行测度分析。我国物流产业成长的生态因子是因素集合体，物流产业成长也是多个层次、多个维度的生态因子共同作用的结果。参考相关文献，构建我国物流产业成长的生态因子体系，主要包括资源因素、市场因素、环境因素三个层面，如表5－12所示。

表 5-12 物流产业成长生态因子体系

一级指标	二级指标	三级指标
资源生态因子	技术资源	各类物流技术专利数
	人力资源	物流相关产业从业人数
	信息资源	邮电业务量，互联网及移动电话普及率
	物质资源	各类基础设施资源，货运量，运输设备资源
市场生态因子	经济发展水平	人均 GDP，第一产业对 GDP 的贡献率，第二产业对 GDP 的贡献率，工业对 GDP 的贡献率，第三产业对 GDP 的贡献率
	物流需求	社会商品零售总额，进出口总额
环境生态因子	政策制度环境	物流产业相关支持政策制度
	产业环境	产业种类、发展状态
	法律法规环境	物流产业相关法律法规

（1）资源生态因子。物流产业成长的过程是对资源合理配置整合的过程。物流产业的成长依赖于资源利用的有效性，资源的可获得性及利用程度极大地影响物流产业成长的速度与水平，本书认为影响物流产业成长的主要资源生态因子包括技术资源，以物流技术专利数为度量；人力资源，以物流相关产业从业人数为度量；信息资源，以邮电业务量、互联网及电话用户数为度量；物质资源，以各类基础设施资源（各铁路公路的行车里程）、货运量、运输设备资源为度量。这种资源生态因子可以看作物流产业的市场供给，即物流产业可利用这些供给资源满足市场需求，创造价值和效益。

（2）市场生态因子。市场生态因子可被看作物流产业的市场需求，即各产业及进出口业对物流产业的需求状况。物流产业是服务业的一种，它的成长依赖于生产性及流通性产业的需求，以社会商品零售总额及进出口总额进行度量。除此之外，我国经济发展对物流产业也是有较高需求的，良好的经济发展环境能促进物流产业的快速成长，经济水平越高，对物流产业的需求也越高，以人均 GDP、第一产业对 GDP 的贡献率、第二产业对 GDP 的贡献率、工业对 GDP 的贡献率、第三产业对 GDP 的贡献率进行度量。

（3）环境生态因子。该因子是外界影响因素，主要指“软环境”，包括物流产业成长的政策环境、所处的产业环境及法律法规环境。由于该指标属于定性指标，无法直接度量，但它却显示出对于物流产业成长的重要影响作用。良好的政策环境、产业环境及健全的法律法规能确保物流市场的有序化、制度化及规范化，是物流产业成长不可或缺的生态因子。

2. 我国物流产业成长生态因子测度

考虑到生态因子的数据可得性及可计量性，使测度更为有效及科学，物流产业成长的生态因子体系转化为物流产业成长生态因子测度指标体系，如表5－13所示。

表5－13　物流产业成长生态因子测度指标体系

一级指标	测度指标
资源生态因子	物流活动相关专利数 x_1
	互联网用户数 x_2
	移动电话普及率 x_3
	邮电业务量 x_4
	货运量 x_5
	公路及铁路里程 x_6
	铁路货车及载货汽车拥有量 x_7
	主要港口万吨级泊位数 x_8
	物流业固定资产投资 x_9
	物流业从业人数 x_{10}
市场生态因子	人均 GDPx_{11}
	第一产业对 GDP 贡献率 x_{12}
	第二产业对 GDP 贡献率 x_{13}
	工业对 GDP 贡献率 x_{14}
	第三产业对 GDP 贡献率 x_{15}
	社会消费品零售总额 x_{16}
	进出口总额 x_{17}
环境生态因子	物流产业环境指数 x_{18}

（1）指标选择与释义。物流活动相关专利数据根据国家知识产权局官网发布的统计年报进行统计，其中以发明实用新型专利授权按 IPC（国际专利分类）大类的分类中 B60（一般车辆），B61（铁路），B62（无轨陆用车辆），

B63（船舶、船只、有关设备），B65（输送、包装、存贮），B66（卷扬、提升、牵引），B67（液体的贮运）的数量为统计依据。需要特别说明的是，物流活动的相关技术除了各类专利以外，还包括物流的信息技术，尤其是在信息时代的大背景下，物流信息技术的水平决定了物流产业成长的速度和效率，因此反映信息化水平的互联网用户数、邮电业务量、移动电话普及率等指标既反映物流技术的发展水平，也同时反映信息资源的供给水平。货运量、公路及铁路里程、铁路货车及载货汽车拥有量、主要港口万吨级泊位数反映物流产业基础设施的状态，物流业固定资产投资反映物流产业固定资产投资规模、比例关系和使用方向。从业人数反映物流产业规模及景气程度，考虑到数据的可得性，将国家统计局统计的铁路运输业就业人员数、公路运输业就业人员数、水上运输业就业人员数、航空运输业就业人员数及管道运输业就业人员数之和作为物流产业从业人数指标的数据。

用人均 GDP、第一产业对 GDP 的贡献率、第二产业对 GDP 的贡献率、工业对 GDP 的贡献率、第三产业对 GDP 的贡献率、社会商品零售总额、进出口总额等指标反映市场对于物流产业的需求情况，其他各产业的成长均对物流产业有促进带动作用。

需要特别说明的是，环境生态因子是定性指标，很难进行测度。因此将政策制度环境、产业环境及法律法规环境用物流产业环境指数进行表示，应用软评价的方法，即将五位专家对政策制度环境、产业环境及法律法规环境的主观评价分数进行综合，得到物流产业环境指数，指数越低，表示产业环境状态越差，反之，则表示产业环境状态越好，越有利于物流产业成长。

数据均来自中国物流年鉴，国家统计局及中国统计年鉴。

（2）模型构建。为了研究生态因子对物流产业成长的影响，首先构建多元回归模型：

$$y = b_0 + b_1x_1 + b_2x_2 + \cdots + b_ix_i + \mu \qquad (5-4)$$

其中，y 为被解释变量，本书中指物流产业的成长状态，用物流业增加值进行度量，x_i 为解释变量，是对物流业增加值具有影响的生态因子，这里指表 5－13 中的 18 个生态因子，$b_0, b_1, b_2 \cdots, b_i$ 为偏回归系数，是生态因子对物流产业影响程度的表示，μ 是随机误差量，表示其他未被列出生态因子的集合。

表 5 - 14 物流产业生态因子相关系数矩阵

	x_1	x_2	x_3	x_4	x_5	x_6	x_7	x_8	x_9	x_{10}	x_{11}	x_{12}	x_{13}	x_{14}	x_{15}	x_{16}	x_{17}	x_{18}	y
x_1	1	0.935	0.905	0.543	0.942	0.772	0.937	0.866	0.968	0.416	0.927	-0.357	-0.500	-0.583	0.505	0.952	0.860	0.724	0.943
x_2	0.935	1	0.985	0.771	0.994	0.914	0.987	0.976	0.989	0.270	0.991	-0.482	-0.594	-0.700	0.613	0.992	0.959	0.841	0.993
x_3	0.905	0.985	1	0.805	0.986	0.955	0.987	0.992	0.974	0.189	0.993	-0.548	-0.691	-0.788	0.710	0.987	0.987	0.897	0.990
x_4	0.543	0.771	0.805	1	0.740	0.885	0.749	0.851	0.725	-0.110	0.776	-0.621	-0.610	-0.721	0.658	0.740	0.821	0.808	0.756
x_5	0.942	0.994	0.986	0.740	1	0.918	0.993	0.977	0.988	0.276	0.996	-0.477	-0.621	-0.713	0.635	0.996	0.968	0.861	0.997
x_6	0.772	0.914	0.955	0.885	0.918	1	0.918	0.972	0.891	0.051	0.938	-0.618	-0.732	-0.831	0.762	0.915	0.972	0.904	0.925
x_7	0.937	0.987	0.987	0.749	0.993	0.918	1	0.977	0.984	0.208	0.993	-0.533	-0.656	-0.742	0.678	0.994	0.965	0.896	0.995
x_8	0.866	0.976	0.992	0.851	0.977	0.972	0.977	1	0.958	0.154	0.988	-0.569	-0.686	-0.784	0.711	0.975	0.989	0.914	0.981
x_9	0.968	0.989	0.974	0.725	0.988	0.891	0.984	0.958	1	0.317	0.985	-0.453	-0.585	-0.687	0.599	0.993	0.942	0.826	0.991
x_{10}	0.416	0.270	0.189	-0.110	0.276	0.051	0.208	0.154	0.317	1	0.226	0.482	0.272	0.195	-0.344	0.263	0.158	-0.112	0.250
x_{11}	0.927	0.991	0.993	0.776	0.996	0.938	0.993	0.988	0.985	0.226	1	-0.519	-0.664	-0.749	0.681	0.997	0.980	0.892	0.999
x_{12}	-0.357	-0.482	-0.548	-0.621	-0.477	-0.618	-0.533	-0.569	-0.453	0.482	-0.519	1	0.590	0.605	-0.733	-0.494	-0.555	-0.688	-0.502
x_{13}	-0.500	-0.594	-0.691	-0.610	-0.621	-0.732	-0.656	-0.686	-0.585	0.272	-0.664	0.590	1	0.961	-0.982	-0.642	-0.701	-0.815	-0.644
x_{14}	-0.583	-0.700	-0.788	-0.721	-0.713	-0.831	-0.742	-0.784	-0.687	0.195	-0.749	0.605	0.961	1	-0.953	-0.728	-0.782	-0.840	-0.731
x_{15}	0.505	0.613	0.710	0.658	0.635	0.762	0.678	0.711	0.599	-0.344	0.681	-0.733	-0.982	-0.953	1	0.657	0.721	0.848	0.660
x_{16}	0.952	0.992	0.987	0.740	0.996	0.915	0.994	0.975	0.993	0.263	0.997	-0.494	-0.642	-0.728	0.657	1	0.965	0.871	0.999
x_{17}	0.860	0.959	0.987	0.821	0.968	0.972	0.965	0.989	0.942	0.158	0.980	-0.555	-0.701	-0.782	0.721	0.965	1	0.906	0.972
x_{18}	0.724	0.841	0.897	0.808	0.861	0.904	0.896	0.914	0.826	-0.112	0.892	-0.688	-0.815	-0.840	0.848	0.871	0.906	1	0.877
y	0.943	0.993	0.990	0.756	0.997	0.925	0.995	0.981	0.991	0.250	0.999	-0.502	-0.644	-0.731	0.660	0.999	0.972	0.877	1

（3）多重共线性判断。多重共线性是统计分析中存在的普遍问题，严重的多重共线性导致分析结果不准确、参数估计经济意义不合理等问题。在进行数据分析前，有必要对所选数据进行多重共线性检验，将原始数据标准化并求出各变量间的相关系数矩阵，如表5－14所示，$x_1, x_2, \cdots, x_i$ 高度相关，说明解释变量间存在较严重的多重共线性。

（4）主成分分析。本书采用主成分回归消除变量间的多重共线性，因此先进行主成分分析，以下操作由SPSS17.0完成。

①求特征值及提取主成分。主成分提取原则是特征值大于1。根据表5－15，说明有两个主成分对应的特征值大于1，第一个主成分的特征值 $\lambda_1 = 14.141$，解释原有18个变量总方差的78.559%，累计方差贡献率为78.559%；第二个主成分的特征值 $\lambda_2 = 2.378$，解释原有18个变量总方差的13.21%，累计方差贡献率为91.769%，即选取两个主成分就可以解释所有信息的90%以上，符合累计贡献率达85%以上的要求，因此本研究提取两个主成分。

表5－15　　总方差解释

主成分	方差贡献率			提取平方和		
	总量	方差比%	累计方差比%	总量	方差比%	累计方差%
1	14.141	78.559	78.559	14.141	78.559	78.559
2	2.378	13.210	91.769	2.378	13.210	91.769
3	0.647	3.596	95.365			
4	0.395	2.195	97.559			
5	0.200	1.113	98.673			
6	0.104	0.575	99.248			
7	0.068	0.379	99.627			
8	0.026	0.145	99.772			
9	0.022	0.120	99.893			
10	0.011	0.061	99.954			
11	0.004	0.020	99.974			
12	0.002	0.011	99.984			
13	0.002	0.009	99.993			
14	0.001	0.005	99.998			

续 表

主成分	方差贡献率			提取平方和		
	总量	方差比%	累计方差比%	总量	方差比%	累计方差%
15	0.000	0.002	100.000			
16	9.214E-5	0.001	100.000			
17	2.896E-5	0.000	100.000			
18	2.663E-6	1.480E-5				

②求成分载荷矩阵及主成分特征向量，得到主成分表达式。如表5-16（成分载荷矩阵）所示，表5-16反映主成分与变量间的数量关系，第一主成分与物流活动相关专利数、互联网用户数、移动电话普及率、邮电业务量、货运量、公路及铁路里程、铁路货车及载货汽车拥有量、主要港口万吨级泊位数、物流业固定资产投资、人均GDP、第三产业对GDP的贡献率、社会商品零售总额、进出口总额及环境指数相关；第二主成分与从业人数、第一产业对GDP的贡献率、第二产业对GDP的贡献率和工业对GDP的贡献率相关；提取两个主成分基本可以反映全部变量信息。用成分载荷矩阵的数据除以相对应主成分特征值的算术平方根，得到主成分的特征向量，各特征向量对应主成分表达式中变量（标准化后的）的系数，如表5-17所示。

表5-16　　成分载荷矩阵

标准化数据	主成分	
	1	2
物流活动相关专利数 x_1	0.875	0.388
互联网用户数 x_2	0.964	0.231
移动电话普及率 x_3	0.991	0.112
邮电业务量 x_4	0.827	-0.188
货运量 x_5	0.970	0.225
公路及铁路里程 x_6	0.966	-0.056
铁路货车及载货汽车拥有量 x_7	0.979	0.157
主要港口万吨级泊位数 x_8	0.989	0.077
物流业固定资产投资 x_9	0.954	0.272
物流业从业人数 x_{10}	0.098	0.910

续 表

标准化数据	主成分	
	1	2
人均 GDPx_{11}	0.985	0.162
第一产业对 GDP 贡献率 x_{12}	-0.615	0.563
第二产业对 GDP 贡献率 x_{13}	-0.764	0.492
工业对 GDP 贡献率 x_{14}	-0.841	0.398
第三产业对 GDP 贡献率 x_{15}	0.788	-0.549
社会消费品零售总额 x_{16}	0.975	0.205
进出口总额 x_{17}	0.982	0.072
物流产业环境指数 x_{18}	0.936	-0.216

表 5-17　主成分特征向量（变量系数）

标准化数据	主成分	
	1	2
物流活动相关专利数 x_1	0.233	0.252
互联网用户数 x_2	0.256	0.150
移动电话普及率 x_3	0.264	0.073
邮电业务量 x_4	0.220	-0.122
货运量 x_5	0.258	0.146
公路及铁路里程 x_6	0.257	-0.036
铁路货车及载货汽车拥有量 x_7	0.260	0.102
主要港口万吨级泊位数 x_8	0.263	0.050
物流业固定资产投资 x_9	0.254	0.176
物流业从业人数 x_{10}	0.026	0.590
人均 GDPx_{11}	0.262	0.105
第一产业对 GDP 贡献率 x_{12}	-0.164	0.365
第二产业对 GDP 贡献率 x_{13}	-0.203	0.319
工业对 GDP 贡献率 x_{14}	-0.224	0.258
第三产业对 GDP 贡献率 x_{15}	0.210	-0.356
社会消费品零售总额 x_{16}	0.259	0.133

续 表

标准化数据	主成分	
	1	2
进出口总额 x_{17}	0.261	0.047
物流产业环境指数 x_{18}	0.249	-0.140

主成分表达式为：

$Y_1 = 0.233zx_1 + 0.256zx_2 + 0.264zx_3 + 0.22zx_4 + 0.258zx_5 + 0.257zx_6 + 0.26zx_7 + 0.263zx_8 + 0.254zx_9 + 0.026zx_{10} + 0.262zx_{11} - 0.164zx_{12} - 0.203zx_{13} - 0.224zx_{14} + 0.21zx_{15} + 0.259zx_{16} + 0.261zx_{17} + 0.249zx_{18}$

$Y_2 = 0.252zx_1 + 0.15zx_2 + 0.073zx_3 - 0.122zx_4 + 0.146zx_5 - 0.036zx_6 + 0.102zx_7 + 0.05zx_8 + 0.176zx_9 + 0.59zx_{10} + 0.105zx_{11} + 0.365zx_{12} + 0.319zx_{13} + 0.258zx_{14-0.356zx\,15} + 0.133zx_{16} + 0.047zx_{17} - 0.14zx_{18}$

其中，Y_1 表示第一主成分表达式，Y_2 表示第二主成分表达式，zx_i 表示标准化的变量。

③计算主成分得分。根据主成分表达式可求出主成分 Y_1 和主成分 Y_2 的数值，再分别用第一主成分与第二主成分特征值比两个主成分特征值之和作为 Y_1 和 Y_2 的系数得出综合得分表达式 $Y = 0.856Y_1 + 2.778Y_2$，计算结果如表5－18及图5－22所示。图5－22能更直观地显示1992—2013年我国物流产业成长变化动态与趋势，从综合得分情况来看，我国物流产业从2000年以来，得到快速的成长，尤其是近几年国家对物流产业越来越重视，鼓励大力发展物流产业，上升趋势明显，符合5.1.3中对物流产业即将迎来快速成长期的推断。

表5－18　　主成分得分及排名

年份	主成分1得分	主成分2得分	综合得分
1992	-4.462	1.859	1.344
1993	-4.297	0.972	-0.979
1994	-4.112	1.035	-0.644
1995	-3.873	2.130	2.603
1996	-3.745	1.938	2.179
1997	-3.098	0.856	-0.275

续 表

年份	主成分 1 得分	主成分 2 得分	综合得分
1998	-3.083	0.143	-2.240
1999	-2.521	-0.736	-4.203
2000	-2.295	-0.871	-4.385
2001	-0.925	-2.716	-8.336
2002	-0.852	-2.523	-7.738
2003	-0.989	-0.891	-3.321
2004	-0.570	-0.551	-2.018
2005	0.611	-1.367	-3.275
2006	1.389	-1.625	-3.324
2007	2.234	-1.681	-2.757
2008	2.779	-0.954	-0.272
2009	3.765	-0.566	1.651
2010	4.544	0.358	4.886
2011	5.370	0.709	6.567
2012	6.543	2.078	11.375
2013	7.587	2.401	13.163

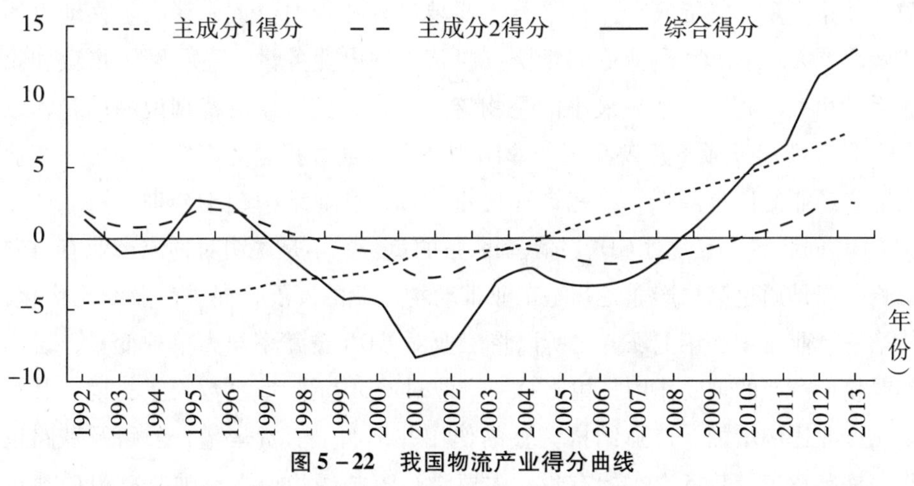

图 5－22　我国物流产业得分曲线

（5）主成分回归。将标准化的因变量物流产业增加值 *zy* 对第一主成分 Y_1 和第二主成分 Y_2 进行回归，$R^2 = 0.995$，方差分析显示 $F = 1722.392$，

Sig. =0.000，系数结果如表 5-19 所示，得到回归方程 $zy = 0.26Y_1 + 0.126Y_2$，回归结果表明，回归模型在整体上显著，拟合优度非常高，说明线性回归模型设计较好，Y_1 与 Y_2 的系数在统计上非常显著，方差膨胀因子 VIF 小于 10，说明变量间不存在多重共线性。

表 5-19　系数

	非标准化系数		标准化系数	t	Sig.	共线性统计	
	B	标准差	Beta			容限	方差膨胀因子
常数	-9.773E-7	0.017	—	0.000	1.000	—	—
Y_1	0.260	0.005	0.978	57.575	0.000	1.000	1.000
Y_2	0.126	0.011	0.194	11.398	0.000	1.000	1.000

将主成分表达式 Y_1 与 Y_2 代入回归方程 $zy = 0.26Y_1 + 0.126Y_2$ 得到标准化的物流产业增加值与各变量的函数关系并还原到原始变量关系：

$$y = -5372.2 + 0.044x_1 + 0.046x_2 + 0.293x_3 + 0.05x_4 + 9.715x_5 + 5.431x_6 + 1.881x_7 + 1.621x_8 + 0.069x_9 + 0.001x_{10} + 0.075x_{11} + 21.14x_{12} - 21.466x_{13} - 37.564x_{14} + 13.781x_{15} + 0.0142x_{16} + 0.01x_{17} + 4.168x_{18}$$

该函数表达式显示影响我国物流产业成长最主要的生态因子是三次产业对 GDP 贡献率（尤其是工业）、货运量、公路及铁路里程、物流产业环境指数、铁路货车及载货汽车拥有量及主要港口万吨级泊位数，其次是移动电话普及率、人均 GDP、物流业固定资产投资、邮电业务量、互联网用户数和物流活动相关专利数，影响最小的是物流业从业人数。需要特别说明的是，三次产业对 GDP 贡献率反映我国产业结构情况。随着我国经济发展，第一产业及第二产业的比重降低，第三产业比重增加，产业结构趋于合理。第二产业对 GDP 贡献率、工业对 GDP 贡献率系数的负号并不是说明对物流产业有负向影响，而是通过第二产业尤其是工业带动物流业的发展，促进产业结构优化，使第三产业比重逐年上涨。之所以将工业对 GDP 贡献率作为单独变量，说明其对物流产业的重要作用，相比第一产业对 GDP 贡献率系数为正，说明其对第三产业比例增加、产业结构调整的作用并不明显。货运量、公路及铁路里程、铁路货车及载货汽车拥有量、主要港口万吨级泊位数反映基础设施建设的重要性。物流产业环境指数反映物流产业成长环境对其正向影响。移动电话普及率、邮电业务量和互联网用户数反映信息化水平。人均 GDP、物流业固定资产投资反映经济发展情况。物流活动相关专利数反映技术创新情况，其他指标对物流产业成长也有不同程度的影响。物流业从业人数对其影响最小，主要是物流技术、信息化极大提高了劳动效率，物流业从业人员可能会减少，而随着物流规模的扩大，从业人员又会增加。近9年的数据表明物流业从业人数变化较小，近5年几乎没有变化，因此该指标很难完全反映物流产业的成长状态。

（6）模型检验。将1992—2013年解释变量统计数据代入回归模型，可求出对应的物流产业增加值预测值。预测值与实际值比较见图5-23。图5-23显示主成分回归模型的预测值与实际值拟合程度很好，除个别年份数据偏差较大，绝大部分的偏差较小（误差在10%以下的占68.2%），最小误差为0.013%，近10年平均误差仅为3.6%，说明主成分回归模型科学合理。

应用主成分回归方法，消除了变量间多重共线性，保留全部解释变量，可清晰反映各解释变量对物流产业的影响程度，拟合效果很好。

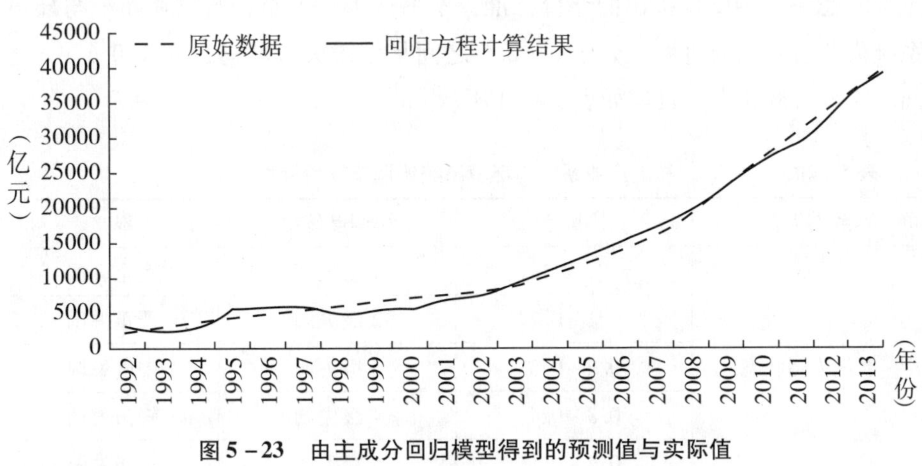

图5-23 由主成分回归模型得到的预测值与实际值

5.2.3 物流产业与环境的协同度测度

满足物流产业生态化需求，就必须实现物流产业系统与环境系统的协同发展。本节探讨我国物流产业子系统与环境子系统的协同度。从之前的分析已得知物流产业与经济环境的相关关系，因此这里仅讨论物流产业子系统与生态环境子系统的协同关系。利用4.5.3中协同度模型对我国物流产业系统与环境系统的协同度进行测度。

1. 指标筛选

由于中国环境统计年鉴数据中各类环境污染排放指标是按工业及生活进行分类的，未对物流业进行专门独立的统计，而且物流活动对环境影响最大的是运输造成的尾气排放，鉴于数据的可得性及对物流产业、环境影响较大因素，选取2003—2012年十年数据，物流产业系统序参量指标为社会物流总额，物流业增加值，固定资产投资，交通运输业、仓储业及邮政业能源消耗量，货物周转量；选取环境系统序参量指标为交通运输业、仓储业及邮政业碳排放量，烟（粉）尘排放量，城市绿化覆盖面积，环境污染治理投资总额，水土流失治理面积。需要特别说明的是，碳排放量依据IPCC碳排放指南进行测算，全部数据来源于中国统计年鉴、中国物流年鉴及中国环境统计年鉴。

2. 协调度评价标准的确定

由于协调度计算结果介于0～1之间，因此越趋于0，则协调度越低，说明系统间的协调程度越差，反之则越好。借鉴张亚贞（张亚贞，2014）、豆志杰（豆志杰，2013）提出的评价标准，本书认为0.5是物流产业系统与环境系统失调与协调的边界，介于0～0.5之间是系统失调状态，介于0.5～1之间是系统协调状态，具体如表5－20所示。

表5－20 物流产业系统与环境系统协调度评价标准

系统状态	协调度	协调度等级	释义
系统失调状态	0～0.1	1级失调	完全失调
	0.1～0.2	2级失调	严重失调
	0.2～0.3	3级失调	中度失调
	0.3～0.4	4级失调	轻微失调
	0.4～0.5	5级失调	边缘失调
系统协调状态	0.5～0.6	1级协调	边缘协调
	0.6～0.7	2级协调	基本协调
	0.7～0.8	3级协调	较为协调
	0.8～0.9	4级协调	非常协调
	0.9～1.0	5级协调	完全协调

3. 指标处理

为使测度结果更为准确，首先，用SPSS软件将数据进行标准化处理，消除量纲；其次，用SPSS软件确定各指标间的相关系数矩阵并确定反映各指标间的影响程度的系数 R_i；最后，将 R_i 进行归一化处理即得到各序参量权重。具体计算结果如表5－21～表5－24所示。

表5－21　　物流产业子系统标准化数据

年份	社会物流总额	物流业增加值	固定资产投资	能源消耗量	货物周转量
2003	－1.19812	－1.20271	－1.16769	－1.54718	－1.41649
2004	－1.0227	－1.02056	－1.00144	－1.07614	－1.0147
2005	－0.82762	－0.85691	－0.85651	－0.75002	－0.73599
2006	－0.60115	－0.6545	－0.61453	－0.39698	－0.5149
2007	－0.29065	－0.34132	－0.43687	－0.08464	－0.24822
2008	0.00077	－0.01468	－0.16547	0.09402	－0.08499
2009	0.13487	0.32609	0.48319	0.23846	0.31967
2010	0.706	0.78934	0.94238	0.68165	0.73514
2011	1.36157	1.29124	1.08061	1.1417	1.30211
2012	1.73703	1.684	1.73633	1.69912	1.65838

表5－22　　环境子系统标准化数据

年份	碳排放量	烟（粉）尘排放量	城市绿化覆盖面积	环境污染治理投资总额	水土流失治理面积
2003	－1.57526	－1.08395	－1.54376	－1.18324	－1.58016
2004	－1.22841	－0.7185	－1.17822	－1.05559	－1.22577
2005	－0.74438	－0.62714	－0.83174	－0.84477	－0.81583
2006	－0.41038	－0.53577	－0.51081	－0.75579	－0.37701
2007	－0.04817	－0.35305	0.24232	－0.38651	－0.00887
2008	0.29863	－0.26169	－0.025	0.14009	0.25658
2009	0.45539	－0.17032	0.49255	0.27355	0.71414
2010	0.60091	0.19513	0.82463	1.25095	1.06299
2011	1.08987	1.6224	1.04896	1.04407	1.50601
2012	1.56181	1.93289	1.48108	1.51724	0.46793

表 5-23　　物流产业子系统相关系数矩阵与权重

物流产业子系统指标	社会物流总额	物流业增加值	固定资产投资	能源消耗量	货物周转量
社会物流总额	1	0.997	0.983	0.984	0.993
物流业增加值	0.997	1	0.993	0.982	0.995
固定资产投资	0.983	0.993	1	0.97	0.986
能源消耗量	0.984	0.982	0.97	1	0.993
货物周转量	0.993	0.995	0.986	0.993	1
R_i	3.957	3.967	3.932	3.929	3.967
权重	0.2003	0.2008	0.1991	0.1990	0.2008

表 5-24　　环境子系统相关系数矩阵与权重

环境子系统指标	碳排放量	烟（粉）尘排放量	城市绿化覆盖面积	环境污染治理投资总额	水土流失治理面积
碳排放量	1	0.894	0.985	0.949	0.908
烟（粉）尘排放量	0.894	1	0.875	0.878	0.742
城市绿化覆盖面积	0.985	0.875	1	0.952	0.916
环境污染治理投资总额	0.949	0.878	0.952	1	0.887
水土流失治理面积	0.908	0.742	0.916	0.887	1
R_i	3.736	3.389	3.728	3.666	3.453
权重	0.2079	0.1886	0.2074	0.204	0.1921

4. 物流产业子系统与环境子系统协同度测度

选取我国 2003—2012 年十年相关数据，根据式（4-33）、式（4-34）计算两个子系统的有序度，以 2003 年为基期，根据式（4-35）及权重测算出两个子系统的协同度，计算结果如表 5-25 及图 5-24 所示。

表 5-25　　物流产业子系统与环境子系统协同度测度结果

年份	物流产业子系统有序度	环境子系统有序度	两系统协同度
2003	0.19892	0.39645	—
2004	0.23234	0.40740	0.01913
2005	0.26520	0.43482	0.05043

续 表

年份	物流产业子系统有序度	环境子系统有序度	两系统协同度
2006	0. 30413	0. 46302	0. 08369
2007	0. 35757	0. 53006	0. 14559
2008	0. 41851	0. 53934	0. 17714
2009	0. 51341	0. 59730	0. 25133
2010	0. 61608	0. 68313	0. 34582
2011	0. 71407	0. 58886	0. 31483
2012	0. 80108	0. 53892	0. 29290

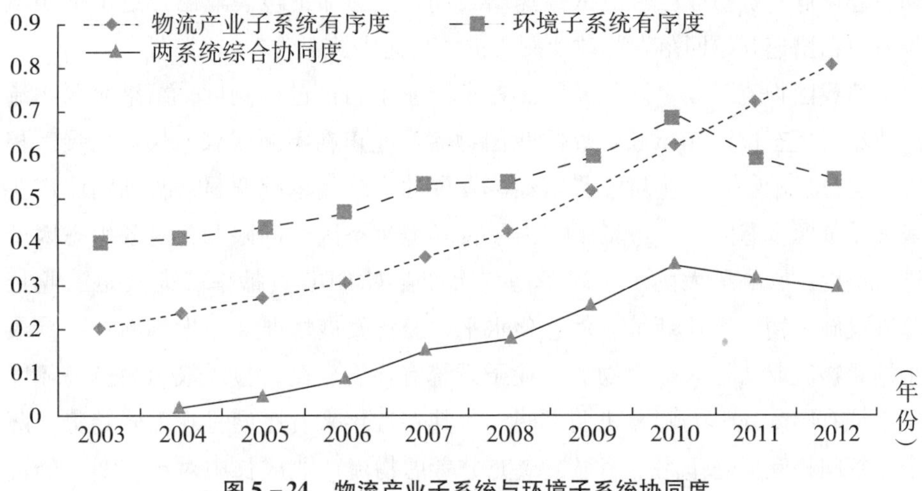

图 5 – 24 物流产业子系统与环境子系统协同度

从表 5 – 25 及图 5 – 24 可得出以下结论：

物流产业子系统有序度逐年增加，从 2003 年的接近 0. 2 上升至 2012 年的 0. 8，有序度呈现较为协调状态，反映我国物流产业近年来快速增长所取得的巨大进步；从曲线变化趋势来看，环境有序度的趋势不断提高，但从 2010 年有序度显现出下降趋势，说明近年来环境问题严重，系统内部的有序度已处于协调与失调的边缘；两个系统的协同度曲线显示两者的协同度较低，最高的协同度仅有 0. 35，属于中度失调。从 2010 年起，两系统协同度开始下降，在物流产业子系统协同度大幅度增加的同时，环境子系统的协同度有明显下降，说明两系统的成长未实现相互促进与相互协调。物流产业的成长带来诸多环境问题，因此在今后的物流产业成长中应重视环境问题，实现物流与环境的协调共生与相互促进。

5.3 本章小结

我国物流产业经历了计划阶段（1949 年 ~20 世纪 70 年代末）、物流概念引入阶段（20 世纪 80 年代初 ~20 世纪 80 年代末）、物流产业形成初期（20 世纪 90 年代初 ~2000 年）、物流产业形成后期（2001 年至今），产业成长速度不断加快，总体规模也在增长，但也存在物流费用过高、能源消耗较高等问题。

采用 logistic 模型回归对我国物流产业及物流各子产业所处成长阶段进行测度，我国物流产业目前处于形成期后期，其中，交通运输业处于形成期后期，仓储业和贸易业已经进入高速增长期，流通加工包装业已经过了最快增长阶段，增速开始回落，邮政业刚刚进入高速成长期。

对我国物流产业生态位及物流各子产业生态位进行测度，结果表明物流产业绝对生态位逐年增长，反映我国物流产业正在不断成长、快速发展。相对生态位显示物流产业对于我国经济发展的贡献越来越明显；我国物流产业成长受资源生态因子、市场生态因子及环境生态因子的限制，对各生态因子进行测度，影响最大的生态因子是三次产业对 GDP 贡献率（尤其是工业）、基础设施、物流产业环境、信息化水平、经济发展情况和技术创新，影响最小的是物流业从业人数；物流产业子系统有序度较高，显示较为协调，环境子系统有序度处于失调与协调之间，尤其在近年来有序度呈现下降趋势，两个系统间相互促进作用不明显，应充分考虑物流产业成长中对环境产生的负面影响。

6　我国物流产业成长目标及路径

6.1　我国物流产业成长的战略目标

在第5章中我们已经通过logisitc模型对我国物流产业成长的阶段及各子产业的成长阶段进行了计算，并得出我国物流产业处于形成期后期的结论，但仅了解我国物流产业成长的阶段是不够的，还需要明确我国物流产业的成长目标。1954年，现代管理学之父彼得·德鲁克在其著作《管理实践》中提出了目标管理的概念，他认为先有目标才能工作。虽然该理论被广泛用于企业管理之中，但产业成长与企业成长过程非常相似，物流产业成长也是需要有目标的，而且成长目标也应具有战略性，只有有明确切实可行的目标，物流产业的成长才能更有方向性。成长过程中的对策及路径也一定是有针对性及可操作性的。结合物流产业成长的动力机制、我国物流产业成长的现状及特点，本书认为我国物流产业成长的战略目标为物流产业的生态化，对该战略目标做如下解析。

1. 物流产业生态化是均衡发展的保证

物流产业成长的生态化过程实际是物流产业系统的生态化过程。对我国来说，物流产业的成长处于形成期后期，马上要进入快速成长期。在第5章的实证中证实我国物流产业与环境之间协同度很低，两者间相互促进作用不明显，物流产业在成长中对环境的影响不容小觑，随着物流产业成长速度的加快，其对环境的影响越来越大。在这里需要明确一个问题，追求物流产业生态化的过程是不是就不要发展了？是不是要完全以环境结果为主而不考虑物流产业自身的成长呢？在研究过程当中发现，多数生态化的研究都是围绕环境友好来实现的，却忽视了自身的成长与发展。本书认为物流产业生态化的过程并不是以发展物流破坏环境为代价，更不是为了保护环境而使物流产业的成长停滞不前，我们所追求的物流产业生态化是均衡的生态化过程，是物流产业可持续发展的过程。在这个过程中，以环境保护为前提，以提高物流效率为目的，以实现快速响应为宗旨，以降低成本为方向。生态化的过程中会存在着环境与物流产业成长之间的损益矛盾，如大力发展运输产业，必然会造成更多的尾气排放和噪声污染。如何解决这种损益矛盾，在环境保护与物流产业的成长之间找到平衡点，实现均衡发展，这是应该关注和解决的问题。

2. 物流产业生态化是实现物流资源整合的途径

虽然我国近年来对物流产业的扶持力度较大，物流产业的成长也实现了长足的进步，但在物流产业成长过程中也暴露出许多问题，较为突出的问题是资源利用效率低，如货车空返率高、仓储资源利用率低、第三方物流企业规模较小等各类问题普遍存在，而提高资源利用率的有效途径即实现物流资源的整合，物流资源整合可以实现资源的重新组合及重新分配，节约资源的同时又提高效率。物流产业生态化的过程促进了物流资源整合的实现，同时可提高物流资源的回收利用率，加强物流资源的合理配置。

3. 物流产业生态化是建设环境友好型社会的重要环节

环境友好型社会是经济活动与自然环境协调发展的存在状态，作为第三产业的主体，物流产业在推动我国经济不断发展的过程中也带来了许多严重的环境问题。建设环境友好型社会，物流产业是重要环节，通过物流产业生态化的实现，可从根本上减少物流产业在成长中对环境造成的污染。用清洁生产替代传统的末端治理，可以有效地解决物流产业在成长中带来的环境问题。清洁生产的核心是强调污染预防，强调全过程控制污染，强调节约资源。在物流产业中应用清洁生产的思想是实现物流产业生态化的有效途径和方法。

6.2 我国物流产业生态化的障碍

在理论探讨中，绿色物流、生态物流、物流产业生态系统等反映物流产业生态化过程的相关研究很多见。国内外学者从不同角度、不同层次也进行了深入分析，但关于如何实现物流产业生态化的相关实践却远不及理论研究。人们在物流产业生态化实践的过程中由于存在各种因素、各类障碍，使物流产业生态化的进程较为缓慢，资源利用矛盾及环境污染问题依然突出。

6.2.1 理念障碍

1. 理论研究不足

生态化的相关理论在相关研究中涉及较多。研究学者们将研究对象集中于农业、工业、环境等方面，但对物流产业生态化的研究极少。一方面，物流本身的相关理论并不成熟，我国物流产业的成长速度近几年虽然呈现较快的势头，但我国物流理论的研究还处于起步阶段，物流理论创新力不足。另一方面，国内多数学者对物流的相关研究更多地局限于物流产业的快速成长与发展，并未意识到物流产业生态化对于物流产业可持续发展的重要意义，即使有学者进行了相关研究，研究内容也不深入，仅是泛泛地谈物流与环境之间的关系，而并未对如何解决这种问题进行深入探讨。理论对实践进行指导，因此在理论研究并不成熟的条件下无法在实践中指导物流产业生态化的实现路径，这在某种程度上限制了物流产业生态化的进程。

2. 主体意识淡薄

在物流活动实现的过程中，被服务方（客户）的主要诉求是高效低成本，而服务方（从事物流活动的企业或部门）的主要诉求是快速响应，满足客户需求。在提供服务的过程中，若服务方一味追求客户的满意率，在物流运作过程中就可能导致各类不合理的物流现象出现，如超载、过度包装等。而这些不合理的现象也正是“不生态”的物流活动，物流服务的各方主体都以效率和成本作为其主要目标，缺乏主动实现“生态化”的物流活动的主体意识。因为生态化的物流活动会增加成本，这种淡薄的意识也增加了物流产业生态化的推进难度。

3. 总体重视程度不够

对物流产业成长中出现的环境污染问题已成为共识，但绝大多数人并未意识到这种污染意味着什么，也并未将物流产业生态化作为战略目标来对待，并未树立物流与环境协调成长的观念。在把握物流产业成长的方向时，往往将物流产业增加值、货运量等指标作为发展的重中之重，却忽视了在物流产业成长中对环境造成的负面影响。

6.2.2 技术障碍

物流活动对环境造成的污染和负面影响主要体现在以下几个方面。首先，运输是物流活动中最为重要的活动，其成本占物流总成本的50%左右，运输活动在消耗大量能源的同时对环境也造成了巨大的影响，尤其以公路运输为首，包括尾气排放对大气造成的污染，噪声污染，运输的各类不合理现象造成运输效率低下，如过远运输、迂回运输、运输组织不合理等会加剧尾气排放与噪声污染。汽车排放的一氧化碳、氮氧化物和碳氢物是大气污染的第一罪魁，超过了钢铁厂、发电厂和集中供热设备，尾气中的二氧化硫甚至占到了大气污染总量的30%，汽车排放的烟尘也占可吸入颗粒物污染的20%（刘敬，2006）。其次，仓储作为物流活动中比例第二大的活动，在进行仓储作业时，操作不当可能引起被保管货物的泄露损坏，对周围环境造成较大污染，另外仓储布局不合理也会降低效率；再次，包装在保护商品、促进销售的同时，大量一次性包装、不可降解包装留下长久污染。最后，流通加工是生产加工的补充，在加工过程中会产生大量废物废料，对环境造成较大影响。

解决以上环境问题，技术支持是核心更是途径，利用技术进步、技术创新等能够提高物流资源的利用效率，加强物流资源的整合力度，减少废水、废气及废弃物的排放，降低能耗和环境污染。物流产业中各类活动对环境都会造成不同程度的影响，但污染较大的活动主要包括运输活动、包装活动和流通加工活动，因此有针对性地进行物流技术的创新、开发及应用至关重要。在实践应用中，与生态化相关的物流技术（如绿色包装、绿色运输工具、物流信息化与物联网等）的应用比例较低，较西方发达国家有明显差距。在物流产业生态化的进程中，物流技术又成为最关键的要素之一，物流技术的创新与应用以理论研究为基础，以技术创新环境为保障。在当前相关研究较缺乏、创新环境欠佳的状态下，形成了一道阻碍物流产业生态化的屏障。

6.2.3 制度障碍

没有良好的政策引导，没有相关法律法规的支持，我国物流产业生态化就无法实现。就目前而言，我国相关的政策制度及法律法规对物流产业生态化形成较大的障碍，主要表现在以下几个方面。

1. 未形成良好的政策制度环境

我国对于环境保护及物流产业的成长都较为重视，一方面，针对物流产业的发展颁布了多项政策，如国务院颁布的《物流业调整和振兴规划》及促进物流业发展的8项措施（物流业的“国八条”）等，同时国务院与交通部也不断出台不同层面的法律法规以规范物流产业活动，如《中华人民共和国公路法》《中华人民共和国铁路法》《公路、水路、铁路、航空货物运输合同实施细则》等，显示出国家对物流产业的重视与支持；另一方面，对于环境保护相关的政策法规也陆续出台，如《中华人民共和国环境保护法》《节约能源法》等，但几乎没有独立的基于环境保护的物流产业相关政策。有些绿色物流行为规定大多分散在不同的规范中，如《中华人民共和国清洁生产促进法》《中华人民共和国固体废物污染环境防治法》《中华人民共和国环境噪声污染防治法》《废弃电器电子产品回收处理管理条例》等法律及管理条例在法律精神上对绿色物流行为加以肯定，但却未对绿色物流法律行为加以系统规制（于皓月、李文华，2012）。这方面的政策、法规缺失导致难以从制度上对物流产业生态化行为进行约束，也无法对物流产业生态化的方向进行有益引导。没有良好的政策制度环境，就无法实现物流产业的生态化。

2. 缺乏激励机制

由于产业发展过程中的环境问题属于“市场失灵”的领域（虞震，2007），因此需要依靠政策引导、政府宏观调控激励政策等调节物流产业与环境之间的关系。但我国对低碳物流、绿色物流或生态物流等以保护环境为基本出发点的物流形态并没有形成有效的激励政策和手段，导致在物流产业成长过程中资源浪费严重，物流不合理现象普遍，对环境保护的重视程度不够等一系列问题产生，阻碍物流产业生态化的进程。

6.3 我国物流产业成长的生态化路径

我国物流产业生态化的实现依赖于生态化路径的选择与实施。本书从理论路径与实践路径两个层面入手，理论路径是物流产业生态化实现的理论支持，实践路径是物流产业生态化实现的现实保障，两者有机结合，构建有理论支撑的、切实可行的物流产业生态化路径体系。

6.3.1 我国物流产业成长的生态化理论路径

1. 产业生态系统的三级进化理论

产业生态理论的主要探索者之一 Braden R. Allenby 提出了产业生态系统的“三级进化”的理论，该理论认为自然界中的物质和能量流动与转化过程大致经历了线性流动、不完全循环和完全循环三个阶段的进化历程，才形成今天稳定的自然生态系统。在 3.1 中我们详细对自然生态系统与物流产业系统的相似性进行了分析，因此可以借用三级进化理论对物流产业系统的进化过程进行描述。

（1）一级物流产业生态系统。一级物流产业系统是线性流动，有无限资源与无限废物。在物流产业生态系统形成之初，产业形式极其简单，物质流动与能量交换仅限于物流活动之间。物流活动过程既包含材料的消耗也包含废物的产生，由于此时有无限的可利用资源，物质极大丰富，物流活动不受资源限制，同时也会产生无限的废弃物。由于资源无限，在一级系统下不考虑对废弃物的回收利用，造成资源浪费，对环境造成较严重的污染。

（2）二级物流产业生态系统。二级物流产业生态系统是不完全循环，有有限资源与有限废物。物流产业生态系统不断进化的过程中，其形式及结构变得更为复杂，由于受到环境的制约，所能利用的系统资源变得有限，所产生的废弃物也变得有限。此时系统内各要素联系更为紧密，物质流动与能量交换愈加频繁，出现了资源的循环利用，虽然此时的循环利用比一级物流产业系统更为节约，更有效率，但由于其输入的资源与输出的废物是有限的，是一种不完全循环的状态，对环境的影响依然较大。

（3）三级物流产业生态系统。三级物流产业生态系统是完全循环，有可持续的资源和可承载的废弃物。在这个阶段，产生的废弃物也可回收处理循环使用。这是个相对封闭的循环方式，资源利用速度、废弃物产生速度及回收利用速度达到平衡，产生的废弃物可由环境承载，此时实现可持续发展，这也是最为理想的物流产业系统，三级物流产业生态系统是不断进化的结果。

现代产业系统在很大程度上属于一级生态系统向二级生态系统过渡的模式（曲向荣，2012），物流产业生态系统也不例外，物流产业在成长中受到外界环境制约，能够利用的资源越来越有限。物流产业系统并非独立存在，其系统内各子系统间相互作用影响，物流产业系统与其他产业系统联动成长的同时还与外界环境形成相互制约的关系，这些要素及子系统变得越来越密切，物质交换与能量流动越来越频繁，从而形成物流产业链，对某些易于回收再利用的废弃物进行初步的循环利用，但此时的物流产业系统不能完全做到对废弃物最大程度的循环利用，导致废弃物越来越多，对环境也有很大负面影响，物流产业系统处于不完全循环状态。

2. 物流产业生态化的三个层面

物流产业生态化的过程实质是物流产业系统生态化的过程，构建物流产业生态系统是物流产业生态化的有效途径，因此本研究提出了物流产业成长生态化路径的三个层面（见下图）：理念层、技术层及组织层。理念层，即产业主体应深刻意识到产业生态化的重要性，要权衡经济利益与环境利益的关系，在社会层面大力宣扬环保意识，不能以损害环境利益而获取更多利润；技术层，在产业生态化过程中，产业发展必定会影响环境状态，如何在产业发展过程中实现生态经济，需要技术支持，如“清洁生产”“生态园区”等；三是组织制度层，良好的产业组织及政府组织是实现产业生态化的保障，产业组织能够协调产业内的企业关系及产业间的关系，引导健康的生产方式与竞争模式，促进产业生态化的进程，政府组织的政策支持与行业引导在产业生态化中也发挥着重要作用。

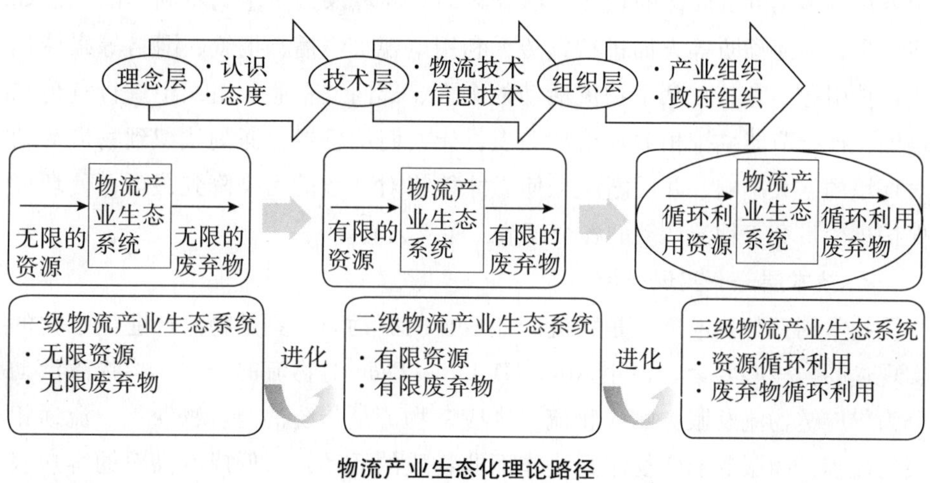

物流产业生态化理论路径

6.3.2 我国物流产业成长的生态化实践路径

根据物流产业成长的生态化理论路径，我国物流产业成长的生态化实践路径围绕物流产业生态系统进行构建，从理念层、技术层及组织层三个层面进行推进。首先，物流产业生态化是一个过程，转变观念是基础，理论基础是保障，对物流产业成长对环境的影响应有正确认识，对物流产业生态化的实现及路径应有深入研究；其次，物流产业运作时应大力推行环境友好型和资源节约型的物流技术和信息技术，提高物流效率的同时以技术推动物流产业生态化进程；最后，物流产业生态化的过程是产业组织过程和制度组织过程，在产业内部，将资源利用与环境保护贯穿于物流活动之中，实现物流产业与环境的协调进化，大力发展生态物流产业，在制度建设层面，完善相关法律法规，建立有效的激励机制，使粗放型物流经营向集约型物流经营转变。

我国物流产业成长的生态化实践路径是以理论路径为依托构建的物流产业生态化实施保障体系。

1. 理念层——基础支持

（1）鼓励物流产业生态化的理论研究。实践以理论为基础，为了更好地实现物流产业生态化，应鼓励深入研究物流产业生态化的途径方法，探讨物流产业生态化实现的可能性及实现需具备的条件，相关领域的期刊应设立相应专栏，掀起对该领域的广泛研究。

（2）加大宣传与培训力度，增强环保意识。不断拓宽环境保护宣传渠道，全方位、多角度从环保的意义、物流活动对环境保护产生的不利影响以及如何产生、如何预防等方面进行宣传，利用电视、广播、报纸、网络等媒体强化宣传引导。尤其在从事物流活动的个人、部门、企业和组织中进行宣传和培训，推行节能减排相关理论与知识，让人们从思想上深刻认识到物流活动对环境的巨大影响，并明晰应如何做才能将对环境的污染降到最低，使环境保护理念贯穿于物流活动的各个环节，深入人心。

2. 技术层——实现途径

技术创新与技术进步是物流产业成长的驱动力，更是物流产业生态化的实现途径与核心要素，借用 Arthur D. Little/Penn 对物流的分类，将物流活动分为供应链物流及服务响应物流。供应链物流是传统的与货物获得、流通相关的流程，而服务响应物流是协作而非物质的活动，以低成本高效的客户服务方式满足需求。因此，物流产业生态化的技术层既包含节能高效、减少污染的“硬”技术，也包含提高服务响应降低成本的“软”技术。

（1）面向环境友好的技术类型。从上述分析中得知，减少物流活动对环境的影响主要从两类技术入手，一是节能技术；二是减少污染排放技术。

①节能技术。5.1.2 中我们分析了物流产业各环节的能耗水平，了解到交通运输等行业的能耗水平持续上升，占总能耗的比例也不断加大，节能技术的开发利用是使物流降低能耗的关键。

在物流活动中，能耗最大的活动是运输，运输节能涉及的面很广，在设计、使用、维修等各环节都有应用。例如，在设计环节，增加节能车的研发投入，普及电动车及油电混合的使用，采用 LED 节能灯，采用燃油乳化技术、磁化技术，运用节油器；在使用环节，使用节能润滑剂等清除积碳，减少零部件磨损，降低燃油消耗；加强对驾驶人员的培训，学习节能驾驶方法；在维修环节，更换的油料可以进行再回收利用；在仓储环节，增加仓库窗体面积，利用自然光源以达到节电目的，采用节能照明，使用感应水源；对仓库进行合理布局，提高仓库利用率，对货物保管推行“5S”管理（整理、整顿、清扫、清洁、素养），保证货物的安全性及出入库的高效性。在其他物流活动中，涉及的主要能源包括电、水，因此可有针对性地对其进行节电、节水改造，建设绿色照明工程，以实现节能目标。

②减少污染排放技术。对物流活动而言，排放污染主要有两个方面，一是二氧化碳排放；二是有毒气体、颗粒物排放。随着二氧化碳排放量的增加，温室效应逐渐显现，几乎所有物流活动都会产生不同程度的碳排放量，尤其在包装上更为明显。因此，发展绿色包装技术，选择轻量化、高性能的包装材料，减少一次性包装使用，大力推行重复再利用和再生包装材料或可降解包装材料，对废弃包装物进行分类处理，这些对实现低碳包装至关重要。对于其他物流活动，应促进物流的合理化，避免或减少无效的物流活动，提高物流效率，选择碳排放较少的物流运作方式。

有毒气体、颗粒物排放的物流活动主要是运输，尤其是公路运输，尾气排放污染主要包括一氧化碳、二氧化硫、含铅化合物及固体颗粒物等，对环境污染也最为严重。针对该类排放污染，应寻找新型能源转化为燃料，大力促进车辆燃料的清洁化与多样化，推行天然气改造工程，采用无污染能源或低污染能源代替重污染能源，加快尾气排放标准的制定，严格进行尾气排放检测。

（2）面向提高效率的技术类型。物流信息技术是提高物流资源利用效率、物流运作效率的重要手段。目前应用较为广泛的物流技术包括全球定位系统（GPS）、地理信息系统（GIS）、射频识别技术（RFID）、电子数据交换（EDI）及各类物流管理软件，如仓库管理系统（WMS），这些物流技术在各类物流活动中都有较为广泛的应用。一方面，这些物流技术提高了物流的效率，实现了物流资源的节约；另一方面，也提高了客户的响应速度及满意度。随着产业间的相互融合和相互渗透，信息技术将会更为普遍地应用于物流产业中，在物流产业效率的提高及满足市场客户响应方面继续发挥重要作用。

3. 组织层——保障体系

（1）完善物流产业生态化制度体系。

①完善相关法律法规。如前所述，我国对物流产业及环保产业都有相关政策法规，但对绿色物流、生态物流或物流产业生态化的行为法规零散分布于其他法律法规中，缺乏系统性，内容不够完善，严重阻碍了物流产业生态

化进程。因此，为了保证物流产业能实现可持续发展、保护环境、节约资源，政府部门应制定相关法律法规，如物流产业生态法、物流产业生态经济法等，以提高物流资源利用率、实现物流产业可持续发展为目标，以生态化为实施手段，规范物流作业流程，制定物流行业标准，使物流作业更趋向规范化，具体来说体现在以下几个方面。

材料的供给与使用。物流活动中包装与流通加工都涉及材料的使用，因此材料的控制应从源头入手，严禁过度开发不可再生资源，鼓励绿色包装的使用，遵循 4R1D（Reduce，Reuse，Recycle，Refill，Degradable），即减量化、重复使用、回收再利用、填充再使用及能降解原则，严格控制环境污染源，减少包装材料对环境的负面影响。

设施、设备的利用。物流基础设施、设备直接决定物流运作效率，但在物流设备建设及物流设备使用过程中都存在着资源利用不合理及环境污染的情况，因此应对物流基础设施进行合理规划，避免重复建设，浪费不必要的资源，对造成巨大污染的运输过程中的尾气排放应重点控制，建立废气废物、粉尘及噪声排放标准，推广绿色运输。虽然我国已经颁布了多种排放标准与测量方法标准，但问题在于执行，因此，制定标准是一方面，更重要的是对执行情况的检查与监督。

物流流程的规范。物流活动包括正向物流和逆向物流。逆向物流系统的构建是物流产业生态化的重要环节，也是提高物流资源使用效率的有效途径。逆向物流是通过对物流活动的废弃物进行重新回收利用、处理循环使用的过程，是提高资源利用效率、减少环境污染的保障。虽然我国已经出台了不同商品的回收管理办法，如《废旧电器电子产品回收管理条例》《报废汽车回收管理办法》等，但却缺少面向整体物流、逆向物流相关的法律法规，而且由于逆向物流涉及的部门众多，法律中也缺少主要责任人的有关条款，因此，政府在颁布相关法律法规时，应充分明确责任主体，规范回收渠道，使回收流程标准化，提高法律法规的可操作性和适用性。

②营造良好的制度环境。政府对于任何产业的成长都有着极为重要的影响，物流产业也不例外，政府应在物流产业生态化进程中多些倾斜与扶持，经济措施与宏观调控并用，营造良好的制度环境，促进物流产业生态化的进程。首先，建立多元化逆向物流体系。逆向物流的实现并非个人行为，也非某个企业行为，而是产业链条各节点企业、个人、政府多方参与、合作实现的。以往的逆向物流更多强调末端回收与治理，事实上，生产者、分销商、

最终用户、第三方物流及专门从事逆向物流的企业和个人都是逆向物流的责任主体，政府应在各环节都明确每个企业及个人的责任及义务，建立长效的监督机制，确保物流活动产生的废弃物能够在各个环节得到及时有效的处理，变末端处理为过程处理，增加废弃物处理的效率；其次，形成有效的激励机制，对绿色行为进行鼓励，如对物流新技术研发的支持，贷款减息或各类财政补贴等，运用各种经济手段或政府的宏观调节，营造良好的制度环境，保障物流产业生态化的顺利实现。

（2）构建物流产业生态系统。产业生态系统构建是产业生态化的重要途径已成为业内共识。物流产业生态系统实质是模拟自然生态系统，实现开放系统的物质能量循环。通过第 3 章的分析，物流产业系统与生态系统在能量传递、信息交换等方面有诸多相似性。目前物流产业系统已具备了物流产业生态系统的某些特征，处于产业生态系统的二级阶段，但物流产业生态化的关键是建立较为完善的物流产业生态系统，即实现系统的完全循环，在有限的资源与环境可承载的废弃物间实现均衡。对于物流产业生态系统的构建主要通过以下两方面实现。

①构建物流产业生态链。物流产业生态系统是由物流产业链各节点（供应商、制造商、分销商、消费者、第三方物流、逆向物流运作商）相互作用而构成的。物流产业链是物流产业生态系统的主要架构，物流产业链的各企业在实现物流作业时，应实现清洁生产，即各主体提供物流服务时尽可能减少对环境产生直接或间接污染的行为，使用各类清洁技术，实现清洁运输、清洁仓储、清洁包装等，使清洁生产在物流产业上的链条延伸，延伸长度越长，涉及节点企业越多，物流产业生态链就越完整。

②构建物流产业生态网络。物流产业生态网络是生态链的集成，若干相互联系的产业生态链形成产业生态网络，该网络是基于环境友好的共生网络，网络内的各产业生态链相互作用，相互影响，最终实现网络平衡。物流产业生态网络要求各节点企业在规模、类型上实现互补、相互匹配，实现物质循环再利用。

（3）制定合理的物流生态化战略规划。物流产业生态化，除了政策与技术支持，也离不开具体的规划，物流产业生态化是各物流子产业生态化的共同结果，这就要求运输业、仓储业、流通加工业、包装业、装卸搬运业、配送业及信息业在产业组织及产业规划方面有完备的筹划。

①增加市场集中度，实现规模效益。目前我国物流产业市场集中度较低，

物流企业规模普遍偏小，处于散、乱、小的状态，服务内容单一，难以实现规模效益，物流成本居高不下，资源消耗大，物流产业的专业化、组织化程度低。针对上述问题，首先，我国应引导企业多应用第三方物流，大力发展第三方物流，扩大物流规模，整合社会物流资源，实现规模效益，重点发展龙头物流企业，以带动整个第三方物流产业的发展，提高物流运作效率；其次，加强基础设施建设，以物流园区、物流中心为节点，以配送中心、各类仓储中心为枢纽，构建物流空间格局与体系，为物流产业的效率提升提供保障。

②物流合理化。物流资源的浪费、效率低下、物流成本的上升及环境污染很大程度上是由于物流不合理而造成的。物流合理化是从系统的角度出发对物流资源进行合理有效配置，实现物流效率最大化。物流合理化的过程是物流系统优化过程，充分考虑到物流成本与物流服务的背反关系，物流各要素间的背反关系，使物流总成本最低，资源利用率最高。具体来说，物流合理化的内容包括运输合理化、仓储合理化、装卸搬运合理化、配送合理化、包装合理化、流通加工合理化等。这就需要信息实现一体化，在各物流要素间实现信息共享，保证物流合理化的实现。

③促进物流产业升级。物流产业作为我国第三产业的中坚力量，其成长速度与发展状态直接影响我国经济的发展。推动物流产业升级是进行产业结构调整的重要途径，加快物流产业信息化建设，完善物流信息网站，拓宽物流信息传播渠道，推广物流软件的实施，推行物流信息技术的应用，发展现代物流，整合物流资源，发展系统物流、大物流，促进物流产业的转型升级。

6.4 本章小结

我国物流产业成长的战略目标是物流产业的生态化，物流产业生态化在均衡发展、物流资源整合及建设环境友好型社会方面起到重要作用。物流产业生态化的过程并不是以发展物流破坏环境为代价，更不是为了保护环境而使物流产业的成长停滞不前，我们所追求的物流产业生态化是均衡的生态化过程，是物流产业可持续发展的过程。但物流产业生态化进程中存在诸多障碍，包括理念障碍、技术障碍及制度障碍。实现物流产业的生态化，必须要克服众多障碍。本章从理论及实践两个层面对我国物流产业成长的生态化路径进行探讨，认为我国实现物流产业生态化要从理念层、技术层及组织制度层三方面入手。在理念层，鼓励物流产业生态化的理论研究，加大宣传与培训力度，增强环保意识；在技术层，既包含节能高效、减少污染的“硬”技术，也包含提高服务响应降低成本的“软”技术；在组织制度层，应不断完善物流产业生态化制度体系，构建物流产业生态系统，制定合理的物流生态化战略规划，全面推进我国物流产业生态化进程。

7 结论与展望

7.1 结论

物流产业成长是一个复杂漫长的过程，符合自然生态规律。目前我国物流产业成长速度虽然较快，但也显现出若干问题，如能源消耗过高、环境污染严重等。为了促进我国物流产业健康快速成长，必须要明确物流产业成长的战略目标，了解物流产业成长机制。因此本书选择“基于生态理论的物流产业成长”为主题，对物流产业成长进行生态学分析，深入剖析物流产业的成长机制，明确我国物流产业成长目标，提出实现路径。通过研究，本书得出以下结论。

(1) 物流产业系统与生态系统类比，在组成、结构、信息传递、能量流动等方面有诸多相似性，这体现了用生态理论研究物流产业成长的科学性与合理性，物流产业成长中表现出生态因子和物流生态位等生态特性。在明确了物流产业生态阶段的基础上，重新定义物流产业成长的生命周期，即形成期、竞争期、创新期、进化期，四个时期是往复循环的过程，最终实现产业进化，在进化过程中，物流产业成长形成了延续规律、竞争规律、创新规律及进化规律。

(2) 物流产业成长是动力机制、竞合机制、稳定机制和协同进化机制共同作用的结果。物流产业的动力机制是外生动力和内生动力作用的累加；竞争和合作是物流企业与企业间及物流产业和产业间的一种动态状态，物流产业的成长是在合作中存在竞争这样的双重作用下而实现的，应用 Lotka - Volterra 模型对物流产业成长竞争和合作状态进行描述并计算其相对应的生态位，使竞合机制更为明晰；物流产业成长的稳定性依赖于物流产业系统的稳定性，应用 logistic 模型对物流产业成长阶段进行分析，并分析竞争稳定性与合作稳定性，稳定点体现为双方相互妥协，相互促进，最终实现双赢；物流产业成长协同进化机制的形成包括物流企业间、物流企业与其他企业间的竞争与合作；物流产业与其他产业的联动发展；物流产业各要素的关联效应及物流产业与环境的协同。物流产业应具备适应环境的持续改进能力，即与环境持续协同进化的能力。

（3）我国物流产业经历了计划阶段、物流概念引入阶段、物流产业形成初期、物流产业形成后期，产业成长速度不断加快，总体规模不断增长，但也存在物流费用过高、能源消耗较高等问题。采用 logistic 模型回归对我国物流产业及物流各子产业所处成长阶段进行测度，得出的结论是我国物流产业目前处于形成期后期，即将进入高速增长期。对交通运输业、仓储业、贸易业、流通加工业及邮政业分别进行测度，得出各子产业所处成长阶段并预测产业成长的峰值及拐点。对我国物流产业生态位及物流各子产业生态位进行测度，得出结论是我国物流产业正在不断成长、快速发展，对我国经济发展的作用越来越明显。我国物流产业成长受资源生态因子、市场生态因子及环境生态因子的限制，其中三次产业对 GDP 贡献率、基础设施、物流产业环境、信息化水平、经济发展情况和技术创新对物流产业成长影响最大。物流产业子系统有序度较高，较为协调，环境子系统有序度处于失调与协调之间，尤其在近年来有序度呈现下降趋势，两个系统间相互促进作用不明显，应充分考虑物流产业成长过程中对环境产生的负面影响。

（4）明确我国物流产业成长的战略目标是物流产业的生态化，物流产业生态化是均衡的生态化过程，是物流产业可持续发展的过程，并提出物流产业生态化进程中存在理念障碍、技术障碍及制度障碍。从理论及实践两个层面对我国物流产业成长的生态化路径进行探讨，认为我国实现物流产业生态化需要从理念层、技术层及组织制度层三方面入手，全面推进我国物流产业生态化进程。

7.2 展望

将生态理论应用于物流产业成长的研究中是本书的一个创新点，也是交叉学科的新尝试，虽然取得一定成果，得到研究结论，但在该领域还有一些问题有待于进一步研究与探讨。

（1）受到数据获得的限制。本书在测度我国物流产业成长各指标时，尤其是与环境协同度的测算，数据样本较小，虽然能反映一定时期的成长状态，但就我国物流产业成长历程与时间来说，时间跨度短，不能完全反映物流产业成长的变化趋势。在以后研究中应扩大时间样本数据，更清晰地展现我国物流产业的成长动态。

（2）在研究过程中参考大量文献，请教多位专家学者，选取了多个模型及多年数据，但评价指标的筛选及模型的应用仍存在一些不完善的地方，指标的选取、模型的构建、计量方法的应用均需要在后续研究中不断完善。

（3）本书重点关注生态因子、生态位、协同进化等相关生态理论在物流产业成长中的应用，实际上其他相关生态理论也能够应用于物流产业成长中，但由于时间和篇幅的限制，本书并未应用更多的生态理论，仅通过生态理论与物流产业相结合的研究起到抛砖引玉的作用，两个领域的更密切、更深入的结合将成为未来研究的主要方向。

（4）我国物流产业生态化路径的实现是一项复杂而巨大的工程，既要有政策引导、制度规范，也要有各物流主体的自制；既要以环境友好为出发点，又要兼顾物流产业的自身发展；既要有理论研究，更要有实践操作。我国物流产业生态化路径的实施与落实将是实现环境友好型社会、可持续发展的重要环节，该方向也将成为未来的主要研究方向。

参考文献

[1] 金晨赫，高举红．中国物流产业生命周期的研究［J］．价值工程，2011（25）：26－27.

[2] 赵志坚，丰珂．A－U模型在物流产业中的运用研究［J］．南华大学学报：社会科学版，2007（10）：38－41，59.

[3] 雷延军．中国物流产业发展阶段诊断与发展战略研究［J］．哈尔滨商业大学学报：社会科学版，2006（5）：58－61.

[4] 蔡勇，邓爱民，周中定，等．基于产业生命周期的物流企业并购形式演变［J］．现代管理科学，2008（2）：31－33.

[5] 刘岩，李全喜，刘佳琳．基于生态位理论的物流成长规律研究［J］．科技管理研究，2012（15）：171－175.

[6] 李全喜，刘岩，刘佳琳．基于logistic回归分析的我国物流产业成长研究［J］．软科学，2012（9）：7－9，14.

[7] 万云虹，刘燕，王耀球．物流产业辨析［J］．物流技术，2005（8）：4－7.

[8] 王佐．物流到底是不是产业——兼论物流企业的界定［J］．中国物流与采购，2003（3）：16－21.

[9] 本刊编辑部．物流可以是一个大产业——中国物流业发展观点综述［J］．领导决策信息，2002（36）：14－15.

[10] 钟俊娟，王健．基于产业融合的物流产业演化机理［J］．中国流通经济，2012（11）：36－42.

[11] 李学工．论物流产业对国民经济的贡献［J］．北京工商大学学报：社会科学版，2003（11）：1－4.

[12] 楚岩枫，刘思峰．我国物流产业研究现状分析［J］．价格月刊，2007（5）：36－38.

[13] 黄福华，谷汉文．我国物流产业发展的经济学分析［J］．财贸经

济，2005（2）：79－81.

［14］帅斌．物流产业化发展机理与政府规制研究［D］．四川：西南交通大学，2005.

［15］沈玉良．我国物流产业发展中的几个问题［J］．国际商务研究，2001（4）：42－46.

［16］何娟，朱健梅，曹洪．我国物流产业现状、约束因素和未来发展重点分析［J］．中央财经大学学报，2008（8）：81－84.

［17］汪鸣．当前物流基础设施建设和发展中值得注意的几个问题［J］．铁道运输与经济，2004（8）：3－7.

［18］代应，邓雨辰，宋寒．我国交通基础设施建设对物流产业发展的影响研究［J］．铁道运输与经济，2014（1）：71－76.

［19］王微．信息技术应用：我国物流产业发展瓶颈［J］．中国物流与采购，2003（2）：38－39.

［20］吴爱东．制度创新：发展中国现代物流产业的突破口［J］．中国流通经济，2009（11）：18－21.

［21］曹文飞，刘欣，司洋．物流产业发展与物流人才需求模型的关系分析［J］．物流工程与管理，2012（4）：8－9，27.

［22］谢德华．试论我国物流产业成长的宏观环境［J］．物流技术，2003（10）：3－4.

［23］廖海．我国物流产业发展对策研究［J］．中国流通经济，2004（9）：16－18.

［24］孔君，纪晓东，孟建国，等．中国物流产业发展现状及对策［J］．北方经贸，2008（3）：39－41.

［25］孙建丰．我国物流产业发展及研究综述［J］．物流科技，2007（6）：82－85.

［26］武云亮，袁平红．我国物流产业形成和发展的理论分析［J］．商品储运与养护，2003（3）：6－8.

［27］武云亮，袁平红．我国物流产业整合的目标及其模式［J］．商品储运与养护，2004（6）：1－5.

［28］吴晓波，耿帅．物流整合与企业核心能力［J］．科研管理，2004（9）：24－28，23.

［29］奉小斌，郭宏湘．SCP范式主导下的我国物流产业整合［J］．科技

和产业，2007（8）：1－3.

［30］刘成昆，王述英．我国物流产业跨越式升级的实现路径［J］．中国流通经济，2004（9）：8－11.

［31］彭本红，孙绍荣．基于生态位理论的第三方物流研究［J］．科研管理，2006（9）：87－92.

［32］谢春讯，吴忠，彭本红．基于生态位理论的第三方物流合作关系模型研究［J］．商场现代化，2006（25）：104－106.

［33］孙文霞，武博．基于生态位理论的物流企业发展路径研究［J］．中国商贸，2010（10）：116－117.

［34］容和平，王跃婷．物流产业的生态位构建［J］．晋中学院学报，2010（8）：53－58.

［35］焦薇，刘凯．物流园区生态位维度分析研究［J］．生产力研究，2013（3）：74－78.

［36］梁世翔，汪燕，沈卫文．物流园区入驻企业的生态位分析与协同模式选择［J］．交通企业管理，2007（8）：54－55.

［37］聂娜，王笃鹏，周晶．制造企业与物流服务企业的共生关系［J］．东南大学学报：自然科学版，2007（11）：409－412.

［38］彭本红，冯良清．现代物流业与先进制造业的共生机理研究［J］．商业经济与管理，2010（1）：18－25.

［39］田刚，贡文伟，梅强，等．制造业与物流业共生关系演化规律及动力模型研究［J］．工业工程与管理，2013（4）：39－46.

［40］唐卫宁，徐福缘．物流产业集群共生发展影响因素实证研究［J］．中国流通经济，2012（4）：25－29.

［41］吴迪．共生理论视角下物流产业集群发展机制和支持政策分析［J］．物流技术，2013（5）：41－43.

［42］南岚．港口物流产业集群共生模式发展博弈［J］．中国物流与采购，2009（20）：72－73.

［43］南岚．港口物流产业集群物质资源共享机制研究［J］．中国物流与采购，2009（21）：72－73.

［44］南岚．港口物流共生系统模型构建［J］．商业时代，2010（1）：30－31.

［45］南岚．港口物流产业集群共生结构的构建［J］．改革与战略，

2009（12）：161－164.

［46］焦薇，刘凯．基于共生理论的物流园区合作研究［J］．生产力研究，2013（4）：102－105.

［47］罗永泰，刘刚．物流服务创新与物流需求关系研究——基于共生理论视角［J］．当代财经，2011（2）：61－68.

［48］刘亚．基于共生理论的物流服务创新研究［J］．物流技术，2013（17）：64－66.

［49］饶绍伦．逆向物流选择进化博弈研究［J］．商业时代，2013（7）：40－41.

［50］李富昌，王勇．基于努力水平的第四方物流企业与第三方物流企业非对称进化博弈分析［J］．管理评论，2010（8）：103－108.

［51］郭晓林，贺盛瑜，潘立亚．物流联盟中合作伙伴间信任的进化博弈模型［J］．统计与决策，2007（6）：153－154.

［52］赵艳．绿色物流［J］．物流技术，1999（1）：40－42.

［53］赵艳．绿色物流（续）［J］．物流技术，1999（2）：39－41.

［54］汪琳姝．绿色物流——物流业的可持续发展之路［J］．改革与战略，2004（7）：63－65.

［55］李富仓，张建军．运输的可持续发展与绿色物流［J］．内蒙古公路与运输，2000（3）：41－43.

［56］张沈青．论可持续发展与绿色物流战略［J］．当代经济研究，2005（9）：67－69.

［57］晏军，侯静．绿色物流——实现可持续发展的重要环节［J］．时代经贸，2006（12）：81－82.

［58］丁超勋，秦立公．物流产业的生态化整合路径与演化［J］．生态经济：学术版，2011（1）：277－281.

［59］张成考，聂茂林．基于循环经济的生态化物流系统模型研究［J］．科技进步与对策，2009（11）：14－17.

［60］刘婷，平瑛．产业生命周期理论研究进展［J］．湖南农业科学，2009（8）：93－96，99.

［61］李靖华，郭耀煌．国外产业生命周期理论的演变［J］．人文杂志，2001（6）：62－65.

［62］张会恒．论产业生命周期理论［J］．财贸研究，2004（6）：7－11.

［63］周文成．国内外组织结构理论研究综述［J］．江苏商论，2010（2）：126－128.

［64］薛求知，徐忠伟．企业生命周期理论：一个系统的解析［J］．浙江社会科学，2005（9）：192－197.

［65］潘成云．产业生命周期规律、异化及其影响［J］．扬州大学学报：人文社会科学版，2001（9）：73－76.

［66］高宇列．天目山区山核桃产业成长研究［D］．北京：北京林业大学，2010.

［67］向吉英．产业成长及其阶段特征［J］．学术论坛，2007（5）：83－87.

［68］甘卫华，尹春建，曹文琴．现代物流基础［M］．北京：电子工业出版社，2011.

［69］王述英，王青，刘彦平．西方物流理论发展与比较［J］．南开经济研究，2004（2）：107－112.

［70］韩西林．降低物流成本与开发“第三利润源”［J］．中国物资流通，1989（6）：10－12.

［71］郝梅瑞．现代物流：第三利润源［J］．经济与管理研究，2003（1）：47－51.

［72］卢山，姜秀山，张文杰．论物流概念的发展及内涵［J］．物流技术，1998（6）：129－131.

［73］简新华，魏珊．产业经济学［M］．湖北：武汉大学出版社，2003.

［74］王述英，王青．试论物流产业的属性及其组成［J］．学习与探索，2006（2）：228－230.

［75］楚岩枫．我国物流产业系统演化机理研究［D］．江苏：南京航空航天大学，2010.

［76］史恩义．金融成长与产业发展内在机理［J］．商业研究，2012（1）：16－22.

［77］龙江．基于竞争优势的物流成长［D］．上海：华东师范大学，2004.

［78］陈莹，赵勇，刘昌明．可持续发展水利的生态学分析，中国人口资源与环境［J］．2004，4（14）：11－15.

［79］安树青．生态学词典［M］．哈尔滨：东北林业大学出版社，1994.

[80] 赵惠勋．群体生态学［M］．哈尔滨：东北林业大学出版社，1990.

[81] 王刚，赵松岭，张鹏云，等．关于生态位定义的探讨及生态位重叠计测公式改进的研究［J］．生态学报，1984，4（2）：119－127.

[82] 杨秀芳．信息生态位宽度研究［J］．图书馆学研究，2010（1）：23－26，47.

[83] 刘洪德，史竹青．企业成长环境的生态因子探析［J］．贵州社会科学，2008（5）：113－116.

[84] 张旭．基于共生理论的城市可持续发展研究［D］．黑龙江：东北农业大学，2004.

[85] 袁纯清．共生理论及其对小型经济的应用研究（上）［J］．改革，1998（2）：101－105.

[86] 朱春全．生态位态势理论与扩充假说［J］．生态学报，1997（5）：324－332.

[87] 王德利，高莹．竞争进化与协同进化［J］．生态学杂志，2005，24（10）：1182－1186.

[88] 王正周．生态系统的信息传递及其利用［J］．生物学通报，1991（6）：10－11，22.

[89] 林文雄．生态学［M］．2 版．北京：科学出版社，2013.

[90] 戴锦．产业生态化理论与政策研究［D］．辽宁：东北财经大学，2004.

[91] 林皎皎．家具绿色包装体系的研究［D］．江苏：南京林业大学，2007.

[92] 刘溢．循环经济模式下绿色运输和绿色包装的需求分析与管理［D］．长沙：湖南大学，2006.

[93] 舒伯阳．基于盈利成长的服务创新体系研究［D］．湖北：华中农业大学，2005.

[94] 吴爱东．制度创新机制：中国现代物流产业发展的推动力［J］．中国流通经济，2010（4）：22－25.

[95] 王燕．物流产业集群创新机制形成的影响因素分析［J］．中国流通经济，2009（7）：35－38.

[96] 阿弗里德·马歇尔．经济学原理［M］．廉运杰，译．北京：华夏出版社，2005.

[97] 郑胜利，周丽群．论产业集群的知识协作机制［J］．世界地理研究，2004，13（1）：87 – 94.

[98] 蔡宁，杨闩柱．企业集群竞争优势的演进：从“聚集经济”到“创新网络”［J］．科研管理，2004，25（4）：104 –109.

[99] 李兰冰．物流产业集群的创新机制研究［J］．科学学与科学技术管理，2007（6）：39 –44.

[100] 张军，许庆瑞，张素平．动态环境中企业知识管理与创新能力关系研究［J］．科研管理，2014（4）：59 –67.

[101] 赵益维，陈菊红，姚树俊．知识管理视角下的服务型制造创新机制研究［J］．中国科技论坛，2010（10）：34 –39.

[102] 王欣，靖继鹏．信息产业演化的动力机制研究［J］．情报科学，2009（12）：1885 –1890.

[103] 王欣．信息产业发展机理及测度理论与方法研究［D］．吉林：吉林大学，2008.

[104] 雷小毓．产业集群的成长和演化机理研究［D］．陕西：西北大学，2007.

[105] 王珍珍，陈功玉．制造业与物流业联动发展的竞合模型研究——基于产业生态系统的视角［J］．经济与管理，2009（7）：28 –34.

[106] 高江舟，王素娟．企业生态位与企业合作竞争分析［J］．太原科技，2007（2）：16 –20.

[107] 后锐，杨建梅，姚灿中．物流产业竞争关系复杂网络模型研究［J］．管理学报，2010（3）：406 –411.

[108] 马知恩．种群生态学的数学建模与研究［M］．合肥：安徽教育出版社，1996.

[109] 蒋军锋，盛昭瀚，王修来．基于能力不对称的企业技术创新合作模型［J］．系统工程学报，2009（6）：335 –342.

[110] 李明，钱燕云．技术创新合作网的演化机理与特征研究［J］．上海理工大学学报，2005（5）：401 –405.

[111] 黄有方，严伟．我国制造业与物流业联动发展的趋势及建议［J］．上海海事大学学报，2010（3）：1 –6.

[112] 周新，张伟，崔鸿．生态系统的抵抗力和恢复力稳定性［J］．生物学教学，2014（4）：4 –5.

[113] 谢永，张仁陟．基于生态阈值带理论的废渣地稳态转换研究[J]．环境与可持续发展，2008（2）：30-32.

[114] 赵慧霞，吴绍洪，姜鲁光．生态阈值研究进展［J］．生态学报，2007（1）：338-345.

[115] 代应．废旧汽车资源化逆向物流运作管理研究［D］．重庆：重庆大学，2008.

[116] 仇学琴．论情感分享与饭店营销［J］．云南大学人文社会科学学报，2001（3）：42-44.

[117] 莫惠栋．Logistic 方程及其应用［J］．江苏农学院学报，1983，4（2）：53-57.

[118] 黄鲁成．区域技术创新生态系统的稳定机制［J］．研究与发展管理，2003（8）：48-58.

[119] 杜巍，蔡萌，杜海峰．网络结构鲁棒性指标及应用研究［J］．西安交通大学学报，2010（4）：93-97.

[120] 姜启源，谢金星，叶俊．数学模型［M］．4 版．北京：高等教育出版社，2011.

[121] 李湘洲．协同学的产生与现状［J］．科技导报，1997（4）：38-40.

[122] 钟远平，王冰松．通向可持续发展的协同进化理论研究进展[J]．生态经济，2009（12）：60-63.

[123] 吕锋．灰色系统关联度之分辨系数的研究［J］．系统工程理论与实践，1997（6）：49-54.

[124] 李怀政．物流与生态环境的相互影响和作用机理［J］．江苏商论，2008（12）：53-55.

[125] 赵立波．物流产业发展与经济增长关系实证分析［J］．中国流通经济，2012（10）：41-45.

[126] 李全喜，金凤花，孙磐石．区域物流能力与区域经济发展的典型相关分析——基于全国面板数据［J］．软科学，2010（12）：75-79.

[127] 朱坤萍．区域物流与区域经济发展的互动机理［J］．河北学刊，2007（3）：168-171.

[128] 张文杰．区域经济发展与现代物流［J］．中国流通经济，2002（1）：12-14.

［129］徐妍．我国物流增加值对 GDP 增长作用的实证分析［J］．商场现代化，2009（1）：152－153.

［130］贺登才．我国物流业政策环境回顾与建议［J］．中国流通经济，2013（3）：33－38.

［131］孟庆松，韩文秀．复合系统整体协调度模型研究［J］．河北师范大学学报：自然科学版，1999（6）：177－179.

［132］孟庆松．科技—经济系统协调模型研究［J］．天津师大学报：自然科学版，1998（12）：8－12.

［133］关于“中国物流改革开放 30 年重大事件”的通告．［EB/OL］．（2008－12－01）http：//www. chinawuliu. com. cn/lhhkx/200812/01/127657. shtml.

［134］孙战伟，王杨，唐可月．物流产业边界及特征的研究综述［J］．物流科技，2009（7）：9－11.

［135］戈刚．北京第八届国际物流会议通讯［J］．西安冶金建筑学院学报，1989（2）：22.

［136］宝供物流企业集团有限公司官网．http：//www. pgl－world. com/about/about. aspx.

［137］钟贤柏．社会物流总费用占 GDP 比重的影响因素［J］．运输经济世界，2013（12）：58－59.

［138］靳明．绿色农业产业成长研究［D］．西安：西北农林科技大学，2006.

［139］章元明，盖钧镒．Logistic 模型的参数估计［J］．四川畜牧兽医学院学报，1994（2）：47－52.

［140］胡盛强，张毕西，欧江艳．SPSS 相关分析与线性回归分析在我国物流业增加值分析中的应用［J］．物流科技，2007（7）：92－95.

［141］国家发展和改革委员会，中国物流与采购联合会．社会物流统计核算与报表制度［Z］．2010，7.

［142］张志俊．我国物流产业统计指标体系及统计方法［J］．统计与决策，2005（5）：33－34.

［143］王莲芳，许树柏．层次分析法引论［M］．北京：中国人民大学出版社，1990.

［144］刘新华．因子分析中数据正向化处理的必要性及其软件实现［J］．重庆工学院学报：自然科学，2009（9）：152－155.

［145］向延平．基于生态位理论的旅游发展关系分析——以武陵源风景区为例［J］．经济地理，2009（6）：1047－1050.

［146］王子龙，许箫迪．装备产业生态位演化与测度研究［M］．北京：科学出版社，2011.

［147］金凤花，李全喜，孙磐石．基于场论的区域物流发展水平评价及聚类分析［J］．经济地理，2010（7）：1138－1143.

［148］王圣云，沈玉芳．我国省级区域物流竞争力评价及特征研究［J］．中国软科学，2007（10）：104－110.

［149］谢林婕，彭建良．浙江物流产业发展影响因素的灰关联分析［J］．浙江科技学院学报，2012（10）：356－360.

［150］李伊松，熊华姝，张文杰．物流产业集聚影响因素分析［J］．生产力研究，2008（7）：120－122.

［151］李建军．区域物流协同成长研究［D］．江西：江西财经大学，2013.

［152］金萍．区域物流发展评价研究——以浙江省为例［D］．浙江：浙江工业大学，2007.

［153］张亚贞．物流业与区域经济耦合协调度评价［J］，物流技术，2014（3）：324－326，335.

［154］豆志杰．农业生态安全与农产品质量安全耦合系统协同发展研究——以吉林省为例［D］．吉林：吉林农业大学，2013.

［155］马俊生，余晓红．物流业实施清洁生产的探讨［J］．物流科技，2007（3）：13－16.

［156］刘敬．运输车辆进入环保时代［J］．物流技术与应用，2006（5）：31－35.

［157］于皓月，李文华．我国绿色物流法律制度研究［J］．中国市场，2012（2）：43－45.

［158］虞震．我国产业生态化路径研究［D］．上海：上海社会科学院部门经济研究所，2007.

［159］邓南圣，吴峰．工业生态学——理论与应用［M］．北京：化学工业出版社，2002.

［160］曲向荣．产业生态学［M］．北京：清华大学出版社，2012.

［161］PAUL RYAN. The logistics life cycle of a product［J］．Logistics Information Management, 1990 (3): 60 -63.

[162] DRUCKER, P F. The economy's dark continent [J]. Fortune, 1962, 65 (4): 103, 265 -270.

[163] PORTER, M E. Competitive advantage: creating and sustaining superior performance [M]. New York: The Free Press, 1985; and Competitive Strategy, The Free Press, New York, 1980.

[164] HESKETT J L. Sweeping changes in distribution [J]. Harvard Business Review, 1973, 51 (2): 123 -32.

[165] SHAPIRO R D. Get leverage from logistics [J]. Harvard Business Review, 1984, 62 (3): 119 -26.

[166] POIST R F. Evolution of conceptual approaches to designing business logistics systems [J]. Transportation Journal, 1986, 26 (1): 55 -64.

[167] FACANHA C, HORVATH A. Environmental assessment of logistics outsourcing [J]. Journal of Management in Engineering, 2005, 21 (27): 27 -35.

[168] HESKETT J L. Logistics essential to strategy [J]. Harvard Business Review, 1977, 55 (6): 85 -96.

[169] MICHAEL A MCGINNIS. Military logistics: insights for business logistics [J]. International Journal of Physical Distribution & Logistics Management, 1992, 22 (2): 22 -32.

[170] SEYED - MAHMOUD AGHAZADEH. How to choose an effective third party logistics provider [J]. Management Research News, 2003, 26 (7): 50 -58.

[171] QIANG WANG, KENNETH ZANTOW, FUJUN LAI, et al. Strategic postures of third party logistics providers in mainland China [J]. International Journal of Physical Distribution & Logistics Management, 2006, 36 (10): 793 -819.

[172] BRADLEY P. Third parties gain slow, cautious buyer support [J]. Purchasing, 1995 (18): 51 -52.

[173] LEAHY S E, MURPHY P R, POIST R F. Determinants of successful logistical relationships: a third party provider perspective [J]. Transportation Journal, 1995, 35 (2): 5 -13.

[174] MCGINNIS M, KOCHUNNY C. ACKERMAN K. Third - party logistics

choice [J] . The International Journal of Logistics Management, 1995, 6 (2): 93 - 102.

[175] LALONDE B. MALTZ A. Some propositions about outsourcing the logistics function [J] . The International Journal of Logistics Management, 1992 (3): 1 - 11.

[176] ANU H BASK. Relationships among TPL providers and members of supply chains-a strategic perspective [J] . Journal of Business & Industrial Marketing, 2001, 16 (6): 470 - 486.

[177] KONSTANTINOS SELVIARIDIS, MARTIN SPRING. Third party logistics: a literature review and research agenda [J] . The International Journal of Logistics Management, 2007, 18 (1): 125 - 150.

[178] LIEB R, BENTZ B A. The use of third - party logistics services by large American manufacturers: the 2004 survey [J] . Transportation Journal, 2005, 44 (2): 5 - 15.

[179] ARNI HALLDORSSON, TAGE SKJOTT, LARSEN. Developing logistics competencies through third party logistics relationships [J] . International Journal of Operations & Production Management, 2004, 24 (2): 192 - 206.

[180] LIEB R C, MILLEN R A, WASSENHOVE L V. Third - party logistics services: a comparison of experienced American and European manufacturers [J] . International Journal of Physical Distribution & Logistics Management, 1993, 23 (6): 35 - 44.

[181] PETERS M, COOPER M, LIEB R C, et al. The third - party logistics industry in Europe: provider perspectives on the industry's current status and future prospects [J] . International Journal of Logistics: Research and Applications, 1998, 1 (1): 9 - 25.

[182] MURPHY P R, POIST R F. Third-party logistics: some user versus providers perspectives [J] . Journal of Business Logistics, 2000, 21 (1): 121 - 135.

[183] LAARHOVEN P, VAN BERGLUND M, PETERS M. Third-party logistics in Europe-five years later [J] . International Journal of Physical Distribution & Logistics Management, 2000, 30 (8): 425 - 444.

[184] SCHEFFER M, CARPENTER S R. Catastrophic regime shifts in ecosystem : linking theory to observation [J] . Trends in Ecology and Evolution, 2003, 18 (12): 648 - 656.

[185] CARPENTER S R. Regime shifts in lake ecosystems: pattern and variation [J] . Excellence in Ecology Series, 2003 (5) .

[186] DENG JULONG. Introduction to grey system theory [J] . The Journal of Grey Systems, 1989 (1): 1 - 24.

[187] SINK H, LANGLEY JC JR. A managerial framework for the acquisition of third-party logistics services [J] . Journal of Business Logistics, 1997, 18 (2): 163 - 189.

[188] BAGCHI P, VIRUM H. European logistics alliances: a management model [J] . International Journal of Logistics Management, 1996, 7 (1): 93 - 108.

[189] AERTSEN F. Contracting out the physical distribution function: a trade-off between asset specficity and performance measurement [J] . International Journal of Physical Distribution & Logistics Management, 1993, 23 (1): 23 - 29.

[190] ANDERSSON D. Third party logistics: outsourcing logistics in partnerships [D] . Department of Management and Economics, Linko¨ping University, Linko¨ping. 1997.

[191] SKJOETT-LARSEN T. Third party logistics-from an interorganizational point of view [J] . International Journal of Physical Distribution & Logistics Management, 2000, 30 (2): 112 - 127.

[192] BEIER F J. Information systems and the life cycle of logistics departments [J] . International Journal of Physical Distribution, 1973, 3 (5): 312 - 321.

[193] REE, SANGBOK. Logistic performance measure, cubic model in logistic industry [J] . Asian Journal on Quality, 2002, 3 (2): 84 - 92.

[194] B NEERAJA, MITA MEHTA, ARTI CHANDANI. Supply Chain and Logistics For The Present Day Business [J] . Procedia Economics and Finance, 2014 (11): 665 - 675.

[195] DAVID J CLOSS, THOMAS J GOLDSBY, STEVEN R CLINTON. Information technology influences on world class logistics capability [J] . In-

ternational Journal of Physical Distribution & Logistics Management, 1997, 27 (1): 4 – 17.

[196] LUCAS D INTRONA. The Impact of Information Technology on Logistics [J]. International Journal of Physical Distribution &Logistics Management, 1991, 21 (5): 32 – 37.

[197] JEREMY HAMMANT. Information technology trends in logistics [J]. Logistics Information Management, 1995, 8 (6): 32 – 37.

[198] GIL GUTIERREZ, ALFONSO DURAN. Information technology in logistics: a Spanish perspective [J]. Logistics Information Management, 1997, 10 (2): 73 – 79.

[199] DAVID J CLOSS, KATRINA SAVITSKIE. Internal and External Logistics Information Technology Integration [J]. The International Journal of Logistics Management, 2003, 14 (1): 63 – 76.

[200] STOCK J R. Logistics thought and practice: a perspective [J]. International Journal of Physical Distribution & logistics management. 1990, 20 (4): 3 – 6.

[201] GREGORY N STOCK, NOEL P GREIS, JOHN D KASARDA. Logistics, strategy and structure [J]. International Journal of Physical Distribution & Logistics Management, 1999, 29 (4): 224 – 239.

[202] KENDERDINE J M, LARSON P D. Quality and logistics: a framework for strategic integration [J]. International Journal of Physical Distribution and Materials Management, 1988, 18 (7): 5 – 10.

[203] MOSAD ZINELDIN. Total relationship and logistics management [J]. International Journal of Physical Distribution & Logistics Management, 2004, 34 (3/4): 286 – 301.

[204] BOWERSOX D J, DAUGHERTY P J. Logistics paradigms: the impact of information technology [J]. Journal of Business Logistics, 1995, 16 (1): 65 – 80.

[205] PATRICIA J DAIGJERTU, ALEXANDER E ELLINGER, CRAIG M GUSTIN. Integrated logistics: achieving logistics performance improvements [J]. Supply Chain Management: An International Journal, 1996, 1 (3): 25 – 33.

[206] HENDERSON B D. The anatomy of competition [J]. Journal of Marketing, 1983, 47 (2): 7 – 11.

[207] IMOH ANTAI. Supply chain vs supply chain competition: a niche based approach [J]. Management Research Review, 2011, 34 (10): 1107-1124.

[208] HANNAN M, J FREEMAN. The population ecology of organizations [J]. American Journal of Sociology, 1977 (82): 929-964.

[209] MURAT KASIMOGLUBAHATTIN HAMARAT. Niche overlap-competition and homogeneity in the organizational clusters of hotel population [J]. Management Research News, 2003, 26 (8): 60-77.

[210] HEATHER G, DAVIS B, KIM BARNES. Evolutionary ecology and organizations: a conversation between a biologist and an organization development practitioner [J]. Industrial and Commercial Training, 2010, 42 (1): 18-22.

[211] IMOH ANTAI, HANS OLSON. Interaction: a new focus for supply chain vs supply chain competition [J]. International Journal of Physical Distribution & Logistics Management, 2013, 43 (7): 511-528.

[212] LEWIN A Y, CARROOL T N. The convolution of new organization form [J]. Organization Science, 2003, 10 (5): 535-550.

[213] BOWERSOX, DONALD J. MYRRAT. Logistics strategic planning for the 1990's [J]. Council of Logistics Management, 1987 (1): 231-243.

[214] TAYLOR, CHARLES A, WARREN H COHEN, et al. Developing and managing distribution partnerships [J]. Council of Logistics Management, 1987 (2): 93-104.

[215] SANJAY SHARMA, ANIKET GHOSH CHOUDHURY. A qualitative study on evolution of relationships between third-party logistics providers and customers into strategic alliances [J]. Strategic Outsourcing: An International Journal, 2014, 7 (1): 2-17.

[216] TIMOTHY F BARRETT. Mission Costing: A new approach to logistics analysis [J]. International Journal of Physical Distribution & Materials Management, 1982, 12 (7): 3-27.

[217] MARK ANDREW MITCHELL, STEPHEN A LEMAY, DANNY R ARNOLD, et al. Symbiotic logistics [J]. The International Journal of Logistics Management, 1992, 3 (2): 19-30.

[218] KEI-ICHI TAINAKA, NAOTAKA TERAZAWA, NORIYOSHI YOSHIDA, et al. Spatial pattern formation in a model ecosystem: exchange between symbi-

osis and competition [J]. Physics Letters A, 2001, 282 (6): 373 - 379.

[219] AIHIE OSARENKHOE. A coopetition strategy-a study of inter firm dynamics between competition and cooperation [J]. Business Strategy Series, 2010, 11 (6): 343 - 362.

[220] KATZ D, KAHN R L. The social psychology of organizations [M]. New York: Wiley, 1978.

[221] DIANNA L STONE, JULIO C CANEDO, SHAY TZAFRIR. The symbiotic relation between organizations and society [J]. Journal of Managerial Psychology, 2013, 28 (5): 432 - 451.

[222] KARL B MANRODT, FRANK W DAVIS. The evolution to service response logistics [J]. International Journal of Physical Distribution & Logistics Management, 1993, 23 (5): 56 - 64.

[223] KENT JL JR, FLINT DJ. Perspectives on the evolution of logistics thought [J]. Journal of Business Logistics, 1997, 18 (2): 15 - 29.

[224] ANDERSON DA, FARRAND DL. An army revolution in military logistics? [J]. Army Logistician, 2007: 394.

[225] JOHN GATTORNA. Logistics for the Future [J]. Marketing Intelligence & Planning, 1989, 7 (9/10): 53 - 55.

[226] DONALD J BOWERSOX, PATRICIA J DAUGHERTY. Achieving and maintaining logistics leadership: logistics organisations of the Future [J]. Logistics Information Management, 1991, 4 (3): 42 - 47.

[227] RONALD H BALLOU. The evolution and future of logistics and supply chain management [J]. European Business Review, 2007, 19 (4): 332 - 348.

[228] SHEU JB, CHOU YH, HU CC. An integrated logistics operational model for green-supply chain management [J]. Transportation Research Part E: Logistics and Transportation Review, 2005, 41 (4): 287 - 313.

[229] SARKIS J. A strategic decision framework for green supply chain management [J]. Journal of Cleaner Production, 2003, 11 (4): 397 - 409.

[230] SHEU JB. Green supply chain management, reverse logistics and nuclear power generation [J]. Transportation Research Part E, 2008, 44 (1): 19 - 46.

[231] SRIVASTAVA SK. Green supply-chain management: a state-of-the-art

literature review [J] . International Journal of Management Reviews, 2007, 9 (1): 53 -80.

[232] VACHON S. Green supply chain practices and the selection of environmental technologies [J] . International Journal of Production Research, 2007, 45 (18 -19): 4357 -4379.

[233] BENITA M BEAMON. Designing the green supply chain [J] . Logistics Information Management, 1999, 12 (4): 332 -342.

[234] KENNETH W, GREEN JR, PAMELA J ZELBST, et al. Green supply chain management practices: impact on performance [J] . Supply Chain Management: An International Journal, 2012, 17 (3): 290 -305.

[235] SEURING S, MULLER M. From a literature review to a conceptual framework for sustainable supply chain management [J] . Journal of Cleaner Production, 2008, 16 (15): 1699 -1710.

[236] MAHLER D. The sustainable supply chain [J] . Supply Chain Manag. Rev. , 2007, 11 (8): 59 -60.

[237] SVENSSON G. Aspects of sustainable supply chain management (SSCM): conceptual framework and empirical example [J] . Supply Chain Management: An International Journal, 2007, 12 (4): 262 -266.

[238] NATHALIE FABBE-COSTES, CHRISTINE ROUSSAT, JA CQUES COLIN. Future sustainable supply chains: what should companies scan? [J] . International Journal of Physical Distribution & Logistics Management, 2011, 41 (3): 228 -252.

[239] EDUARDO ORTAS, JOSE M MONEVA, IGOR ÁLVAREZ. Sustainable supply chain and company performance [J] . Supply Chain Management: An International Journal, 2014, 19 (3): 332 -350.

[240] MURPHY PR, POIST RF. Green logistics strategies: an analysis of usage patterns [J] . Transportation Journal, 2000, 40 (2): 5 -16.

[241] ALI PAZIRANDEH, HAMID JAFARI. Making sense of green logistics [J] . International Journal of Productivity and Performance Management, 2013, 62 (8): 889 -904.

[242] KWOK HUNG LAU. Benchmarking green logistics performance with a composite index [J] . Benchmarking: An International Journal, 2011, 18 (6):

873 – 896.

[243] RODRIGUE JP, SLACK B, COMTOIS C. Green logistics (the paradoxes of), in Brewer, A. M., Button, K. J. and Hensher, D. A. (Eds) [J]. The Handbook of Logistics and Supply-Chain Management, 2001 (2): 1 – 11.

[244] ASOKE DEY, PAUL LAGUARDIA, MAHESH SRINIVASAN. Building sustainability in logistics operations: a research agenda [J]. Management Research Review, 2011, 34 (11): 1237 – 1259.

[245] YINGLI WANG, CHANDRA S LALWANI. Using e-business to enable customised logistics sustainability [J]. The International Journal of Logistics Management, 2007, 18 (3): 402 – 419.

[246] GINO MARCHET, MARCO MELACINI, SARA PEROTTI. Environmental sustainability in logistics and freight transportation [J]. Journal of Manufacturing Technology Management, 2014, 25 (6): 775 – 811.

[247] GREINER, LARRY E. Evolution and revolution as organizations grow [J]. Havard Business Review, 1972 (50).

[248] JOHN R KIMBERLY, ROBERT H MILES. The oganizational life cycle: Issues in the creation, transformation, and decline of organizations 1st edition [M]. San Francisco: Josscy-Bass Publishers, 1980.

[249] MICHAEL GORT, STEVEN KLEPPER. Time paths in the diffusion of product innovations [J]. The Economic Journal, 1982, 92 (9): 630 – 653.

[250] KLEPPER STEVEN, GRANDDY ELIZABETH. The evolution of new industries and the determinants of market structure [J]. RAND Journal of Economics, 1990, 21 (1): 27 – 44.

[251] AGARWAL, RAJSHREE, GORT MICHAEL. The evolution of markets and entry, exit and survival of firms [J]. Review of Economics and Statistics, 1996, 78 (3): 489 – 498.

[252] KLEPPER, STEVEN. Entry, exit, growth, and innovation over the product life Cycle [J]. American Economic Review, 1996, 86 (3): 562 – 583.

[253] KLEPPER, STEVEN. Industry life cycle [J]. Industry and Corporate Change, 1997, 6 (1): 1 – 37.

[254] JOHN F CROWELL. Report of the industrial commission on the distribution of farm products [M]. Washington, D. C.: U. S. Government Printing Of-

fice, 1901.

[255] AREH W SHAW. Some problems in marketing distribution [M]. Cambridge: Harvard University Press, 1915.

[256] GRINNELL J. Field tests of theories concerning distributional control. [J]. The American Naturalist, 1917, 51 (602): 115 – 128.

[257] ELTON C. Animal ecoloty [M]. Chicago: University of Chicago Press (USA), 1927.

[258] HUTCHISON GE. Concluding remarks [J]. Cold Spring Harbor Symposia on Quantitative Biology, 1957 (22): 415 – 427.

[259] GRAMBIE MA, HICKMAN CJ, JOHNSON ML. Penguin dictionary of biology, 6th ed., enguin, London, 1978.

[260] JANNE SOININEN, JANI HEINO, JYRKI LAPPALAINEN, et al. Expanding the ecological niche approach: Relationships between variability in niche position and species richness [J]. Ecological Complexity, 2011 (8): 130 – 137.

[261] HURLBERT S H. The measurement of niche overlap and some relative [J]. Ecology, 1978 (59): 66 – 67.

[262] EHRLICH PR, RAVEN P H. Butterflies and plants: a study in coevolution [J]. Evolution, 1964 (18): 586 – 608.

[263] DANIEL H JANZEN. When is it coevolution [J]. Evolution, 1980, 34 (3): 611 – 612.

[264] LEIGH VAN VALEN. Morphological variation and width of ecological niche [J]. The American Naturalist, 1965, 99 (908): 377 – 390.

[265] LEVINS R. Evolution in changing environments: some theoretical explorations [M]. USA: Princeton University Press, 1968.

[266] STOCK JR. Reverse logistics [M]. Oak Brook IL: Council of Logistics Management, 1992.

[267] SCHUMPETER. The theory of economic development [M]. Cambridge: Harvard University Press, 1934.

[268] DRUCKER P. Management: Tasks, responsibilities, practices [M]. New York: Harper Business, 1993.

[269] DRUCKER P. Innovation and entrepreneurship [M]. New York: Har-

per Business, 2006.

[270] HAUKNES J. Innovation in the service economy. STEP rapport/report 7, SI4S project.

[271] ATALLAH G. R&D cooperation with asymmetric spillovers [J]. Canadian Journal of Economics, 2005, 38 (3): 919 -936.